JN319329

グローバリゼーションと国際関係理論

グレート・ディヴァイドを超えて

Globalization and
International Relations Theory

イアン・クラーク [著]
滝田賢治 [訳]

中央大学出版部

序文

　本書は，1997年に出版した前著『グローバリゼーションと分断化』を直接的に発展させたものである。この前著は，歴史的分析によって「国家を復権させる」ためのものであったが，単に修正リアリズムに屈服したものではない。コーポラティズムのようないくつかの概念を利用して，グローバリゼーションと分断化の盛衰が，国内の社会的諸力の間のバランスを変化させ，その結果生じる国家の社会的機能が変容する可能性があることを主張しようとした。今度は，このことが新しい形の国家間関係に反映し，同時にこの形にインパクトを与えたのである。議論の中心は，グローバリゼーションを政治的に分析することであり，それによってグローバリゼーション分析を飲み込んでしまう危険性のある経済的・技術的決定論の持つ陳腐さから，グローバリゼーション分析を救出することを目的としていた。

　著者は前著がそれ自体の歴史的条件の中で，その目的を果たしたことに十分に満足している。しかしながら前著が完成する前ですらいくつかの点で，この著書は理論的にかなり低いレヴェルのものであることを痛感していた。歴史好きな読者にとって，この著書は疑いも無く，この埋め合わせをするためのものである。本書の中心的な執筆理由である（グローバリゼーションの）歴史的分析を不当な歪曲をしないで行うことは，実際に必要なことである。しかしそれによって，多くの理論的問題を，静かに，あるいはこの問題に与えられた名目的な扱いだけでもいいので，検討するべきであったのである。例えば，検討する場合，この著作（イアン・クラーク，1997年：5-6頁）は，二元論的な理論枠組みでグローバリゼーションは説明できないとして，ネオ・リアリズムの欠陥を強調している。不幸にも，その議論を詳しく追求することはできなかったの

で，我々が国際関係を理論化するために，グローバリゼーション分析がインパクトを与えるはずの方法論を発展させる絶好のチャンスが失われたのである。

　本書の研究は，こうした理論的ギャップを埋める努力であり，その意味で前著の不可欠な一部なのである。振り返ってみると，独創的な概念ではないにしても，前著の任務はあまりにも歴史的なものであり，他方，本書の任務は徹底的に理論的なものであるにもかかわらず，前著と本書の2冊は，批判に耐える議論を精緻化した書として個別に読んで頂きたい。両著で展開されている2つの議論は，互いに補完し合うのに役立つことが期待されているのである。

　本書を執筆するのに当たり，多くの人々に恩義を負ってきたので，恩義を負っているこれらの人々にここで謝意を表したい。ウェールズ大学アベリストウィス校国際政治学部に移ることによって，筆者は気心の合った刺激的な知的環境に身を置くことができ，この意欲的プロジェクトに時間を割くことができた。翻って考えてみると，著者が本書を短時間で完成させることができたのは，多くはウェールズ大学アベリストウィス校によって与えられた研究休暇の期間があったからである。筆者が本書を完成させることができたのは，本学部，とりわけ学部長のスティーヴ・スミス教授と研究所長のコリン・マキンズ教授，そして大学当局のお陰であり，心より感謝申し上げたい。本書はオックスフォード大学出版会から出版された前著の，名も知れぬ読者の指摘によって大幅に改善されたのであり，彼らのお陰でもある。特に筆者は，ワーウィック大学のリチャード・デヴェタク教授の有益なコメントに謝意を表したい。本書の各章を執筆するに当たって，著者が属する学部の多くのスタッフから有益なコメントを頂いたが，第7章のドラフトを読んで親切なコメントをしてくれたケンブリッジ大学のケン・ブース，ティム・ダン，ニック・ウィーラー，コリン・ワイト，ハワード・ウィリアムズ，トニー・アースキンに特に感謝する。『レヴュー・オブ・インターナショナル・スタディズ』（第24巻第4号，1998年）に掲載した「グレート・ディヴァイドを超えて：グローバリゼーションと国際関係理論」という論文で，本書で展開する議論を初めて行っている。

本書はオックスフォード大学出版会から出版する5冊目の著書である。同出版会との長年にわたる付き合いの中で，著者は著作の編集作業に関して筆舌に尽くしがたい支援と奨励を受けてきたが，この場を借りて同出版会に深い謝意を表さないとすれば，それは許されざることになる。ティム・バートンは10年前に筆者の担当となり，それ以来ずっと筆者の著書のためにたゆまぬ努力をしてくれた。著者はずっと彼に深い恩義を感じており，これからも永遠にそうであろう。ドミニク・ブヤットは，著者が必ずしも得意としていないこの特定のテーマを初めて研究し始めようとした時，親切にも熱心に対応してくれた。著者はまた，アンジェラ・グリフィンとオックスフォード大学出版会の他の編集部員にも謝意を表したい。

　本書は家庭内が大変混乱している中で執筆されたものである。ジャニスは，こうした事態を常に変わらず柔軟にすばらしいユーモアを発揮して耐えてくれた。著者が本書を何とか書き上げることができたのは，彼女の支えがあったからである。著者は，本書を愛を込めて彼女に捧げたい。

イアン・クラーク

日本語版への序文

　本書の日本語版への序文を書くことは著者にとって大きな喜びであり，日本語版の出版は実に時宜を得たものである。
　1990 年代，批評家達はグローバリゼーションに熱中するようになったが，彼らの議論の多くは，グローバリゼーションと国家権能の間の不毛な二項対立——国家権能を侵食しつつあると考えられるグローバリゼーションが強化しつつある——を前提としていた。2007-2009 年の金融危機によって，今までよりもはっきりした展望が開け，本書で提起した二項対立を前提とした議論に代わる主張が支持されるようになった。一方，いかなる国家も（グローバリゼーションの）有害なインパクトから逃れられないほどに，世界は強力に結びついているというグローバリゼーション論の強い主張を，この金融危機が再確認したであろうことも確かである。このことは，アメリカにおけるサブ・プライム・ローンによる内部崩壊がグローバルに拡大したスピードに具体的に示されている。
　他方，この金融危機への対応は，グローバル経済はもはや国家や政治構造に埋め込まれてはおらず，自律的に動くことができるのだと指摘していた説明と矛盾する。2008 年に起こった出来事の最も顕著な特徴は，国家が再び銀行・金融機関に対して保証をするようになったことである。多くの国家がローンにより，あるいは国有化により銀行を救出しなければならなかった。自由放任型資本主義の砦であるアメリカですら，経済に未曾有のレヴェルの政府介入を行った。各国政府は，自国経済を景気後退から救出しようとして様々な景気刺激策を採ったが，不明瞭な形での保護主義によって市場に介入するという公然たる秘密の試みが行われた。これら全てが明確な形で示したのは，グローバリ

ゼーションと国家行動は対立するものではなく，互いに依存し合うものであるということである（下線部，訳者）。

　要するに，グローバリゼーションについての議論が，グローバリゼーションと国家権能の間の間違った対立——さらなるグローバリゼーションは，国家の役割をさらに弱めるというゼロ・サム的関係として見ると——に基づいて今まで進められてきたとするのに対し，2008年以降に発生した金融危機によってグローバルな金融・経済が国家による構造支援にどの程度依存し続けてきたのかが余すところ無く明らかにされたと言うべきである。いわゆる市場経済の中で異常なくらいに高いレヴェルの国家資本主義が舞い戻ってきたのをグローバリゼーションのこの新しい時代が，目撃したことは事実である。

　これら全てが示唆しているのは，我々はグローバリゼーションの終焉を目撃しているのではない，ということである。もっと現実的に言うと，この金融危機はグローバリゼーションについての1つの解釈の終わりの始まりを示しているのである。1980年代以降，（世界に）君臨してきた英米型の規制緩和という特殊なモデルが，まさに大きな挑戦に直面しているのである。このモデルは，政府レヴェルでも市民社会レヴェルでも正統性についてのほぼ普遍的な危機に直面していることは確かである。しかしこのことはグローバリゼーションの終焉を示すものではない。相互依存のレヴェルは依然として高いのである。国民経済を，行き過ぎた規制緩和から切り離したいという強い願望が，一時的には出てくるが，それは国民経済をグローバル経済から積極的に漂流させることを目指す政策となる可能性は少ない。（なぜなら）ほとんどの国家は，このグローバル経済と深い関係を持っているからである。急成長しつつある中国経済が，最も強力な影響力を持つものとして，アメリカに取って代わるようになるという話があちこちでなされるが，中国経済がグローバル経済に深く依存しているということを考えれば，中国がグローバル経済を侵食しようとしていることを示すものは何も無い。そうではなくて，中国は打ちひしがれたアメリカ経済を救出しようという自らの役割を演じているのである。我々はまた，グローバリゼーションの終焉に直面しているのではない。なぜならグローバリゼー

ションを押しとどめようとする闘士として，行動することに関心を持っている主要国はないからである。

　1990年代にグローバリゼーションについての著作が溢れるように出版された。今，過去20年間の出来事を思い返してみると，グローバリゼーションの複雑性と我々が国際関係を分析する方法にとってグローバリゼーションが何を意味するかについて再度，考察することは重要である。本書が，そのために貢献できれば幸甚である。もしグローバリゼーションを，国家行動の反映であって，その代替ではないものであると見るならば，日本はこれから出現するグローバリゼーションの中で中心的なプレーヤーである。それ故，筆者は，本書が日本の読者の手に入ることを可能にしてくれた滝田教授，中央大学出版部に対し深く感謝する。

イアン・クラーク

アベリストウィス
2009年8月

訳者まえがき

　本書は，イアン・クラーク教授の Globalization and International Relations Theory (Oxford, 1999) の全訳である。クラーク教授は，オーストラリア国立大学（ANU）で博士号（Ph. D）を取得した後，1984年から1997年までケンブリッジ大学で教鞭を執り，1998年10月からアベリストウィス大学に移り，同校の国際政治学部で国際政治学を講じている。1999年にはイギリス学士院特別会員に選ばれ，2008年には E. H. Carr Professor に任じられた。

　関心領域は正統性，ヘゲモニー，核戦略史，国際関係史，国際関係理論，グローバリゼーションと幅広く，それを反映して膨大な業績を上げてきた。The Hierarchy of States : Reform and Resistance in the International Order (1989), Globalization and Fragmentation : International Relations in the Twentieth Century (1997), The Post-Cold War Order : The Spoils of Peace (2001), Legitimacy in International Society (2005), International Legitimacy and World Society (2007)などの単著のほかに，共著・共編著として，The British Origins of Nuclear Strategy 1945-1955 (eds. with Nicholas J. Wheeler, 1989), Nuclear Diplomacy and the Special Relationship : Britain's Deterrant and America, 1957-1962 (with William R. Clark), Classical Theories of International Relations (eds. with Iver B. Neumann, 1996: 訳者代表：押村高・飯島昇蔵『国際関係思想史：論争の座標軸』新評論，2003年）などがある。

　筆者によれば，本書は，歴史的分析を通じて「国家を復権させる」目的を持っていた前著『グローバリゼーションと分断化』(1997年) を発展させたものであり，グローバリゼーション論と国際関係理論の緊張関係を克服して両者

の間の「有益な対話」を可能にすることを目的として書かれたものである。この「有益な対話」を可能にするための考察を行おうとする意図が『グローバリゼーションと国際関係理論』という本書の題名となっている。両者の対話を可能にするという著者の基本的認識は，「グローバリゼーションと国家行動は対立するものではなく，互いに依存し合っている——相互構成的な——ものであり，この相互構成的関係の中でグローバリゼーションと国家は変化する」（日本語版への序文・序章第2節）という指摘に示されている。グローバリゼーションが国家の自律性を制約する一連の外的環境であるという見方を排除し，グローバリゼーションによって国家は退場を余儀なくされているという今や広く共有されている認識に真正面から反撃している。2008年秋以降の世界金融恐慌と，それに対する各国の対応が如実に示しているように，国家行動はグローバリゼーションと密接に結びついており，グローバル経済も自律的に回転しているのではないことを，執筆から10年経った現在，筆者自ら日本語版への序文の中であらためて再確認している。

では著者はグローバリゼーションをどのように理解しているのであろうか。著者にとってグローバリゼーションとは，物質的なものにせよ精神的なものにせよ，実質的な活動や人間行動の領域に関するものではなく，その活動や行動に伴って現れる性質，条件，形態に関するものである。しかし本書は，グローバリゼーションという現象そのものを考察対象にしているのではない。グローバリゼーションが国際関係理論にどのような修正を迫っているかを考察しつつ，グローバリゼーションをよりよく理解できるような分析モデルを提起している。

この分析モデル構築の前提となっているのが，伝統的な国際関係理論に牢固としてこびり付いている国内領域と国際領域の間のグレート・ディヴァイドの否定であった。この否定によって，グローバリゼーションと国家を別個の領域として両者の関係を分析対象とするのではなく，両者の相互構成的な関係を前提にグローバル化した国家を単一の分析対象として考察を展開している。具体的には，主権国家，競争国家，安全保障国家，規範国家，民主国家が考察対象

となっているが，より正確にはグローバル化した国家を，両者の相互構成的関係の中で，主権性，経済競争力，安全保障，規範性，民主性の5つの側面から分析している。「現在見られるほとんどのグローバリゼーション論の限界を突破する」（序章第1節）と著者自身も強調しているように，明らかに巷に溢れているグローバリゼーション論とは異なるユニークな書となっている。

　7〜8年前に出版される予定であったが，同僚や大学院生と訳出したD. ヘルドやA. マグルーらの『グローバル・トランスフォーメーションズ』（中央大学出版部，2006年4月）の翻訳作業に予想以上の時間をとられ，本翻訳書の出版が大幅に遅れることになった。一時は断念することも覚悟したが，2008年秋以降の世界金融危機があらためて，グローバリゼーションと国家行動の関係を深刻に考える契機を与えたために，イアン・クラーク教授のユニークな視点を広く紹介する学問的意義を認識し，作業を再開したのである。しかし内容はもとより，クラーク教授の英語表現の難解さにしばしば中断を余儀なくされた。

　このため中央大学出版部の平山勝基氏（2009年3月定年退職）と大澤雅範氏には大変なご迷惑をお掛けした。二人の深い理解が無ければ，本書は日の目を見なかったであろう。ここに深甚の謝意を表したい。

2010年6月

滝　田　賢　治

［付記］

クラーク教授を2010年5月中央大学の客員教授として招聘し，

(1) "Can a Single Great Power Bear Responsibility for International Order?" (2) "Globalization after Financial Crisis", (3) "EU Images of a Rising China"というテーマで3回の講演を行って頂いた。

目　次

序　文 …………………………………………………………………… i
日本語版への序文 ……………………………………………………… iv
訳者まえがき …………………………………………………………… vii

序　章

はじめに ………………………………………………………………… 1
1．グローバリゼーションと国際関係理論 ………………………… 3
2．グローバリゼーションと国際関係の「生産」 ………………… 10
3．グローバリゼーションと国家 …………………………………… 14
4．本書の構成 ………………………………………………………… 20

第 *1* 章　グレート・ディヴァイド

はじめに ………………………………………………………………… 25
1．「家」は分断されたのか ………………………………………… 26
2．グレート・ディヴァイドの多様性 ……………………………… 30
3．グレート・ディヴァイドを乗り越えて ………………………… 44
4．グローバリゼーションとグレート・ディヴァイド …………… 52

第 *2* 章　グローバリゼーション

はじめに ………………………………………………………………… 55
1．グローバリゼーションをめぐる論争 …………………………… 57
2．グローバリゼーションの規範的課題 …………………………… 67

3．グローバリゼーションと国家の権能……………………………74
　4．国際関係理論とグローバリゼーション…………………………81

第3章　グローバリゼーションと国家

　はじめに………………………………………………………………89
　1．グローバリゼーション——状態かシステムか…………………91
　2．国家の力……………………………………………………………96
　3．ブローカー国家とグローバリゼーション ……………………107
　4．理論と埋め込まれた国家 ………………………………………110
　5．グローバル化した国家 …………………………………………115

第4章　主権国家

　はじめに ……………………………………………………………119
　1．主権とグレート・ディヴァイド ………………………………123
　2．主権とグローバリゼーション …………………………………132
　3．主権の構築 ………………………………………………………138
　4．主権，グローバリゼーション，国際関係理論 ………………143

第5章　競争国家

　はじめに ……………………………………………………………151
　1．国家は後退しつつあるのか ……………………………………154
　2．国家の経済自律性の限界 ………………………………………162
　3．国家の弾力性 ……………………………………………………170
　4．経済グローバリゼーションと国際関係理論 …………………173

第6章 安全保障国家

はじめに ……………………………………………………181
1. 現代における安全保障を分析する ……………………185
2. 安全保障のグローバル化 ………………………………193
3. 安全保障，グローバリゼーション，国際関係理論 …207
4. 結 論 ……………………………………………………210

第7章 規範国家

はじめに ……………………………………………………213
1. 規範を生産する要因の流動性 …………………………215
2. 倫理体系，国際関係理論，グローバリゼーション …222
3. 規範国家の後退か？ ……………………………………229
4. グローバリゼーションと規範国家の構成 ……………236
5. 我々は規範国家に生きている …………………………240

第8章 民主国家

はじめに ……………………………………………………245
1. 民主主義は重要か？ ……………………………………246
2. グローバリゼーションなくして民主化なし …………252
3. 代表なくしてグローバリゼーションなし ……………256
4. グローバリゼーションとデモクラティック・ピース …262
5. 民主主義と平和を構築する ……………………………266
6. 民主主義と国際関係理論 ………………………………272

結　論

はじめに …………………………………………………………279
1．グローバリゼーション ………………………………………280
2．国家の能力 ……………………………………………………284
3．国際関係理論 …………………………………………………288

参 考 文 献　293

索　　　引　317

序　章

はじめに

　本書のタイトルは矛盾しているのではないかと訝しがる読者がいるかもしれない。もし我々がグローバリゼーションという現象が実際に起こっていると認めるとすると、国際関係理論は存在しないことになるし、我々としても国際関係理論を必要としないことになる。逆に、国際関係を理論化することが極めて重要な知的作業であるという理由で理論化を始めると、この理論化によって直ちにグローバリゼーション論には疑問が投げかけられることになるのである。多くの解釈によればグローバリゼーションによって、国際関係論という学問が――決して絶対的にそうであるとはいえないにしても――主として対象としている国家間の関係と、（対象となっている）自己充足的国家からなる世界をはるかに超えたレヴェルで我々が議論することになるという理由で、グローバリゼーション論と国際関係理論の間で鋭い緊張が生まれるのである。<u>この自己矛盾と見えるものが、現実のものではなくて外見的なものであり、グローバリゼーション論と国際関係理論は有益な対話が可能であるということを本書で明らかにしたい</u>（下線部、訳者）。

　過去10年間、グローバリゼーション全般を対象とする様々な研究が現れたので、グローバリゼーションは国際関係論の伝統的分野を大々的に侵食しつつある明確に認識できる（国際関係論の）下位分野となってきた。国際関係論の終焉と、国際関係論が世界政治学か国際社会学に取って代わられつつあることを声高に宣言したがる人々にとって、グローバリゼーション論は今や、大集会

で発せられる雄叫びのようになっているのは確かである。

　グローバリゼーション論に特有の学問的方向性が何であれ，グローバリゼーション論の文献の多くは，国際関係の研究者にとっては当然の懸念に真正面から取り組んでいる。しかしそれは明確な意図に基づいた結果ではなく，偶然そうなったのである。その上グローバリゼーション論の文献の多くが扱っている対象は，部分的で選択的である場合が多い。グローバリゼーションについての一連の文献を評価検討し，国際関係論が抱える全ての理論的課題にグローバリゼーションが与える可能性のある影響について詳細に考察しようとした研究書は一冊としてないのである。グローバリゼーションのプロセスを理解することによって作られる理論的枠みを発展させることによって，グローバリゼーションについての一連の文献を評価検討し，グローバリゼーションが国際関係論の理論的課題に与える影響を詳細に考察することが本書の目的である（下線部，訳者）。

　グローバリゼーション論の文献のほとんどは，いろいろなレヴェルのグローバリゼーションが存在する証拠を示し，次にグローバリゼーションの原因と影響を説明することに関心があるのである。国際関係理論に対してグローバリゼーションが何を明らかにしているかに関しては，グローバリゼーション論の文献はほとんど関心がないが，それは理解できることである。国際関係理論に対してグローバリゼーションが何を明らかにしているかを解明することこそが本書の課題なのである。この意味で，本書は確かにグローバリゼーションの研究ではあるが，グローバリゼーションそのものの展開の程度や証拠にはあまり関心がなく，グローバリゼーションが展開することによって国際関係論の諸理論がどのような修正を余儀なくされるかに関心があるのである（下線部，訳者）。本書はグローバリゼーションの事例を当然のこととして受け取っているわけではなく，グローバリゼーションそのものを理解することに直接的に貢献しようとしているのではない。そうは言っても，グローバリゼーションと国際関係論のいづれか一方に注意を向けずに他方を明らかにすることはほとんど不可能である。

グローバリゼーションは不安定性を拡大していくプロセスであり，このプロセスはそれ自体独立した現象として説明する必要があるばかりか，それが同じ理論系統に洞察力を提供するものであることも説明すべきである，と本書は主張するのである。要するに，本書はグローバリゼーションを理解できるような分析モデルを提起し，国際関係のほかの局面にも一般的に適用可能な理論枠組みとしてこの分析モデルを利用しようとするものである。

　本書は，特に現在見られるほとんどのグローバリゼーション論の限界を突破するような議論を展開しようとしている。現在のところ，グローバリゼーションを国家の自立性を制約する一連の外的環境として扱うことが主要な傾向である。その結果，現実には国家は退場しつつあるかどうかに焦点が当てられてきた。<u>本書は視点の限定されたこの特殊な議論に参加するのではなく，この特殊な議論が展開されてきた枠組み自体を拒否することから出発する</u>（下線部，訳者）。

1．グローバリゼーションと国際関係理論

　グローバリゼーションの本質に関して中心的部分での意見の不一致があるため，グローバリゼーションが国際関係理論に与える影響についてはいろいろと異なった理解の仕方が可能である。標準的な分析枠組みをグローバリゼーションに適用してみれば，グローバリゼーションはアクターの性質やアクターの置かれた環境に影響を与えると考えられるかもしれない。即ち，グローバリゼーションは国際社会の展開過程や国際社会の構造を変容させているかもしれない。考察の下準備として理論的方法論の伝統的分類を行うと，グローバリゼーションが与えるかもしれない影響は，現実主義者，多元主義者，構造論者それぞれにとってグローバリゼーションが持つ意味という観点から検討することができるかもしれない（リトルとスミス：1991年）。そのような分析枠組みが何故グローバリゼーション分析に適さないかを明確に示しながら，グローバリゼーションなる現象がそれぞれの立場の観察者にとって持つ意味を明らかにする。

現実主義者によると，グローバリゼーションは国際関係における「パワーと安全保障」という要素を低下させることによって，国際関係のプロセスを変容させていると見る。グローバリゼーションは，まさにこの性質によって経済的・技術的側面と文化・アイデンティティの深い部分で進行する変化に注意を引き付けるのである。いずれにしても，グローバルな現象を強調することによって社会生活を統合させていく局面に焦点が当てられ，その結果，国家間のパワーポリテックスが自律的な活動分野であるという（現実主義者の）見解の有効性が減少することになる。

　第2に，グローバリゼーションは様々な国際的あるいはトランスナショナルなアクターに注意を引き付けるという点で，多元主義者の主張を強化するものと見ることができるかもしれない。グローバリゼーションは国家間にある国境の妥当性に疑問を呈するので，グローバリゼーションは国家の優越性や国家は統一的な本質を有するものであるという見解をさらに問題視するように思われる。確かにグローバリゼーションは，アクター全てが本当にまともに行動する能力を持っているかどうかを問題にする場面も引き起こすのである。グローバルな市場や生産システムを生み出す上で多国籍企業が果たす役割，統合された金融システムを生み出す上で資本市場が果たす役割，国家の国際経済における意味を強調する見解を広める上でIMFのような機関が果たしている役割に，グローバリゼーションに関する文献の多くは注意を喚起している。このように，グローバリゼーションは国際関係論におけるアクターという問題をあらためて提起したのである。多元主義者のパラダイムの一部になっているといえるが，グローバリゼーションは相互依存関係の強化と，国家間関係を結合していく変容過程を伴うものとして認識されるのである。

　第3に，グローバリゼーションは部分的に構造論者のパラダイムを再定義したものとして議論することもできよう。一見するとグローバリゼーションは，国家が機能を果たす環境を再秩序化したものに過ぎない。しかし国家は世界資本主義システム内における位置によって形成されると，支配—従属理論や世界システム論に関する多くの文献が主張するように，構造論者の見解の意義

は環境変動の意義を上回るものである。国家の生成は物的システムに左右されるという構造論者のやや決定論的説明は，新しい時代の国家形成を予測したものである。同様に，グローバリゼーションは，構造論者に彼らのそれまでの分析枠組みを再構築させつつあるとも考えられるのである。

　要するにグローバリゼーションを国際関係理論の中に位置づけようとするならば，グローバリゼーションが最も顕著な影響を及ぼすであろう理論的枠組みを必然的に評価検討することになろう。グローバリゼーションは，国際関係の構造，プロセス，あるいはアクターを変化させるのであろうか。もしそうであるなら，本書はこの前提に基づいてこれらの変化を検討するよう構成することができたかも知れない。もしそのような検討をしたとするならば，議論の中心となるべきことは根本的に異なる方法論の問題になってしまうというだけの理由で，このような検討をすることは拒絶されてきたのである。もしそのような検討をしたならば，必然的に**全体的**方法論ではなく**部分的**分析に陥っていたであろう。さらにもしそのような検討をしたならば，グローバリゼーションの本質，ひいてはグローバリゼーションの理論的意味について把握するための本質的な点であると本書が強く主張していることを見逃したに違いない。

　本書は，国際関係論の現在の理論カテゴリーに基づくものではなく，根本的な問題を提起する。この理論的カテゴリーの基礎となっている非常に分析的な枠組みを，グローバリゼーションは問題にしないのであろうか。国際関係理論は，グローバリゼーションが突きつけた課題をどの程度現在の分析枠組みに組み込むことができ，国際関係理論は相変わらず今までどおりのようなフリをしているのであろうか。その代わりに，グローバリゼーション研究そのものは，国際関係理論の他の側面に利用可能な方法論を我々に提供するのであろうか。これらの問題は，次章以降で検討されることになる。

　グローバリゼーションと結びついた問題の複雑さは，すでに国際関係理論の多くの分野と緊張関係を引き起こしているが，この緊張関係はそれとはなく控えめに語られる場合が多いのも事実である。例えば，国際政治経済学（IPE）内部のいくつかの根本的問題に関してそういえる。即ち新現実主義と新自由主

義の間の論争や，構造的現実主義の中心的議論である。

　国際政治経済学に関しては，グローバリゼーションは経済分野と政治分野の間の関係についてもっと詳しく言うと，これら2つの分野がそれほど明確に区別されるのかという問題について根本的な問題を提起している。経済的グローバリゼーションは政治的グローバリゼーションに「スピル・オーバー」し，経済的に組織化が行われたところでは社会政治的に組織化が続くという理論が国際政治経済学には潜在している。経済分野と政治分野は別個のもので，それぞれ異なった原動力に反応するものであるという十分に確立された見解――これは自由主義の伝統の中核をなすものであるが――がこれと対比される。ポランニー（1944年）によって有名になり，グローバリゼーション論の多くで今や偶像的言葉となったものであるが，「政治と経済は二重運動の一部として弁証法的に関連し合っている」のである。グローバリゼーションには単線的発展はなく，経済政策における最近の新自由主義的傾向は政治戦略によって結局のところ再び制御されることになろうという予測が，この見方には暗に込められているのである。このように，グローバリゼーションをめぐる対立した解釈が，国際政治経済学内部での最も興味深い論争の中心にあるのである（スタブスとアンダーヒル，1994年；ストレンジ，1988年）。

　第2に，グローバリゼーションは，新現実主義者と新自由主義者の間の論争において通常は証言を求められることはない。だがしかし，グローバリゼーションが行う証言は，かなり適切なものである。国際関係の事象を説明する場合，国際構造が全てを決めるのかどうか，この国際構造にはどういう要素が含まれるべきか，制度の内容的密度は国益の定義をどの程度変更するのかについて実質的議論が行われているが，このことはよく知られているいわゆるネオ・ネオ論争である（コヘイン：1986年）。このように限られた論点に関してであっても，ネオ・ネオ論争にグローバリゼーションという要素を含めるべきであるという正当な主張がある。グローバリゼーションは，相互依存の与える効果とどう比較されるものなのか。グローバリゼーションは，国益や国家間協力にどのような影響を与えるものなのか。グローバリゼーションは，国際的アナー

キー状態の本質について再検討を迫るものなのか。

　第3に，以上2つの論点の延長として，グローバリゼーションは国際構造というものをただ単に再定義したものに過ぎないと考えられるかもしれないので，グローバリゼーションは構造的現実主義が行った分析の中核を突くものなのである。やがて検討されることになるが，グローバリゼーションをアナーキー状態を再構築したものと解釈するアプローチも事実あるのである。アナーキー状態は，国家行動を制約する主要な構造的要因であると考えられるので，アナーキー状態を再構成すると，国際関係論全体を通じて重要な理論的変化が生まれる予兆が現れるであろう。このように，グローバリゼーションは新現実主義の重要な側面に挑戦する理論的能力を有するものなのである。

　これらの分野のそれぞれにおいて，グローバリゼーションが潜在的に混乱を引き起こすような効果が認められるのである。しかしながら，変容しつつある構造の一部としてのグローバリゼーションと，グローバリゼーションによってできる限り自らが生存していく道を見出すことを任された国家との間に存在すると仮定された相違に，こうした主張の全てが依拠しているように思われる。このような種類の相違に依拠する全ての分析枠組みに全面的に挑戦するものとしてグローバリゼーションが存在しているということを実際に第1章で議論することになる。本書は国家とグローバリゼーションの関係を根本的に新たに概念化することを目的にしている。この作業は，今度は，国際関係理論の他の側面を議論する基礎を提供することになる。

　グローバリゼーションについて次々と出版されている文献は，著しく多様であり，これらの文献の中で議論されているグローバリゼーションの性質と範囲は，以下の章で検討することになる。しかしながら本書は，（グローバリゼーションについて）広範な問題を扱う導入的で一般的な解説書として，（グローバリゼーションによって）国家は後退するのか，それとも復元力があるのかという議論を中心的に行うものであるといえる。ある説明によると，グローバリゼーションのインパクトは，国家が国家本来の任務を少しずつ果たせなくなる事実の中に現れてくるようである。別の説明によると，グローバリゼーションのプ

ロセスは，国家の行動によって綿密に作り出されてきたのであり，これからも国家の行動によって維持されていくようである。こうした両極端の立場からすると，国家はグローバリゼーションの対象であるか，主体であるかのどちらかとなる。

　グローバリゼーションと国家との間には，相互構成的な関係——この関係の中でグローバリゼーションと国家は変化するのであるが——があることを示すことによって，本書で展開する議論は，こうした極端な選択をすることを避けようとするものである。第1にグローバリゼーションの歴史過程を分析することによってこうした解釈が生まれること，第2にその結果生み出された分析枠組みは，（グローバリゼーションに関した）トピックについて考察するのに最も満足のいくものとなる，ということの2つを本書で示すことになる。そのようなアプローチはグローバリゼーションの意義を減じさせるものではなく，また「国家の優越性」を過去の経験に基づいて固守しようとするものでもなく，グローバリゼーションを政治的に説明しようとする紛らわしさを避けるための適応性ある分析枠組みを構築すべきであると主張するものである。

　この段階で過度に抽象的な説明をするのを避けるならば，我々はまず最初に特定の歴史的時代を検討することによって分析枠組みを作ることができる。冷戦終結は，そのための好都合な実例である。冷戦の余波についての議論の多くは，新たに生まれつつある国際構造の極性（polarity）——それは主要国間の力の配分として理解されるものであるが——を考察するものである。しかしこれらの議論の多くは依然として考察の幅が非常に狭く，啓発的でないのである。これらの議論がもっと広い視野を持っていたならば，（冷戦終結によって）国内的にも国際的にも変化が起こり，それらが相互に密接に絡み合っていることを認識したであろうが，実際にはそのような視野を欠いていたのである。冷戦終結がどの程度国際構造の変化を引き起こしたかは，第1に国内的変化と国際的変化の密接な絡み合い，第2に冷戦構造それ自体がそうであった重層構造に左右されるのである。「冷戦は国際関係，世界経済の枠組み，そして国内政治体制を統合した1つの秩序であり，構造であったという明らかな事実であ

る以上，冷戦終結はまさに世界史的意義を持つものである」（クローニン：1996年238頁）というある歴史家の洞察力に富んだ主張の眼目はこの点であった。「国内的」というのは，国家間関係という抽象的な「構造」と同様に，国際システムという構造物の一部であるということを示している。従って，我々が冷戦後の世界を理解しようとするならば，国際システムの変化と，国際システムとは別のものとして言われることが多い対内的な国家形態の変化を切り離して考えることはできないのである。変化のダイナミズムが認められるのは，国際システムの変化と国内体制の変化の間の相乗効果の内部なのである。極端な言い方をすれば，冷戦終結によって引き起こされた変化は，国内，国際いずれかの局面で生じたというよりも，国内的諸力と国際的諸力の間の調整機能という本質的部分に現れているのである（下線部，訳者）。この変化は国内，国際のいづれか一方に対して**特徴的に**現れるというより，双方に対して**相互関係的に**現れるのである。

　従って，これらそれぞれにグローバリゼーションが及ぼすインパクトを個別に互いに無関係に説明しようとするとそれは歪曲となろう。代わりの分析枠組みが必要である。何か１つの単独の構成要素というより，これらの要素の間の全体としての**相互連関性**こそが，グローバリゼーションによって挑戦を受けているものである（下線部，訳者），ということを代わりの枠組みとして示すつもりである。その結果，「国際的」安定性は「国内的」安定性のレヴェルを高めるためにとった措置に基礎を置くほど国際的領域と国内的領域との間には，著しい相互浸透作用があった秩序こそが，疑もなく冷戦秩序であったことは，以下で詳しく検討する。この意味で，国際的領域と国内的領域が相互に支えあっていることは事実である。我々が冷戦終結後に生まれるであろう世界秩序について語るとき，その秩序はこれら２つの領域を包含するものとして理解されるべきである。

　主権と内政不干渉という原則に基礎を置く広範なシステムに，対外的に参加しているという事実によって，国家が対内的に荘厳な正当性を確保している場である国際システムの形態から見ると，常に２つの領域を包含するものとし

て世界秩序が認識されてきた,という見方に対する反論があるかもしれない。

しかしながら,実質的にはともかく,形式的には国家が対外的に国際システムに参加することにより対内的正当性を確保してきたという事実が国際・国内の間の結合を生み出しているのである。1945年以降の国際秩序について特徴的なことは,この国際・国内的領域の相互補強関係が,国際システムの形式的原則を飛び越えて,政策の実態も含むようになったことである。国家,少なくとも拡大した大西洋共同体内の国家と,国際システムは,それぞれの変化していくイメージに沿ってお互いを構成していったのであり,双方は政府による(民間への)干渉,計画経済運営,福祉の提供を強化したことによって特徴づけられる。政府による干渉,計画化などは国内政策の変数となったばかりか,(国内政策に比べれば)程度は低いものの国際システムの慣行ともなった。

グローバリゼーションによって脅威を受けているのは国家それ自体よりも,この国際,国内の間の相互関係であるといえるであろうか。この議論についての魅力的なものは,ジョン・ラギーによって展開されてきたのであり,彼の業績はこれから検討する議論の多くで引用されることになる。ラギーの分析によると,国際システムの一部である国際経済の変化によって不安定化するのは,まさに国際的領域と国内的領域のトレード・オフ関係である。1945年以降,巧妙に処理されてきた重層的な安定の基礎であった「国家と社会の間の国内的社会契約から切り離されていく」ことがますます多くなった経済こそが,その結果である(ラギー,1995年:525頁)。その問題についてのラギーの説明に関して大変示唆的なことは,この説明によって我々は,国際的領域と国内的領域を統合してみる必要性と,両者を政治的に順応させることに注目したことである。

2.グローバリゼーションと国際関係の「生産」

グローバリゼーションの概念については第2章で十分に再検討するが,次の点は最初に明らかにしておく必要があろう。グローバリゼーションは物質的

なものにせよ，精神的なものにせよ，実質的な活動あるいは人間行動の領域そのものではない，ということが議論されることになる。そうではなくて<u>グローバリゼーションはそのような行動あるいは活動に伴う具体的な性質，条件，形態なのである</u>（下線部，訳者）。従って，本書の関心の焦点は，国際関係の中で生じる活動全体であり，グローバリゼーションは，その活動の性質，条件，形態に対して有する効果として検討されることになる。その意味で，本書の中のグローバリゼーションを巡る議論は，分析目的そのものとしてよりも分析目的のための手段として——即ちグローバリゼーションがどの程度かつどのようにして国際関係理論の変化をもたらしたかについての評価として——展開されることになる。本書により我々のグローバリゼーション理解が深まることが望まれるが，それは本書の主目的ではない。

　十分に説明された場合には，国際関係の理論化という中心的領域に重なり合うことになるグローバリゼーションを分析するための雛形と呼びうるかもしれないものを生み出すことが，本研究の方法論である。もし生み出すことができたならば，いかに多様で表面的には共通点の無いように見える議論であっても互いにかなり共通点があるということを明確に示すことができる。その結果，我々は生み出された共通の枠組みによって1つ1つの問題を個別に，以前よりもはっきりと理解できるようにならなければならない。経済問題，安全保障問題，倫理的問題に対する国家の政策に関して起こっている変化は何なのか，また国家の民主的構造は何故，挑戦を受けているのか。主権という概念が何故それほど深刻に疑義を差し挟まれているのか。またこうした問題領域の全てが仮に相互連関していたとしても，どのように連関しているのか。こうした問いに答えることができれば，現在，国際関係論の分野で厳しく精査されている一連の問題についても多くのことが分かるはずである。

　本書のアプローチは単純なアナロジーで具体的に説明することができるかもしれない。様々な産業，サーヴィスは，鉄道を動かしたり，石炭を生産したり，電気を発生させたりするような人間活動の個別の分野に関わっている。近年イギリスでは，こうした産業あるいはサーヴィスは民営化されてきた。この

ことは何もこれら全ての活動が同じものとなったことを意味しない。以前は国有化されていたこれらの活動が，法律，金融，規制に関して，以前とは変わった構造の中で行われ，これらの活動が今や多かれ少なかれこれほどまでに共通点を持つようになったというだけである。同じように，本研究は国際関係論の研究活動の個別分野に集中するものであるか，グローバリゼーションに関するほぼ共通の条件——その中で個別分野の研究が行われているが——という統合されたレンズを通して集中するつもりである。しかしアナロジーというのは，そのアナロジーによる喩えがうまくいかない所でこそ意味を持つのである。こうした産業が変容したのは，民営化の流れと，これらの産業が置かれていた「対外的な」規制を要求する新たな環境のためであった。民営化というのはいわばゼロから生産の単位を鋳造し直すものであり，グローバリゼーションはこれとは対照的に外部から押し付けられた枠組みを越えたものである。グローバリゼーションはまた，国際関係という産業を内部から再編する際の副産物でもある。

　経済グローバリゼーションに関する文献はグローバルな生産システムが，特に生産単位に関して世界経済を根底から変化させてきたと主張する傾向がある。本書は，国家を新しい環境の中で活動する生産単位と見る。国家が現在行っている様々な「財とサーヴィス」の提供——主権，経済運営，安全保障，「善き生活」と民主主義——を比喩的に再検討し，国家の生産能力がグローバリゼーションという新しい条件の下で，いかに変化してきたかを評価する。さらにグローバリゼーションは国家が活動を行う環境であるばかりか，国家が採用する新しい形態でもあるのだと本書は主張することになる。そこで知的探求を行う2つの個別の分野として<u>グローバリゼーションと国家を考えるのではなく，単一の分析単位としての**グローバル化した国家**に焦点が移ることになる</u>（下線部，訳者）。

　グローバリゼーションを生み出す実質的な特性が世界で現実に現れる程度についてはいうまでもなく，この実質的な特性そのものについては，グローバリゼーションの文献ではほとんど合意が存在しないというのが問題点である。こ

れから検討していくように，グローバリゼーションが「意味する」もの，その原因，その歴史的流れ，検証される範囲，その規範的・イデオロギー的重要性，その展開の経路と後戻りする可能性について実質的議論が展開される。だがグローバリゼーションをめぐりこうした不確かさがあるにもかかわらず，国際関係論にとって中心的と考えられる国家による多くの「財とサーヴィス」の提供——主権の生産，経済的財と福祉の生産，安全保障の生産，規範的共同体とアイデンティティの生産，そして最後に，よりよい民主的慣行の生産——を，このように多くの疑義が提起されているグローバリゼーションが作り変えるのだ，という広く行き渡った印象があるのも事実である。こうした問題それぞれは，1990年代にグローバリゼーションの陰に隠れて議論されてきたのである。こうした機能的な分野の全てが共有している要素を強調しながら，その1つ1つを明確に目立たせる，グローバリゼーションについての一致した基本的概念枠組みを作ることは可能であろうか。

　グローバリゼーションについて認識の不一致が著しいことを考えると，そのような枠組みが合意された定義に基づいて作られることはありそうにもなく，合意された定義によって問題が解決されることはないだろう。他に理由がなかったとしても，例えば社会学，経済学，国際政治経済学，文化コミュニケーション論，地理学，政治学，国際関係論などそれぞれの学問分野の研究テーマとして，グローバリゼーションが取り上げられるという事実の中に，こうした認識の不一致が反映されているといえよう。これらの分野における（グローバリゼーションについての）独自の視点により，これらの分野に共通の基盤を築くのが困難なほどに，それぞれの分野は独自の課題を追求してきたのである。（グローバリゼーションについての）単一の定義が，異なる学問分野の間で受け入れられるとは思われない。従って，グローバリゼーションの実質的な証拠はこれだとは言わず，その代わり歴史的にグローバリゼーションの展開に伴って現れた社会的，政治的ダイナミズムに焦点を当てることのできる分析枠組みを充実させていくことが，本書で追求しようとする研究戦略である。特にこうしたダイナミズムは，国内的領域と国際的領域の双方を包摂することによって，政

治的諸力が作用し合う所で生まれるのである。グローバリゼーションについてのこのような一般的特性は，国際関係理論の様々な側面と対比することができ，国際関係理論はこの特性を考慮に入れて再検討することができるのである。

　グローバリゼーションをどのように考えようとも，それは我々が国際関係論を理解するのに大きな関連がある。国家間の「空間」は変容しつつあり（あるいは消滅しつつあり），その結果として**国際的**と理解されているものそれ自体が根底的に再定義されつつあると主張する文献もある。別の所では，国家が自らの存在意義を見出しうる変容しつつある環境に議論が集中するのではなく，国家再編に議論が集中するのである。即ち，グローバリゼーションは，国家が行動する環境を変化させるばかりか，国家そのものの本質的性格を変容させるのであると主張するのである。この説明に従うと，国家間の関係（inter-state relations）は存続するものの，異なった種類の国家の間の関係も存在することになる。どちらにせよ，こうした議論は我々が国際関係論の主題にアプローチし定義する方法にとって極めて大きな関連性があることが直ぐに明らかになるに違いない。

3．グローバリゼーションと国家

　グローバリゼーションについての文献が，国家というものにそれほどまでに注意を払うのは，本筋を外れているとは言わないまでも奇妙であると考える読者がいることは疑いない。社会科学全体を通じて，知的流行は「国家否定（state denial）」（ワイス，1998年：2頁）に向かっていると言われている。現在，広く受け入れられている政治についての領域中心の概念——この領域概念に関して国家は至高の存在であるが——に，グローバリゼーションについての文献の大部分が疑義を差し挟んでいることを考えると，以下で見るように，国家に明確に焦点を当てた議論の多くを示すことは直感的なものでないことになろう。

しかしながら，これは国際関係論に関して国家中心の復古主義的説明であると誤解してはならない。もしグローバリゼーション論が魅力的であるならば，グローバリゼーションの持つ変化させる力が，直ぐにでも明らかに示されるのは国家の機能である，というのが国家を強調しようとする理由である。しかし同時にこのことは，グローバリゼーションは国家にだけ影響を与えることを意味すると理解してはならない。もしそのように理解するならば，それは馬鹿げたことである。グローバリゼーションは良くも悪くも，全ての社会運動や社会的アクターと衝突するのである。「国家内部から起こった活動や国家が国家間で起こったものとして規制できる活動の総和こそがあたかも現代地球社会であるかのように，現代地球社会を意味あるものとして理解することもできないし，効果的に規制することもできない」(ポギー，1990年：183頁) という主張に，我々は直ちに同意できるのである。そうであっても，ポギーは，国家は依然として「政治的指導者」であり，国家の持続的生存能力の度合いこそが，グローバリゼーションの影響を測る一番の目安であることを認めている。そこで国家を検討することによって，グローバリゼーションの引き起こした結果を追跡し測定することができるのである。国家に焦点を当てることは，国家の優越性についての議論よりもむしろ目的を達成するための手段なのである。端的に言えば，国家こそがグローバリゼーションが現れる主要な場であるので，国家に議論を集中する必要があるのである。しかしながら，グローバリゼーションだけが国家の再建をもたらすのか，あるいはグローバリゼーションに歴史的機会と性格を与えるのが国家の再建なのか，という論争の余地のある問題も残る。

　当面，国際関係理論は，2つのタイプの広い文脈の中でグローバリゼーションと関連しているといえよう。1つは，大まかに言えば，グローバリゼーションと諸国家の理論といえよう。この議論の媒介変数は，グローバリゼーションが国際政治史の主要トレンドや出来事と絡み合い，かつトレンドや出来事を反映する度合いである。具体的に説明すると，以前にも議論したように (クラーク，1997年)，グローバリゼーションは少なくとも部分的には国際政治の1つの

機能として理解され，勢力均衡やイデオロギー対立によって様々に刺激を受けたり，阻害されたりするものである。世界大戦，大恐慌，脱植民地化，冷戦とその終焉のような出来事全てが，干満を繰り返すグローバリゼーションにその痕跡を残しているのである。このことは国際関係が自律的な領域であり，グローバリゼーションは密閉された国際的活動から生じたものであると主張することではない。国際関係は経済的，社会的，技術的変化という「深い」諸力に晒されているが，これらの諸力はある程度は国家間の活動の展開によって緩和される，ということは直ぐにでも理解されることである。

　国際関係論におけるこの問題についてのもう1つの卓越した概念化は，グローバリゼーションと国家理論の関係といえよう。この視点からすると，国家機能の過剰性を指摘する論者と，国家の有効性が今後も維持されると国家を擁護する者との間で議論が行われてきたといえる。同様に，国家の能力が外からグローバル化を促す諸力によって侵食されているイメージ，即ち逆に言えば外からのグローバル化を促す諸力が国家行動によって生み出されているというイメージに，こうした議論は基づいている。どちらの場合も，国家は表面的には外的環境とは区別され，かつ対立しているという二重性があると想定されているのである。これに対し，現代の議論は次のように展開される。<u>国家は，対内的，対外的機能の間で**中間的地位**を占め，国家自体がグローバリゼーションのプロセスによって形成されるとともに，グローバリゼーションのプロセスを形成するのである</u>（下線部，訳者）。

　（このことを説明するのに）次の実例が役立つかもしれない。主権は国内の政治的枠組みと国際的秩序を維持する諸原則を象徴するものであり，これら2つは相互に強化し合い，相互に再定義し合うものであると多くの論者が指摘している（ギデンス，1985年：263-4頁）。変化しつつある国際秩序の中で，主権を侵食されているというよりもむしろ変容していると考えることも可能である（サッセン，1996年a：30頁）。変容はいわば双方で起こるのである。我々がグローバリゼーションを国家がその存在を認識すら単なる環境としてではなく，国家の（変化しつつある）アイデンティティの中の要素としてみなすことは同様に有

益である（アームストロング，1998年：476頁）。とりわけグローバリゼーションに関して，この議論が許されるならば，この分野の理論化にとって一般的な重要性は何であろうか。

　長年にわたって実質的に位置づけを変えてきた多くの分野が国際関係理論にはあるが，そのほとんどは領域国家の（主権の）浸透性に関するものである。国民経済という考え方（国際政治経済学），安全保障の供給者としての国家の可能性（安全保障論），国家の道徳的アイデンティティ（規範的国際関係論），領域国家に基礎を置く民主的諸制度の持続可能性（政治理論）に，（領域国家の主権の浸透性に関する）研究の多くは疑問を投げかけているのである。一般的に言って，これは主権概念の有効性あるいは主権概念が今や有効でなくなった程度についての問題を提起している。グローバリゼーションはこれら全ての問題に浸透し，程度の差こそあれ，これらの問題を引き起こした原因として描かれている。我々がこれらの問題を議論する仕方は，グローバリゼーションそれ自体についての我々の概念に大きく左右されることになる。同時にグローバリゼーションのプロセスを分析する仕方は，我々に幅広い理論に沿って考察を進めるモデルを提供してくれるかもしれない。それぞれ個別の問題領域はそれ自体実質的なアジェンダを抱えているが，全体として見れば共通の分析枠組みを共有している。もしグローバリゼーションがこのテーマを解明しようとする現在のアプローチのための基礎的な枠組みを修正するように我々に迫るならば，それは国際関係理論のアジェンダに関するスペクトラムについて我々があらためて考える助けとなるであろう。

　ある定義によると，グローバリゼーションは「パワーがグローバルな社会構造の中に位置づけられ，領域によって規定された国家を通してというよりもむしろグローバルなネットワークによって表現されるプロセス全体を広く指すものである」（トーマス，1997年：6頁）。この形成過程は，国家とグローバリゼーションの間の二律背反性を強調する。「国家」対「外的諸力」という二項対立的な視点から，こうした問題にアプローチするというよりも，これらの問題は国家を取り囲み，国家を満たしている社会的諸力の渦の中で国家が再構成され

ていることを象徴するものであるとすれば，よく理解できると本書は主張するものである。事実，グローバリゼーションのプロセスそのものは，この（国家の）変容が進行中であることを示している。グローバリゼーションは「トランスナショナルで国際的なプロセスであるばかりでなく，国内的なものなのである」というのがサーニーの主張の核心である（サーニー，1996年 c：91頁）。

　もしこのことがグローバリゼーション全体との関係で理解することができるなら，それは我々が国家活動の特定領域について考察するのに役立つであろう。このことは本書で詳しく検討されるであろうが，今の段階では予備的解説だけしか必要ないだろう。例えば，特殊主義と普遍主義，コミュニタリアニズムとコスモポリタニズムのようなよく知られた構造的対立関係の中で，ずっと扱われてきた規範理論には多くのイシュが存在する。先に見たグローバリゼーション分析と，こうした規範的関心との関連性とは，こうしたカテゴリーが固定的，静態的であるという考えから，関心の中味が変化しつつあるかもしれないという考えに，我々を変化させ始めているということである。ある時点で特殊であることも，普遍的なこととの関係では流動的となる。このことは共同体の流動性についてのリンクレーターの議論に似ている。「共同体が制約を受け，互いに区別されるようになる様子についてはよく分かっていないし，共同体の制約性と個別性が時間の経過とともにいかに変化するかについてもよく分かっていない」とリンクレーターは述べている（リンクレーター，1995年：183頁）。マイケル・ウォルツァー（1994年）の用語を借りると，規範理論は「濃密性（the thick）」（国家に埋め込まれている）と「希薄性（the thin）」（外部から挑戦している）という2つの確立されたカテゴリーの間の対話ではないかということになる。そうではなくて，これら2つは，国家それ自体を絶えず再定義する，いつ果てるとも知れない相互調整を行っているのである。（国民経済［の単位］としての）国家が，経済的グローバリゼーションによる対内的，対外的諸力によって再生されるように，規範的国家は対内的にも対外的にも程度を変化させる結合力の間で生ずる流動的な相互作用によって押されたり引かれたりするのである。市民権や諸権利に関わる国家システムという概念のような典型

的に「濃密な」概念自体が，変容過程にあるということが象徴的に示されてきたのである。サッセンが指摘しているように，「福祉国家の登場とともに生まれた（歴史的には）最も新しい大量の諸権利が，（国家についての）最高の定義の内容となるものではない」（サッセン，1996年 a：xiii 及び 96-7 頁）。ハチングスは，倫理的関連主義の観点から「特殊性と普遍性が相互に排除し合う論理」（ハチングス，1996年：129頁）を批判してきた。特殊主義と普遍主義は，規範的思想を具体化した存在ないしは固定的な存在としての国家ではなく，変容する存在としての国家に浸透していくものであり，それ故にこの2つの主義は状況に応じて国家を再編する能力を有しているという前提の下で，本書も，この相互排除性という論理を批判するものである。

民主化をめぐる現在の議論は，もう1つの有効な事例を提供してくれる。一般的な言葉を使えば，民主化というのは個々の国家の政治システムに民主的形態を広めることを意味する。しかしグローバリゼーションの文脈では，個々の国家から脱国家的分野ないしは脱領域的分野へ漏れ出したといえるかもしれない権能を民主化する可能性に関して興味深い問題が存在する。従って，どちらにも共通する矛盾とは，民主的手続きによって統治される権威システムと民主的監視のないところで進行するグローバル化した活動との間の矛盾である。「現代のグローバル化しつつある資本は，国家の生き残りに対する挑戦ではなく，民主主義の実現に対する挑戦なのである」（ショルテ，1997年：452頁）というショルテの観察の核心はこの点である。「ナショナルな政治単位において民主主義の実現を求める明確な動きの台頭と，世界市場における説明責任を確保する手段の欠如との間の矛盾こそが，世界再編の中心的特徴である」という点も同じような文脈で指摘されてきた（ミッテルマン，1997年：79頁）。

しかし何人かの論者も証言してきたように，特にグローバル化した活動の多くの分野は，観察できるような制度的形態を欠いており，政治的統制からほど遠いので「対内的な」民主的慣行を多国間の活動に拡大するだけでは問題は解決しない（デュルン，1995年：156頁）。

そこで政治理論にとっての問題は，今ある出来合いの民主主義国家を，変化

しつつある外的環境に適応させることではなく，むしろ民主化した国家の変化した性格をグローバリゼーションという条件の中で概念化することである。

4．本書の構成

　本書は，以下の方針に沿って構成されている。国際関係論におけるほとんどの理論化は，対内的領域と対外的領域，あるいは国内的領域と国際的領域との間に存在する暗黙のグレート・ディヴァイドに依拠している，ということを示すのが第1章である。このような分析枠組みの中で，国家は対内的諸活動を具体化し，対外的諸活動に乗り出すものと考えられる。その結果として，国際システムは国家の活動に制約を課するかもしれないが，その制約が国家のアイデンティティの源泉ではない。最初からこのような枠組みを設定することは大きな誤りであり，我々が本主題を考察する方法論にとって役に立たない結果をもたらす，ということを具体的に示すことにする。グローバリゼーションに関する急増しつつある文献が，現在ある多くの理論的前提を一層不安定にしてしまう程度を測るため，これらの文献を再検討するのが第2章である。グローバリゼーションに関する文献の全てを決して受け入れるわけではないが，第2章では本書の主張に合致する事例もあることを示す。

　グローバリゼーションの国際関係理論に及ぼすインパクトを明確に認識することができるならば，グローバリゼーションという現象そのものの歴史的解釈から検討を開始しなければならないことは明らかと思われる。グローバリゼーションのダイナミクスを深く見極めると，今度は現在まで受け入れられていた国際関係理論のカテゴリーが不安定化する様が明らかになるのである。そこで第3章では，グローバリゼーションを理解するための理論的枠組みを確定しようと思う。「対内的なもの」「コミュニタリアン的なもの」あるいは「特殊主義的なもの」——これらはあたかも内容的には固定的なものであるが——を，単に具体化したものとして国家を認識する視点から，歴史的にダイナミックな存在として国家を認識する視点に，国家の見方を変えさせようとするのが第3

章である。このダイナミズムの一部は，国家の内部からも外部からも挑戦を受けて，国家が自らを作り直すことによって生まれたものである。このような見方は，「対外的なもの」，「コスモポリタン的なもの」そして「普遍主義的なもの」との相互作用によって形成される転換の論理を認めたものである。

　この理論的枠組みを適切に使って，この枠組みを国際関係理論にとって中心的な一連のイシュに適用することが第4章以下の作業になる。理論的前提を修正することによって，陳腐な話題についての新しい啓発的な発想法がどのようにして生まれるかを具体的に示すことが第4章以下の作業のポイントとなろう。第4章は，主権国家の名の下で発生するイシュ全てを扱うことになる。競争国家の本質について論争することによって，国際政治経済学の観点から，この論理がいかに時代遅れなものかを例証するのが第5章である。

　しかしながら，これは議論の最も容易な段階である。国際関係理論のこれ以降の段階では，国際関係の実態が，経済的，物質的現実を変化させることによって変容してきた程度について意見の不一致が生まれてきた。1970年代には，相互依存関係が意味するものは何かについて議論の焦点が当てられた。1980年代には，レジームの効果と新制度論に関心が移っていった。国際社会の経済的，機能的側面を理解するために，その証拠がいかに重要であろうとも，これはローポリティックスにしか影響を与えない，という点がこうした議論への一般的反応である。それは安全保障問題ともハイポリティックスに関わる問題とも衝突しない。国際社会の本質的にアナーキーな状態は変化してきたのかどうか，その結果，協調的行動の展望が改善されるかどうかをめぐって我々はやや不毛な議論をしてきたのである（ボールドウィン，1999年）。経済的，機能的変化は，他の分野にも見られるのかどうか，あるいはそれはルールを試す例外として見られるべきかどうかは，こうした議論の基礎にあるイシュなのである。その結果，1970年代初期の脱国家主義や相互依存をめぐる議論は，国家の優越性をあらためて強調する立場や，ハイポリティックスという例外主義に訴えかける立場によって批判されたのである。ローポリティックスについてどういうことが言われようとも，これは安全保障分野の核心的な国家活

動,ひいては主権を侵食するものとは考えられなかった。

　同じような視点が,グローバリゼーションをめぐる議論の基礎にある。グローバリゼーションのプロセスは,経済的,機能的な様々な分野で同じようなペースで進行すると楽観的に認識する論者もいるが,このこととグローバリゼーションの浸透が少ないと考えられる主として政治的分野を区別している。経済的分野（物質的分野）と政治的分野（アイデンティティに関わる分野）の間で,ますます乖離が進んでいくことが注目されることがしばしばあることも確かである。

　経済活動は例外的であると考える者もおり,それは独自の論理で展開していくものであると言われている。しかしながら政治は,これとは異なった方向に向かうものである。問題は,グローバル化に向けた様々な速度についてのものである。即ち,別の表現をするならば,セクター間でグローバル化にはタイムラグがあるということであると見る論者もいる。この観点からいうと,グローバリゼーションはコミュニケーション技術と金融活動の分野で最も顕著に認められる。生産,社会生活,価値体系という分野では,グローバリゼーションはそれほど顕著に現れていない。組織化された政治生活（政治世界の活動）は,これらの分野よりはるかに遅れている。しかし我々がグローバリゼーションの卓越した力を,明日の傾向を予測するもの,あるいは政治生活の伝統的なあり方を変容させるよりも強化する可能性のある例外物として解釈するかどうかによって違った世界が生み出されるのだ。

　要するに,代わりの理論的枠組みが国際関係理論の一般的道具として役立つものであるとすれば,必要なものを経済分野以外にも伝えることができるに違いない。グローバリゼーションについての文献の多くが,経済に重点を置いているということを考えると,ますますそのようにいえるのである。そこではっきりさせねばならないのは,グローバリゼーションは経済から離れた分野に拡大していくプロセスであるということである。そこで以下の章では,多様な国家属性と機能的分野での活動について検討する。そこでグローバリゼーションというテーマと,これと結びついた分析枠組みは国際関係理論についての一連

の議論を再検討するために利用することができるのである。安全保障国家，規範国家，民主的国家という要約的見出しのついた第6～8章でこのことが詳しく説明されることになる。全体としてみると，本研究は現在，国際関係論にとって関心のある中心的分野の代表的事例を扱う。本研究は，分析すべきイシュがそれぞれの分野の核心においていかに共通しているかを具体的に示し，さらにこれらのイシュの検討を促進する可能性のある方法を提示する。

　グローバリゼーションは，学問的分析ばかりか社会生活のレトリックの上でも広く使われるテーマなので無視できない。同時に，国際関係について考える代替物としてグローバリゼーション概念を使う傾向が強い。本書が，国際関係とグローバリゼーションを建設的に関連づける小さな一歩になることを期待している。

第*1*章　グレート・ディヴァイド

はじめに

　グローバリゼーションという概念は，国際関係論の理論化にとっては広く使われている枠組みであり，それ自体，独立した学問分野であるという国際関係論の主張の中核にあるものである。ある研究は，最近，その根拠を次のように要約している。

　　国内社会と国際システムは明らかに異なっている。後者は形式的には同じような国家が紛争を解決するために自助と力を背景にした交渉に依拠する競争的なアナーキー状態である。これとは対照的に，国内社会（国内システムではない）は，ルールに基礎を置いている（カポラーソ，1997年：564頁）。

　このことは，これら2つの個別の領域の間に存在する経験上認識している差異を指し示している。それはまた，国内社会とルールに基づく行動を要求することによって規範的区別を前提としている。それぞれの領域には価値観の差異もある。その結果，規範理論では，このグレート・ディヴァイドはコミュニタリアンの視点とコスモポリタンの視点の間で行われる議論で再現される。<u>コミュニタリアン的立場は，価値が「対内的」領域（国家，ポリス，共同体，市民）に基礎を置いているという原則に依拠しているのに対し，コスモポリタン的立場は人類に（本来的に）付随する普遍的権利と価値に対し，対外的に訴えかける</u>（下線部，訳者）。

　こうした対立的構図は文献の中に数多く見られるが，例えばC. ブラウン（1992年）やリンクレーター（1982年）の著作の中で適切に表現されている。

別の表現を使うと，ポリスとコスモポリスの間の分離はウォーカーが，根本的矛盾と理解していることの中に明確に表現されている。「特殊な国家では，義務，自由，正義という概念は普遍主義者の説明を使うと明確となる。だが普遍的価値と手続きが必要であるという主張は，そのような普遍的なものが保証される領域の境界の外では通用しないことを前提としていた」（1990年，165頁）。

1.「家」は分断されたのか

　国際的なるものと国内的なるものが，根本的に異なる経験的・規範的起源を持っているということに関して，一連の深遠な前提を含んでいるのがグレート・ディヴァイドである。しかしグレート・ディヴァイドという概念にグローバリゼーションという要素を組み込むと，この枠組みに何が起こるのであろうか。国内，国際2つの領域では，構造的に異なった行動が取られるという主張に，グローバリゼーションが真正面から挑戦していることが，以下では具体的に示される。もしグローバリゼーションがこの主張に挑戦していないとするならば，挑戦していると考える論者達によって主張されている実質的内容の多くをグローバリゼーションが欠いている，と結論づけることは妥当であろう。グローバリゼーションという現象が本当に意味あるものであるかどうかを試すのは，グレート・ディヴァイドが今までその根拠を置いてきたこうした分離状態に浸透するのに成功したかどうかであるという者もいる。もしグローバリゼーションが，こうした分離状態に浸透していないなら，我々は少なくとも国際関係論に関して，概念としてのグローバリゼーションを使わないことは正当化できる。

　グレート・ディヴァイドに対する不安感は決して目新しいものではない。少なくともカント以来，研究者達はグレート・ディヴァイドという分離状態の根拠となっている前提に不快感を抱いてきた。<u>グレート・ディヴァイドは克服されるべきであり，また克服するための理論的戦略を提起するように，グローバリゼーション概念が迫ることが本書の議論である</u>（下線部，訳者）。現在の国際

関係理論の多くが依拠している普遍的なるものと，特殊的なるものの多くの事例の間の表面的な違いを曖昧にすることによって，グローバリゼーションが規範的仮題に新たな挑戦を行うことが示されることになる。グローバリゼーションが，対内的，対外的政治領域の間の分離状態を超越又は包摂する様子こそが，グローバリゼーションの特徴の1つである(下線部，訳者)。もしこれがグローバリゼーションの効果であるならば，グローバリゼーションは，我々がグレート・ディヴァイドを超越できる分析のための鋳型を提供してくれることになる。

　世界経済のグローバリゼーションが「国際関係を研究する者に対して大きな挑戦を突きつけている」とカッツェンスタイン(1994年:5頁)が正しくも主張したのは，この意味においてであった。問題は，この挑戦がいかに根底的な問いかけなのかということであり，国際関係論の伝統的概念を全て放棄するのか，それとも今現在起こっている変化を取り込むようにして概念を再定義するかどうかの選択に我々は直面している。スーザン・ストレンジは，国際関係論を放棄するべきであるとの議論を展開している。「国家間政治と国内政治を別個に研究する従来の理論的根拠は，消滅した。国際関係論を捨て去るべきだ」(1997年:242頁)。性質の変化した国際関係論のテーマに，国際関係論が影響力を維持できるように国際関係論を再編することが，本書で展開する代替的研究戦略である。

　国際関係論は，見せ掛けのグレート・ディヴァイドに基礎を置いているという考えは，文献ではかなり一般的なものであり，それはこうした事態に対する不満と結びついた表現なのである。こうした状況をまた繰り返すことに何ら独創性もない。しかしながら本章は，この分離状態の存在を立証するばかりでなく，分離状態が我々の発想をどのように組み立てているのかを示そうとする。グレート・ディヴァイドは国家理論に断層を生み出し，そうすることによって国家と国家の行動の仕方について歪んだイメージを与えることになる，ということを特に議論する。とりわけグレート・ディヴァイドはグローバリゼーションの重要性を理解することを不可能にするのである。即ち，グローバリゼー

ションという条件の中で国家を理論化する試みは，まず最初にグレート・ディヴァイドという枠組みを壊さなければならない。本章では，グレート・ディヴァイドがいかに生まれ，それが文献を通じていかに広がりを持っているかを明示する。それから，グレート・ディヴァイドは何故，広範な不満の源泉となったのか，グレート・ディヴァイドを架橋しようとしてきた研究者もいるが，どのように架橋しようとしたのか，(にもかかわらず) 何故問題が依然として残っているのかを説明する。本書は，グローバリゼーションと国家理論の間の関連性を探る道を指し示すことになる。

　もし「国際的なるもの」が「国内的なるもの」とは別個の政治的・経済的諸力の領域を表しているとするならば，それぞれ別個の枠組みの中で，それぞれの分析手段で研究されなければならないことになる。伝統的には，研究されるべき課題には，アナーキー，アクターとしての国家，勢力均衡，戦争による紛争解決が含まれる。国内政治のアナロジー（スガナミ：1989 年）に時々訴える——この分離状態を緩和するために——ことによって，むしろ国内政治のアナロジーが再確認されたのである。国際的なるものと国内的なるものとの間にはアナロジーがあるかもしれないという指摘も，もちろん相同関係（訳注：形態・機能は異なるが，発生の起源は同じという関係）は否定している。実際，この 2 つは同じではありえない。独自の，特有の政治構造を持つ領域としての国際的なるものの自律性を何度も何度も激しく主張することによって，ネオ・リアリズムはこの傾向を補強したのである。これとは対照的に，<u>これから展開する議論では，国際的なるものと，国内的なるものを分離している障害物としてよりもむしろ両者を和解させる共通の，しかし競争的な場としての国家を提起する</u>（下線部，訳者）。

　国際関係論は，その学問的発展の過程で多くの二重性に包囲されているとの指摘は，言い古されてきたことである。大まかに言えば，政治学や比較政治学が「対内的領域」を扱うのに対し，国際関係論は国家の「対外的」関係を研究するという明確な労働分業があった。ジャクソンは（学問のこうした）分業状態に条件つきで挑戦した時でさえ，「国内政治と国際政治の間の区別は理論家が

留意すべき重要な点である」(1996年：204頁) と認めていた。この分離状態は，コヘインとミラーの研究 (1996年) でも同じように取り上げられ，彼ら自身はその分離状態を緩和しようとしながらも条件つきでそうしているのである。

そのような（学問的）分業は，マーチン・ワイト (1966年) が伝統的手法で行った内外を区別するという研究の核心にあるものであり，ワイトの研究では「(人々の) 善き生活」に貢献するための政治理論は，生き残る手段以上のものにはなりえなかった国際関係理論とは峻別されている。前者の領域では，政治理論家は，個々の政体が熱望する価値を，それ以来ずっと議論してきたが，一方，後者の領域では理論家は，こうした政体の安全保障か国益を守るための戦略を（考察することだけに）満足しなければならなかった。「それ故，政治的財は，国際関係理論にとっては前提であり，政治理論にとっては目的である」(ジャクソン，1990年 b : 262頁) とワイトの立場は要約されていた。事実，ジャクソンが具体的に示しているように (1990年 b : 265頁及び267頁)，ワイトは決してこの区別を一貫して主張していたわけではなく，ほとんどの哲学的点においては，この区別には敵対的ですらあった。しかしながら，この内外区別は，その有名な論文においてはパラダイムともいえるような表現で表されていたように思われる。

ウォーカーは，この二重性を重視してきた最近では唯一の論者である。「政治，自由，進歩についての議論にまで踏み込むことが可能な」政治理論の伝統がある。それを無視したとしても違いはあるのであり，「隅々にまで行き渡る権威を欠いたシステムにおいて，秩序を維持管理することに対する関心」(ウォーカー，1990年：171頁また1993年も参照のこと) しかない国際関係論の伝統もある。これを基礎に国際関係論は「2つの別個の分離した活動領域，即ち国内と国外ないしは国際的領域」(ソーリン，1995年：252頁) という神話を作るのに貢献したと批判されてきた。よき生活の追求が行われることになっている国内領域こそ，国家というものが明確に表現される場である。国外領域は，文字通り国家が存在しないという理由で秩序と権威を持たないまま維持管理することに満足しなければならない。このような推論についての典型的な評論で説明

されているように,「政治共同体は,囲い込まれた空間を必要とする,即ち本来の政治は思想を実現でき,(様々な)利益が理想的な形で認定される空間が保障されなければ不可能である」というのが中核的前提である(マグヌソン,1990年:49頁)。ひとたびこの二項対立的論理に閉じ込められると,ビルトインされた結論から逃げるのはほとんど不可能である。グレート・ディヴァイドに不安感を表明しながらも,それを再確認して議論を終わらせてしまう分析者もいる。「国家性(stateness)についての比較的精緻な概念が国家理論の中に見られる」のに対し「国際関係理論は国家性の間の関係について全く不適切な理解をしている」(テイラー,1996年:100頁)とある批評家は国際関係理論を批判している。(テイラーの)批判は(研究上の)分業それ自体を嘆いているのではなく,(国家論と国際関係論の間の)成果が不平等である点を嘆いているのである。

　このように理論的に分離して考察することは誤りである,というのが本書の中心的主張である。我々が国家を理論化する場合,それは国家間の関係に関して我々がどう考えているかについては理論化の対象とはしていない,というのがグレート・ディヴァイドが意味していることである。これら2つの領域の間には,理論的な分離が存在する。そのような対立の構図をグローバリゼーションの文脈に適用しても意味がない。なぜならば本書がこれから示そうとしているように,グローバルな領域の理論自体が,もっともらしい国家理論を統合したものだからである。

2.グレート・ディヴァイドの多様性

　グレート・ディヴァイドの基本的な二項対立的構図は,様々な学問分野で繰り返し使われてきた。これから指摘するように,このことは多くのタイプの規範理論や実証理論を通じて確認されることである。グレート・ディヴァイド(という概念)がいかに強固に形成されてきたかを具体的に示すための典型的な事例が,以下では示されることになる。これらの事例は,現代国際関係理論の

幅広いテーマの中の中心的な論争点を明示し，それらの事例が一般的にはグレート・ディヴァイドと結びついた共通の問題から派生していることも示すことになる。

　このことは，グローバリゼーションに関連する諸事象から我々を少々引き離すように思われるが，両者の結びつきは直ぐに明らかになろう。政策に関して「対外的領域」と「対内的領域」が相互に影響し合う程度について，我々が議論せざるを得ない以上のことをグローバリゼーションが行うのである。グローバリゼーションは，政治共同体の性格と，その性格が変容する様についても意味深い問題を提起するものである。<u>グローバリゼーションは，国家が歴史的に「固定的な」アイデンティティを保有するものであるという概念に挑戦するばかりでなく，グローバリゼーションは，共同体が集合的価値の安定した保管場所であるという主張にも異議を唱える</u>（下線部，訳者）。グローバリゼーションが国際関係理論とどのように関わっているかが十分に検討されれば，再検討されるべき問題領域は実に幅の広いものである。本節では，グレート・ディヴァイドを，これについてすでに明らかにされた様々な点に沿って再確認することにする。即ち，<u>国家の道徳性と人民の道徳性，コミュニタリアニズムとコスモポリタニズム，コミュニタリアニズムとリベラリズム，濃密性と希薄性，ポリスの民主主義とコスモポリタン民主主義，外交政策分析と国際関係論，そして還元主義とシステム論などである</u>（下線部，訳者）。グローバリゼーションを意味あるものとする理論によって，我々は，こうした問題の多くを説明するための伝統的方法をあらためて見直さなければならない。

　グレート・ディヴァイドの程度がどのくらいの状態かを見るために，標準的な二項対立状態を簡単に検討してみよう。第1に，これらは国家からなる世界と人民からなる世界の間の一般的な亀裂である。国際的活動領域は，道徳的に選択できる場ではなく，必要に迫られた場であるという厳しいリアリスト的判断に直面して，道徳性だけが守ることができる微妙な足がかりは，道徳的主体としての国家の限られた意思の中に存在する。これこそが，国家の「道徳性」なのである。「個人ではなく国家が，国際的道徳性の対象であり，国家の

行動を規制する最も根本的な原則は，主権国家の平和的秩序を維持することであると思われている」（ベイツ，1979年：65頁）という見解は，この認識から生まれたものである。

このことによって，国際的道徳性は人民の道徳性と切り離され，今度は道徳的主体としての国家の本質——代理機能，責任，受託者としての役割など——についての連綿と続く問いを次から次へと提起するのである。

この基本的な二項対立は，2つの別々の議論の流れに沿って展開される。諸権利の担い手が国家ならば，国家は自律性の権利を享受し，その権利は主権と民族自決という2つの原則によって一般的には認められる，というのが一番目の議論である。国家が認められている道徳性を効果的に発揮するために，国家はそれ自身の善き生活を決定する自由を保有しなければならない。第2に，自律性は，この民族自決の手段である国際的秩序を維持する代償という考えにまで及び，その結果，「第三の道」とか「中間の道」（C. ブラウン，1995年b：ダン，1998年）としてしばしば提起される国際社会という見方にまで及ぶことになる。国際社会と，不介入も含む国際社会の制度は，それによって個々の国家の構造を維持する手段として道徳的に認められる。国家は国家間の秩序を維持するために，互いの国内的犯罪に目くじらを立てるべきでないと，国家の保有する道徳性が主張することは，もちろんパラドックスとなる。人民の道徳性が「グローバルな正義の実現のために，ある場所の人民が，他の場所で行われた犯罪に対して反応する敏感性」（ヴィンセント，1986年：118頁）を高める傾向があるので，国家の道徳性と人民の道徳性の間に大きな亀裂があることを白日の下に晒すのは，この緊張感である。

このアプローチは好都合にも，第2の，大変人気のあるコスモポリタニズムとコミュニタリアニズムとの間の二項対立に利用される（C. ブラウン，1992年：トンプソン，1992年）。全ての人民は，彼らに共通する人間性によって，普遍的な道徳秩序の中で生活し，かつ人民はこの秩序の中の最も重要な道徳的主体である，という前提に前者，即ちコスモポリタニズムは固執するのである。「（具体的な個人ではなく）抽象的な」個人こそがいやしくもいかなる道徳的主体

にもなりえるという考えに後者，即ちコミュニタリアニズムは異議を唱え，価値が生み出されるのは共同体を通じてのみであると主張する。その結果，共同体には固有の価値が備わることになるのである。コクランは，誇張し過ぎではあるが，次のような表現で，これとは対照的な主張をしている。

> 社会的忠誠を選択する道徳的自由を持つものとして個人をみなすコスモポリタンにとって，国家の自律性には規範的適合性がない。コミュニタリアンにとって，個人が自由と自己実現を達成できる所で，倫理的義務を遂行できるのは主権国家内部である。……かくして主権国家は，自由人としての個人が発達するのに必要であるので，道徳的に適切なものである。（コクラン，1996年:37頁）

コクランのこの議論は，アナーキー状態が国際関係における国家行動に与える構造的効果についての議論に対応する規範的議論である。普遍的道徳秩序によって国家ばかりか個人もこの秩序に従わなければならないので，コスモポリタンの観点からすると，特徴的で国際的な道徳的アナーキー状態があってはならないのである。規範的な「国際的領域」それ自体は，国内的領域で作動する制約条件とは別の構造的制約条件があるわけではない。コミュニタリアン的観点から見ると，道徳性は，通常は国家によって代表されると見られる共同体内部で構成される。道徳的世界は，別々の政治共同体に区分けされ，国際関係はこれら政治共同体の間にできる道徳的真空状態で展開される。「共同体が固執する諸価値を生み出すのは，共同体の実質的存在にこうした概念を必要上，埋め込むことである」（レンジャー，1992年:355頁）ので，道徳的概念を文脈からはっきりとした形で抽出することはできない，という考えに，いずれにせよ，コミュニタリアンは同意するのである。

国際関係論よりも政治理論に起源を持つ，同じような議論は，リベラリズムとコミュニタリアニズムの間の議論でもある。両者間で展開されてきた議論によって，グレート・ディヴァイドの要素が，どのようにして政治理論一般から国際関係論に取り入れられてきたかが明らかになるのである。この議論の大部分は，ジョン・ロールズの『正義論』（1972年）で展開された議論に対して提起されてきたものである。正義は，物事を正しく考える人々がいるところではどこでも，これらの人々によって認識される，という典型的なリベラルな主張

として，ロールズの著作は理解されている。物事を正しく考える人々は，名もないところに住む理性的な市民として，正しい社会を統治すべき原則に同意するのである。しばしば指摘されてきたことであるが，ロールズは自分の理論を国際関係に適用したことはなかったが，その結果，ロールズ以外の研究者が彼の理論を精緻化したり拡大解釈して国際関係に適用してきたのである（ベイツ，1979年：ポギー，1989年）。しかしこの議論の全体的方向性が，コミュニタリアンによって挑戦されてきたのである。リベラリストによって利用されてきた理性的な個人による方法論の有効性をめぐっても，共同体自体に内在する固有の価値をめぐっても，両者は意見が一致しないのである（アヴィネリとデシャリット，1992b：2-3頁）。

個人はどんな種類の道徳的選択を行いうるのかをめぐっても，個々バラバラの個人がどの程度，道徳性の担い手と考えられるのかをめぐっても，両者は方法論的に意見が衝突するのである。サンデルはリベラル派の立場を要約しているが，個人的には賛同していない。「係累のいないものにとって，特に重要なこと，人間関係にとって最も本質的なことは，我々が選択する目的ではなく，目的を選択する我々の能力である」（サンデル，1992年：19頁）。これとは極めて対照的に，「人間は，社会において互いに関係を持つ過程を経ることによって初めて『個人』となり」そして「人間としての個人の種類は，この現象が発生する社会の産物である」（C. ブラウン，1995年a：103頁）。

本質的に言えば，両者の間の意見の不一致は，人間が属する共同体の本質と，共同体内部や共同体を通じて機能する道徳規範の種類についても同じ結果となる。いずれ明らかになることであるが，グローバリゼーションが社会的変容を引き起こしているのかについて，またその結果として純粋にグローバルな社会がどの程度，形成されるのかについての議論をする場合，これらの点は極めて重要である。コミュニタリアンにとって，共有された価値そのものが既存の社会の表現なのである。表面的にでも共有されていると思われる価値は，社会がまだ成立していない所では観念的にせよ広がることはなく，地球社会が漠然とした共通の価値に基づいて形成されるという指摘は根本的に物事を誤らせ

ることになる。

　リベラリストにとっては，サンデルの言葉を使えば，正しい社会は「正しい枠組み」を持っていなければならず，この意味において「正しさ」は「善き事」に先行するものである（サンデル，1992年：13頁）。我々は手段ないしは手続き的な倫理としてこのことに言及しているのかも知れない。サンデルがこのような指摘をする時，彼は個人の意志が影響力を発揮する憲法上の手続き又はその他の政策決定上の手続きを考えていたように思われる。対話を行う機会としての正義についてのリンクレーターの概念，主要な目標としての普遍的な「コミュニケーションの共同体」の創出というリンクレーターの概念は，メカニズムにおいてとは言わないまでも，精神においては共通している。規範的な最高目標というこの見方の下では，「善き生活は普遍的に適用されなければならないという概念（普遍適用主義＝いかなる道徳律も同じ状況には等しく適用されるべきであるという主張：訳者注）から，真の対話はいかなる社会的接触・会合でも可能であると言わないうちに，きちんとした手続き的普遍性に，強調点が移行する」と彼は観察している（リンクレーター，1998年：40-41頁）。要するに，グローバル社会の賛同者は，形成過程にある社会の形と，その社会の道徳的価値との関係について，正確に主張する必要があるということである。正しきことについての概念を共有するのは1つのグローバル社会なのか，あるいは善き事についての概念を共有するのは1つのグローバル社会なのか。価値が共同体を創造するのか，それとも価値は共同体の存在を前提としているのか。

　こうしたこと全ては，規範的グローバリゼーションの議論には批判的であるが，大まかにステレオタイプ化されたグレート・ディヴァイドを受け入れてしまい，しばしば無視される傾向がある。すでに何が正義かを認識している自立した個人達によって結成された共同体と，ある意味では，共同体構成メンバーの道徳的能力に存在論的には先行していると考えられる共同体との間の区別をする必要が広い意味ではあるのかも知れない。このことを基礎に，我々はグローバリゼーションが実際に存在する道徳的共同体に対してどの程度，変化を引き起こすかについての異なった判断を下すことが可能であろう。同じように

そのような概念は，我々が道徳的重要性をグローバルな共同体に付与することができるかどうかも決定するであろう。グローバルな共同体は，自律的な個人達による累積的行為によって次第に生まれるものなのか，それとも（何らかの形の）グローバルな共同体がすでに存在している場合に限り，個々人は道徳の担い手となるのであろうか。この点こそが，ほとんどのコミュニタリアンの哲学——特に道徳的均質化を拒否する哲学——の核心に存在し，同時に，構成主義理論の中心的テーマにも直接的に関わるものである。個々人が共同体を形成するのはもっともであるが，個々人は今度は共同体によって形成されることになる。しかしそれはどのような共同体なのか，その結果，どんな道徳的個人が生まれるのか。両者を区別するための可能性のある基礎的な考え方が，サンデルによって次のように詳しく述べられている。

　個人が，その人生の目的の前に存在する場合に限り，正義は善の前に存在しうる。何者にも拘束されない個人として理解される場合に，我々は自由に他者との自発的結合に参加し，協調的に共同体を作ることができる。何者にも拘束されない個人に認められないことは，選択に先立つ道徳的紐帯によって制約されている共同体の構成員であるという可能性である。何者にも拘束されていない個人は，自身が問題とされうるいかなる共同体にも所属できない。そのような共同体——それは，単に協調的であるということに対抗して構成的であると呼べるが——は，共同体の構成員の利益ばかりかアイデンティティに関わり，何者にも拘束されない個人が認識している以上に徹底的に共同体構成員を市民として関係づけるのである。（サンデル，1992年：19頁）。

このことが実質的に意味することは，両者を分けている二組の問題群が存在するということである。社会的文脈を奪われた個人が何らかの道徳的判断をすることができるかどうか，というのが一番目の問題群である。個人が正義について決定を下すことができると認められたとしても，アトム化した個人が善き事について決定を下すことができるかどうかというのが，二番目の問題群である。このことはグローバリゼーションとどう関係するのだろうか。すでに存在している道徳共同体の起源と協調的社会の限定的な起源を混同しないよう我々は注意しなければならないということを，これは示唆しているのである。要するに，グローバリゼーションによって現れた相互連関性が，グローバルな道徳的共同体の出現を示しているのかどうかについての多様な評価の核心に問題は

移ることになる。今見ているように，リベラリストやコミュニタリアンが，共同体や，共同体構成員と共同体の関係についての異なった概念を基礎に主張を展開しているように，この問題は最初に想像したよりもはるかに複雑である。

最初に，コミュニタリアニズムについての議論を切り上げる前に，コミュニタリアニズムの批判者達が，その保守的認識について色々な度合いの不安感を表明してきた事実に留意すべきである。この点に関し，コミュニタリアニズムは現存する共同体という条件の中で，必ず道徳的言説を表明することが懸念材料である。外部からの非難や批判に対して免疫力のある道徳的に生産力のある論理を，コミュニタリアニズムが含んでいることは危険であるように思われる。コミュニタリアニズムの用語では「よき社会とは安定した伝統と確立したアイデンティティを持つ社会である」（ガットマン，1992年：12頁）ことに基づいて，保守主義への攻撃がなされるのが典型的なパタンである。保守主義に対するそのような偏見があると，グローバルな社会が出現しつつあるかも知れないという議論を続けていくことが困難となる。人々と価値がそこからは逃避できない先験的な共同体に集められるのかどうかをめぐり，あるいは新しい道徳的アイデンティティが「幅を制限されてない」人間性によって生み出されるものかどうかをめぐり，この議論はグレート・ディヴァイドの例として提起されるのである。

これと同じようなもう1つの規範的な議論の組み合わせが，マイケル・ウォルツァー（1994年）が発展させてきた議論である。ウォルツァーは，上で述べたカテゴリーの中では，通常はコミュニタリアンの陣営に属するとみなされるであろう。不干渉原則を支持する信念を——修正をしたにもかかわらず——ウォルツァーが防衛しようとする姿勢（ウォルツァー，1977年）は，共同体は自らが欲するものを一番よく知っており，不当な妨害を受けずに本来の任務に専念することが許されるべきであるという前提に多くは依拠していた。この立場に対する彼の立場の修正と，彼の議論に対するその後の多くの批判の原因は，広義のコミュニタリアン的議論が表面的にはコスモポリタン的ひらめきである人権という原則と共存させられていることである。軍事協定についての彼の論

文を補強したのは，コスモポリタン的ひらめきであった。このように，彼の道徳哲学における普遍主義的要素と特殊主義的要素の間には緊張関係があるようである。

ウォルツァーが彼の著作『濃密性と希薄性』(1994年)で回帰していったのは，このテーマである。この著作の中で，彼は人間社会における2つの道徳的領域が共存していることを公に認め，「人間であることにより普遍的であり，人間社会であることにより特殊である」と書いている (1994年：8頁)。多くの特殊な道徳的規範体系の中で見出される「希薄な」普遍的原則が確かに存在する，というのが彼の言わんとすることである。これに対して，「濃密性」は，特定の共同体という文脈の中だけでしか見出せないものである。このような二元論的な概念は陳腐なものに思えるかもしれないが，ウォルツァーの独創性は両者を関連づけようとする方法にある。あらゆる道徳性の出発点は「あらゆる事例において同一であること」であり，普遍的信念は特定の社会的文脈の中で練り上げられるようになり，「はじめは希薄であるが，時の経過とともに濃密になる」(1994年：4頁) と，共通性と共通の感覚（常識）についての議論は主張する。しかしウォルツァーは常識的な立場を否定しようと努めている。「道徳的最低条件は，自立している道徳性ではなく」その代わりに「特殊で濃密な，あるいは最高条件の道徳性について繰り返し強調される特徴を指摘することである」(1994年：10頁) と，彼は判定を下している。色々な論文で，ウォルツァーは「道徳的最低条件は，最高条件の基礎とはならず，ほんのその一部に過ぎない」(1994年：18頁) と一貫して主張している。いずれにせよ，濃密性と希薄性の間には亀裂が存在する。問題は，これら2つが互いにどう関連しているかについてであって，その存在そのものについてではない。濃密な道徳規範は，特定の共同体にしか見られないので，濃密性と希薄性の間の対話もまた，規範的なグレート・ディヴァイドを強力に表現することになる。

最近になって，同じように本質的なテーマの変種として，民主主義論の理論家達は，別々の政体内部に限定された民主主義の閉鎖的概念の持続可能性を問題にし始めた。別々の政体に分かれている民主主義の世界に対立するものとし

て，理論家達は世界全体を包摂するコスモポリタン・デモクラシー論の構想を具体化しつつある（パーリー，1994年：11頁，ヘルド，1995年）。多くのガヴァナンスは，国際的形態か超国家的形態をとっており，しかも民主主義国家の集合体が民主的多国間主義を生み出しているとはとてもいえないので，（コスモポリタン・デモクラシーという）学問的発展は必要なものと思える（ショルテ，1997年 a：451頁）。根本的な問題は，この学問領域内部の同じように本質的な二項対立に戻ることになる。「民主主義は，今日まで**国家（state）**の一形態と理解されてきたので，**国際システム**の『民主化』が何を意味するかを理解することは困難である」（ホールデン，1996年 b：138頁）。

これと同じような亀裂が，1990年代に非常に広く議論された理論の1つとなるものをめぐり生まれたのである，即ちデモクラティック・ピース論ないしはリベラル・ピース論である。明らかに規範的な理論が，おそらく実証主義的な理論となるだろう理論と遭遇する地点が，これである。この議論の核心的部分をここで繰り返す必要はないだろうが，分析の構造は明らかである。ドイル（1983年，1986年）の説によると，その核心は，国際秩序における平和や安定に対する変化は国内レベルの変化に左右される。国際共同体の構成員が民主化されればされるほど，国際的平和が実現する展望が開けてくる。対内的領域と対外的領域という2つの領域の間には因果関係があるものの，この議論は，2つの領域が相互に作用し合うものではあるもの，2つは分離した別個のものであるという概念を強化することになる。同じように，フランシス・フクヤマの分析に見られる楽観論の大部分は，国内的変化——20世紀後半における市民社会と比べると国家の相対的弱さが特に目立つのであるが——についての彼の説明に基づいている（1992年：12頁）。

この2つの対立関係は，一方で，外交政策研究——内部から外部を見る——と，他方で国際関係研究——外部から内部を見る——の間に走っている一般的な断層に表れている。このような区分けは，「分析レヴェル」やテーマの中の「イメージ」といった議論全体に行き渡っているものであり，社会科学全体に見られる一般化された行為者－構造モチーフとも重なり合うものである（ホリ

スとスミス，1991年）。しかし我々は，異なったレヴェルの事象が合成される様々な状態を区別するように注意しなければならない。「諸刃の剣的な外交」を擁護し，二層ゲーム的アプローチを精緻化しつつ，モラヴィシックは「分析レヴェルの問題を再検討して，諸レヴェルが解体して同一のものとなる多くの事例を目立たせるという課題が，我々突きつけられている」と述べている（モラヴィシック，1993年：33頁）。しかし，彼の説明による諸レヴェルが解体して同一のものとなる様子は，グローバリゼーション理論のレンズを通して見た場合の諸レヴェル解体の様子とは同じでない。「概念としてのグローバリゼーションの中心的な新奇性は，グローバリゼーションが政治学と国際関係論における分析レヴェルの伝統的概念に挑戦しているという事実の中にある」（サーニー，1996年a：620-1頁）と主張する者もいる。この後者の見解は認めることができるが，表現がモラヴィシックのそれに一見似てはいるものの，その重要性は極めて異なるものであるということを我々は認識すべきである。両者の違いは以下で詳しく検討される。

　グレート・ディヴァイドについての最も影響力のある説明は，「還元主義理論」と「システム理論」という今やしっかり根付いたウォルツの見解である。広く議論されてきたウォルツの体系的見解（1979年）によると，システム理論は，相互作用する（構造の構成）ユニットばかりか構造を前提としている。これに対し，還元主義理論は構成ユニットにだけ焦点を当てる。純粋にシステム的な理論を求めて，ウォルツは，同じ結果が異なる構成単位によって生み出されるので，構造が一定不変である可能性を示唆しているという認識によって考察を進めた。1970年代に多元主義者から批判された後，システム理論が外見的な分析的一貫性を復活させたことが，構造に焦点を当てることの魅力となった（リトル，1985年：82頁）。システム・レヴェルと（システムを構成する）ユニットの明確な違いを主張したことが，ウォルツの学説の根本的な部分であった。

　　システム・アプローチを取り入れているとか，システム理論を構築しているという主張をすると，システム・レヴェルとユニット・レヴェルがどのように別個に定義さ

れているのかを提示しなければならない。一方で構造，他方でユニットとプロセスの間の区別をすることも，その区別を維持することもできないと，異なった種類の原因を解きほぐし，原因と結果を区別することが不可能となる（ウォルツ，1979年：78頁）。

その区別を維持していくために，構造から一定の要素を除外することが必要となったが，その中でも，ウォルツはユニットの社会的・政治的慣行と，そのイデオロギー的な影響を挙げた（1979年：80頁）。彼が一番多くの批判を浴びたのは，構造の残りのカテゴリーの希薄性についてであった（コヘイン，1986年．ブザン，ジョーンズ，リトル 1993年の試論的再構成作業についても参照のこと）。ウォルツが自分の立場を精緻化する場合，精緻化のために別のイメージを利用する。「力の場での相互作用は，この作用が場の外で起こった時に帯びる特性とは異なる特性を帯びる」ということを根拠にして，ウォルツは自分が主張する構造を「物理学の力の場」になぞらえるのである（1979年：73頁）。このことは多くの深刻な意味を持つことになる。国際的プロセスと国内的プロセス——前者はアナーキーという体系立原則を有し，後者は階層性の原則を有している——は異なる構造を有しているとウォルツは主張するので，論理的には国際的領域と国内的領域は別個の力の場を構成することになる。確かに彼はこれをカテゴリーごとに述べている。「国際政治のシステム理論は，国内レヴェルではなく国際レヴェルで作動する力を扱っている」と彼は断言する。

極端な場合には力の場は別個のものに見えるかもしれないが，各種の場は重複しており，国家はこの共通した場で行動するのである，というのがこの説明に関して大変誤解のある点である。さらにウォルツも認めているように，対象に影響を与えるのは場だけではなく，逆に「対象が場に影響を与えるのである」（1979年：73頁）。これこそまさにその事例であり，<u>国家が両方の場に同時に影響を与えることを意味するに違いないし，今度は国家が2つの場によって影響を受けるのである。従って，国際関係論は，今やこの事実を認識する枠組みを精緻化しようとしなければならない</u>（下線部，訳者）。

まず最初に，反対の出る可能性のある論点を取り除くことが必要である。

ウォルツはユニット・レヴェルの間の相互作用を分類している。ユニットの行動は，対外的領域との相互作用，すなわち「国際的なるもの」によって影響を受けることを，ウォルツはこのユニット・レヴェルでは確かに認めている。従ってウォルツの見解では，対内的領域と国際的領域の間の相互作用を考慮に入れている。それでは現在の議論ではこの点を見逃しているということに反論できないのであろうか。還元主義とシステム理論による（学問的）分業というウォルツの主張をそのままにして，対内的領域と対外的領域の間の相互作用を我々は認めることができる。そこで何が問題となるのか。

ここで展開された批判は，そのような擁護論を乗り越えるものである。国際的領域は国内的領域に影響を与え，国内的領域は国際的領域に影響を与えるという論争にはならない立場を，単に言い直したものではない。「対内的領域」は特定の国際的構造の一部を構成しているので，「対内的領域」とはこの領域の現在のあるがままの姿であると，擁護論を乗り越えるのである。同様に，国際的領域も，国際的領域に埋め込まれた政体の本質の結果として，特定の歴史的時点におけるこの領域の現在のあるがままの姿である。

問題となっている点は，明らかにウォルツ自身の論理構造から発生している（1979年：図5.1及び5.2. 99–100頁）。これら2つの特徴は顕著である（クラーク，1998年：487–8頁）。対内的・対外的観点という国家に対する異なった表現を使い，そうすることにより視覚的にウォルツが描いた根本的な分離状態を確認する彼の決意が，第1の特徴である。国家は彼によっては全く国際構造の外にある，所与のものとしてみなされていることが明らかである，というのが第2の特徴である。国家が国際構造によって「影響される」としても，<u>国家は必ずしも国際構造によって構成されるものでもなく，国際構造が国家によって構成されるものでもない</u>（下線部，訳者）。国家と国際構造は，存在論的には別々の領域であり，この事実は「ネオ・リアリズムは国家や国家システムのような存在論的問題を説明できない」というデヴェタックの不満を確認するかもしれない（1995年：23頁）。ウォルツの議論は表面的には国際的領域から国内的領域を見る（因果関係の問題）が，国家をすでに完全な，十分に形成された，統一

体——それはその後,他の統一体と相互作用して全体となる——とみなすので,実際には国内的領域から国際的領域を(実存主義的に)見ることになる,と言われてきた(デヴェタック,1995年:24頁)。国家はあたかも何らかの方法で行動するよう発生学的に遺伝子に組み込まれていて,歴史的状況に関わらず何らかの方法で行動し,その結果生じる行動は国際構造に起因するものとされるが,実際には国家としての本質(stateness)について深く埋め込まれた前提から生じた結果である。歴史社会学者達によって繰り返し指摘されてきたことではあるが,そのような観点は,国家形成に対して国際的領域から国内的領域に掛かった圧力を考慮に入れていない。ハリディーの要約によると,「国家は……国際的プロセスの結果,発展していくものであり,その逆ではない」(1994年:35頁)。

同様に,ウォルツ理論によると,構造の特徴は単純にも当然のものと考えられている。これに対し,国際関係理論の文献には構造それ自体は多くの(歴史的には特殊な)慣行を反映していることを示す証拠や議論が今や数多く見られる。主権に関し社会的に構成されてきた慣行——国家承認,干渉,正当化という用語の——がネオ・リアリストの分析の射程外であった国際社会の構造に,いかに広範に貢献しているかを,構造を概念化する際,考慮しなかったとネオ・リアリスト達がしつこく批判されることになるわけである(ビエーステッカーとウェーバー,1996年b:5-6頁)。そのように構成された構造は,一様の構造ではなく,当然のことながら何らかの国家群に付随したものであるが,その代わり「ヨーロッパ史の流れとヨーロッパ社会と政治思想の構造を反映した特定の状況が生み出したものである」(J. ウィリアムズ,1996年:47-8頁)という歴史的視点とこのことは一致するのである。

もし以前の分析が有効ならば,ネオリアリストの理論の中で明確にされたように,グレート・ディヴァイドに大いに欠けているものを,この分析がはっきりさせてくれるのである。構造的リアリズムから派生したような全ての理論には,特有の弱点があるに違いない,ということもこの分析は示唆している。例えばグローバリゼーション分析の領域ではウォルツの立場を応用したものが現

れてきた。構造と，そのアナーキーであるという中心的属性に代わって，資本の移動性によって特徴づけられる構造を前提とするグローバリゼーション論の分野が今や生まれたのである。これは同様に，国家行動の均一性・画一性を引き起こすことになる。「資本が流動性を高めて国境を越えると，国家にとって可能な持続的マクロ経済政策の選択肢は，体系的に制約される」(1994年：193頁) というのが，こうした理論家の中心的主張であるとアンドリューは強調する。もしウォルツのシステム論が失敗というならば，これに依拠して派生した理論も失敗に違いない。そして本質的に同じ理由で，この理論の核心にあるグレート・ディヴァイド論の人為性も失敗ということになる。

3．グレート・ディヴァイドを乗り越えて

　上に述べた事例は幅広い国際関係理論から引き出されたものであるので，際立った特徴を示している。国際関係論という学問分野の多くの領域から引き出されたそのような分析手続きに対し，不満が繰り返し表明されてきたがそのいくつかは厳密な意味でのグローバリゼーションとはほとんど関係がない視点から発せられたものである。しかしながらグローバリゼーションに関する文献は，全体的にこのような懸念を隠し込んでいるように思える。国際システムの歴史に限定して焦点を当てると，「グローバル・レヴェルでの世界史の展開を十分包摂しうる枠組み」(リトル，1994年：10頁) を国際関係論が発展させることができなくなるというのがもっとも一般的な不満である。もっとはっきりとこの懸念をあらわにしてリンクレーターとマクミランは，国際関係論は「政治理論と異様なくらいに距っている状態を克服する準備ができている」(1995年：14頁) ので，この欠陥は直ぐにでも修正されることは確かであると信じている。

　伝統的な政治理論を研究している人々も，本質的には同じような不満を述べている。グローバリゼーションという状況を考慮に入れようと民主主義理論をアップグレードしようとするヘルドの試みの中に，このことは明確に表れてい

る。「国家が広いグローバルな秩序に組み込まれていること，グローバル秩序が国家に与える効果，そしてこれらの関係が近代民主国家にとって持つ政治的意味について人々を納得させる説明」がグレート・ディヴァイドにはできていない——それはリアリズムやネオ・リアリズムも主張していることであるが——というのがヘルドのグレート・ディヴァイドに対する批判である（ヘルド，1995年a：25頁）。ヘルドの懸念は国際関係論を研究してきた研究者によっても共有されている。ファーガソンとマンズバッハは，政体の本質を歴史的に研究し，同じ壁が引き剝がされるべきであると訴えてきたが，これなどはその典型的な主張である。「『国内的領域』と『国際的領域』の2つの領域を切り離すことは，最初の段階から分析を歪め，継ぎ目のない全体としての政治について考えることを妨げてしまう」という理由で，「歴史的意識というのもまた，国内政治と国際政治の間の誤った二項対立を避けるのに必要である」（1996年：24-5頁）と2人は主張した。彼らの主たる主張は，全ての歴史的説明を取り込みながら，国家というよりもむしろ政体を分析するということである。

　グローバル社会というパラダイムを確立しようとしている人々が，同じような不満を述べてきたのは別に驚くに当らない。冷戦終結について説明する中で，ショーはそのような視点が不可欠になってきていると主張する。「社会的変容」と「国際的変容」が結びついて，冷戦終結がもたらされたのであり，この2つを単一の分析枠組みに統合していかなければならない。彼の言葉を借りれば，この2つの変容は「グローバル社会における2つの主要な領域」（ショー，1994年a：68頁）とみなされるべきである。同時に，国際的な経済規制という明らかに遠く隔たった分野で，サッセンは「グローバル・ナショナルという二元性」と，この二元性が誘発する国家機能の減退というゼロ・サム的発想に挑戦してきた。というのも彼女にとっては，それは現実に起こっていることを正確に評価したものではないからである。「私は，規制緩和を国家による統制の喪失としてばかりか，グローバル・ナショナルという二元性が並列しているという考えを切り抜けるための決定メカニズムとみなしている」（サッセン，1996年b：46頁）とサッセンは主張する。

グレート・ディヴァイドの人為性によって生み出された諸問題に対し，国際関係論の文献が一定期間，敏感であったならば，国際関係論は多くのはっきりした解決方法を提案してきたはずである（カポラーソ，1997年）。この立場に反対する4人の主要な論者について簡単に検討するが，彼らは皆，国際政治と国内政治を結合しようとする試みを統合した。即ち，政策決定の枠組み，歴史的物質主義と世界システム論，国際社会論，そしてコンストラクティヴィズムである。

グレート・ディヴァイドを克服しようとする試みは，幅広い政策決定論の文献，とりわけ国内的要素を国際的要素に関連づけようとする文献の中では，現在，流行となっている。その際立った例は，コヘインとミラー（1996年）によって提示されている。「国民経済と世界経済の連関性の本質を理解せずに一国内の政治を我々はもはや理解することはできない」（ミラーとコヘイン，1996年a：3頁）というのが彼らの研究の中心的主張である。これが本当ならば，どのような理論的モデルもこの2つを結びつけるようにしなければならないことになる。彼ら2人が強調するこの連関性は，彼ら自身が「逆転した第2イメージ」（1996年a：6頁）──国際化が個々の国家の政治経済にどのように影響を与え，今度は国際化がどのようにして国内政治に映し出されるのかを明らかにする試みがこの連関性であるということを意味するのだが──と表現するものであり，そのような簡単な説明から判断すると，コヘインとミラーは国内と国際という2つの領域の間の連関性を示そうとしたが，理論的には彼ら2人は相変わらず2つの領域が分離していると仮定していることになる。「国内政治と国際政治を架橋する国家行動に関するリアリストの理論」（マスタンドゥノ，レイク，アイケンベリー，1989年：459頁）を生み出そうとする他の試みについても同じことがいえる。2つの領域の間の連関性，相互作用，あるいは架橋について検討することが可能であるのは，この2つを区別しているからに他ならない。もしそのようなアプローチがグレート・ディヴァイドに対して不満を表すなら，そのようなアプローチはグローバリゼーションについての文献よりもはるかに穏やかに不満を表していることになる。

本質的に合理的な選択モデルによって研究している者の中には，グレート・ディヴァイドに挑戦しているように見える研究者もいる。「二層ゲーム（two-level games）」に関する文献と「二元外交（double-edged diplomacy）」という合成的概念の中に，このことは明確に表れている。モラヴィシックはこのことについて，自身のコンメンタールの中で国際関係の理論家が今日直面している問題は，国内領域での問題と，国際領域での問題についての説明を関連**させるかどうか**ではなく，**どうしたら**もっとも巧みに連関させるのかである，と主張する（1993年：9頁）。アクターは国内世論を操作するために対外政策決定を行い，国際交渉（の実質）に影響を与えるために対内政策決定を行う，というのがこの文献の中心的前提である。「他国が受け入れ，自国の有権者が批准する内容によって外交戦略・戦術は制約を受けるものである」（1993年：15頁）とモラヴィシックは詳しく説明している。行政府の長に体現された国家は，この意味で「国内有権者からの圧力を反映するものに変えることのできない」（P. エヴァンス，1993年：401-2頁）政策選択をすることのできる戦略性を持ったアクターである。その代わりに，2つの対立するロジックが互いに引き合うことによって「自律的領域」が生まれ，その中で行政府の長が自由に政策選択を行うことができるのである（モラヴィシック，1993年：15頁）。このような方法・手段によって確かに双方向の相互作用が生まれるのである。しかしながら，上で議論したように，実践の場では必ずしも分離していないものの，理論上は分離したままとなっている2つの領域の間では相互に影響し合うというレヴェルに留まっている。ある論者が指摘しているように，彼らは「国内レヴェル，国際レヴェルを，戦略的相互作用とレヴェル縦断的プロセスの観点から，2つの領域の間の連関について所与のもの，ユニークなものとして見ている」（カポラーソ，1997年：579頁）。要するに，この立場からグレート・ディヴァイドに突きつけられた課題は，グローバリゼーション分析に基づく課題よりはるかに根本的なものではない。

　グレート・ディヴァイドを埋没させようとして失敗した第2の試みは，歴史的物質主義・世界システム論を通じて行われた。統合されたシステム——そ

の中で，国家は偶然生まれたものに過ぎないのだが——の機能的特質に国内的領域と国際的領域を縮小することによって，両者の間のディヴァイドにこの試みは立ち向かっているのである。国家は独立したアクターではなく，その主権性も幻影である。従って経済構造——国家はこの経済構造の副産物なのだが——と離れた国家間システムは存在しない。ハリディーが歴史的物質主義について一般的な形で観察しているように，「『国際システム』なるものは存在せず，存在するのは戦争であれ外交であれ，生産様式から抽出された個々の構成要素の活動である。確かに国際関係論は，国家間ではなく，社会構成体の間の関係を研究するものである」（1994年：60頁）。同じように，この立場に執着する人々は「地政学的システムは，社会生活の生産と再生産という広い構造と独立して構成されるものでもなく，またこの構造と切り離して理解できるものでもない」（ローゼンバーグ，1994年：6頁）。このことからグレート・ディヴァイドについては，何ら問題はありえないことになる。なぜなら国家は広い社会構成体に関しては自律性を有しておらず，定義によっては国家は国内的領域と国際的領域の間の亀裂を超越するからである。この問題に関する限り，世界システム論のロジックも同様である。「これとは対照的に，世界経済は独立した政治的単位にバラバラにされてしまう政体を有している。これらの政治的単位は統合された経済の中に位置し，単一の労働分業によって定義される」（1994年：13頁）とリトルは要約している。そのような統合された枠組みの中ではグレート・ディヴァイドは現実のものというより，表面的なものである。ともかくウォーラスティーン（1991年）のような研究者の研究成果では，中心と周辺は，国家間で生じると同じくらい容易に国家内部でも生じる。断層は対内・対外の間の亀裂に沿って引かれているのではない。なぜなら断層は世界システムの中では本質的に無意味な概念である。世界システムの観点から見ると，全てが「内部」なのである。

　第3に，国際社会という媒介を通して（この問題を）解決するという見通しがある（アームストロング，1998年）。国際関係理論の一般的アプローチであるが，これは普通「英国学派」と同じものとみなされる（ダン，1998年）。「国家

には権利，義務があり」，この認識こそが「国家の名において考え，行動する人々の心の中にある具体的な現実」（ウィーラー，1993年：466頁）である，というのが英国学派の中心的前提である。要するに，国際社会という概念を強調することが英国学派のメンバーが同意する共通の目標である。彼らは「実質的な価値」を共有してないかもしれないが，少なくとも「共存という共通のコード」を持っていることを証明している（ダンとウィーラー，1996年：94-5頁）。

　そのような概念は，どのようにグレート・ディヴァイドを架橋するのに貢献していると考えられるのか。コンストラクティヴィズムに見られるように，そのような概念が個人，国家そして国際社会――そこでは個人と国家が表現されるが――の間の特定の結びつきを前提とする限りにおいて架橋に貢献するのである。実際，この意味で国際社会アプローチは一般的に言えば，コンストラクティヴィズムのサブセット（一部を構成する一組）とみなすべきである。「人々からなる世界」は「諸国家からなる世界」と分離しているように思われるが，これら2つの世界は，自らが達成しようとしている同じ目的によって，重要な結合を果たしているというのが，このことが実際に意味していることである。国家が生き残っていくという目標が，人々の福祉に貢献しないならば，国家が生き残ることに何の意味もないので，国際関係理論は政治理論の一部であるとジャクソンが主張する場合のポイントこそがこの点である。「国家の中で善き生活を送る基盤が何もないなら，国家が生き残る意味はない」（ジャクソン，1990年b：265頁）とジャクソンは認めている。「国家の中の多元的社会の持つ道徳的価値は，国家が個人の福祉に貢献するという観点から判断されるべきであろう」（ダンとウィーラー，1996年：96頁）。このように国際社会は，個々人の道徳的必要によって「構成」されるのである。

　だからと言って，国際社会という考え方それ自体が問題にはならないということにはならない。N. J. レンジャーは，国際社会論を厳しく批判し，それを首尾一貫したものではないと攻撃してきた。国際社会論は，国家の自己利益のためという以外に，国家が国際社会のルールを遵守する魅力的な理由を提供できないということを根拠に，レンジャーは批判してきた。事実，レンジャーは

国際社会という考え方の首尾一貫性を攻撃するために，前に述べたようにコミュニタリアニズムのロジックを使っている。そのような社会，一般的にはコミュニタリアニズムのような社会は，社会的文脈の中で規範が予め形成されるということに根拠を置いている。即ち，義務はこうした規範が社会的に形成されるという事実によってもたらされるのである。「(規範と義務の) それぞれは，関心，利益そして価値の共有を促し，それが今度は一組の義務を生み，強め，維持することになる一定の文化的同質性を前提としている」(レンジャー，1992年：361－2頁) とレンジャーは規範と義務の間の類似性を指摘しつつ述べている。しかし国際社会の場合，この議論は通じない。この議論は，利己主義的な打算を乗り越え，与えてはくれない (1992年：366頁)。

最後に，様々な形態のコンストラクティヴィズム理論――そこでは国家の利益やアイデンティティは固定したものでも所与のものでもなく，歴史的偶然性を表現するものであるが――によってグレート・ディヴァイドを克服する試みがなされてきた。同時に，抽出された構造的特質から派生した永続的な特質を，システムは持っていない。その代わり，国家と，国家がその一部である「国家から成るシステム」――「国家システム」として狭く捉えていない――は，相互構成的で，永続的に適応していく関係にあるものとして見るべきである。しかしながらこのことが，あたかも相互構成作用が牧歌的な調和の1つであるかのように聞こえないように，この永続的適応はコスト――現実生活における人間の犠牲，苦難，不幸の度合いによって測られるのだが――がかかるのである。コンストラクティヴィズム理論に欠けていると，批評家が不満を述べてきた変化のダイナミクスを生み出すのがこれである (ミヤシャイマー，1995年：91頁)。

国際関係理論としての社会構成主義的アプローチの幅広い輪郭は，多くの研究の中で発表されてきたが，いつものように，この種の研究では強調点が異なるのである (クラトチウィル，1989年；ウェント，1995年；アームストロング，1998年；ラギー，1998年)。社会構成主義の主要点の多くは，ラギーの最近の研究 (1998年) の中でよく理解できる形で要約されている。コンストラクティヴィ

ズムは,その特徴的な性質が国家のアイデンティティを当然のこととしていないという点で,ネオ・リアリズムともネオ・リベラリズム——ラギーはこのどちらもネオ功利主義のタイプとして一括りにしているが——とも異なる,というのがラギーの立場である。国家が「アナーキーな」環境に置かれているのか,「制度化された」環境に置かれているのかに関係なく,理論というものは構築されるべきである。ネオ功利主義には,国際関係における構成主義的ルールという概念が欠如していることを主張するために,ラギーは規制的(な交通ルール)と構成的(なチェスのルール)を区別している。「コンストラクティヴィズムの言説の世界は,その存在が推定されるだけのアクターと,その行動からだけ成り立っており,コンストラクティヴィズムのプロジェクトは,アクターとその行動を調整するための規制的ルールの特徴や有効性を説明することである」とラギーは主張する (1998年:23頁)。

ネオ功利主義を超える特質としてコンストラクティヴィズムの顕著な特質を,ラギーは理解しやすく一般的な形でまとめている。「国家のアイデンティティと利益を問題にすることによって,国際関係に影響を与える一連の観念的要因を広げることによって,規制的ルールと同時に,論理的には先行する構成主義的ルールを導入することによって,国際政治の通常見られる特徴としての変容という要素を含むことによって」(1998年:27頁)。ウェントはもっと簡潔に要約している。「国家利益の重要な部分は,システム構造によって生み出されるのであって,システム構造の外部で生み出されるのではないとコンストラクティヴィストは考える。この考え方は,ミクロ経済的構造主義というよりも社会学的構造主義につながるものである」(1995年:72-3頁)。どちらの説明も,グローバリゼーションを理解する上で有用な戦略を指示している。

多くの構成的理論に関わる問題点は,それが政治的には余り興味深いものには見えないことである。それは大変柔らかいものになるので,全く政治的要素を排除してしまうのである。従って,これからの議論が行おうとすることは,コスト,犠牲,苦痛という要素を,相互構成というさもないと表面的には不毛になってしまうプロセスに引き戻すことである。これを行うためには,歴史的

に見て相互構成のプロセスは非対称的であるということも理解しなければならない。国家に対して「外からの」圧力が強く掛かることがしばしばあり，国際的に受け入れられるように国家が行動するように統制する傾向がある。また国内的圧力が強くて国際秩序の形態が対内的領域から対外的領域に再構成されることもある。相互構成という概念が歴史的に見て興味深いものとなるならば，政治的コストと非対称性という概念は分析されねばならない。国内（的要素，領域），国際（的要素，領域）を，少なくとも諸力が作用する同じ領域に持ち込むこと——ネオ・リアリズムが絶対にしそうもないことだが——が，政治的に見ると，この分析作業の利点である。

4．グローバリゼーションとグレート・ディヴァイド

個々の政策決定は国内的関心と国際的関心が結びつくことによってなされることを示すことが本書の目的ではない。政治的選択の文脈それ自体が変容してきた状況の下で，国家とシステムが相互に構成し合うようになるということを前提として議論することが本書の目的である。本書での議論は，他の研究者によってすでに提起されている考え方に依拠しているが，グローバリゼーションという文脈の中で国際関係をもっと一般的な形で分析するようになる先行研究を拡大する試みである。ホブソンは自分の研究を通じて国家と経済の関係を再定義することにずっと関心を抱いてきた。「国家は国際的理由ばかりでなく，国内的理由によって経済と社会を構成すること，そして国家の行動は国家間システムにも対内的社会構造にも還元しえないこと」（ホブソン，1997年：4頁）を詳細な歴史研究を踏まえて「中核的洞察」として提起した。国際関係理論一般にとって，そのような示唆の持つ特定の重要性は何であろうか。

国家内の「善き生活」と国家の存在しない単なる生き残りの間のワイト流の分離は，外的諸力を国家内にもっと流入させるという理由で問題にされる。「善き生活は国家外の事象によってますます影響を受けるようになる」のでこの分離状態は，浸潤を受けつつあると言われてきた（ジョンソン，1990b：270

頁)。これは何もグローバリゼーションから生じたことではない。これから詳しく議論されることになるが，それは「国家外」のものではないのである。グローバリゼーションの結果として，善き生活か生き残りかという二項対立について我々が問題にするようになると，この二項対立は国家のないところから新しい環境への必死の対応によって生まれるものと同様，善き生活の概念が変化したことによっても生まれる。

　国際関係理論の中の規範的な議論は，上で概略述べたように共同体に基礎を置く道徳と普遍主義的道徳の間の分野対立に基づいて今まで展開されてきた。このことによって，国家は道徳的存在ともなるし，これと離れた存在にもなる。どう見てもそれはコミュニタリアンが道徳的地位を有するように，共同体の諸価値の守護者であるか，あるいはコスモポリタンにけなされているように，それは普遍的秩序の実現を阻むもののいずれかである。理論的に言えば国家は守護神か悪党である。実際，歴史的記録を調べてみると両者を両極端とするスペクトラムに沿ってそれぞれの役割が認められるのである。現実からかなり離れた理論は，無邪気な時代には許されるかも知れないが，最近の複雑な状況では放棄されるべきである。一般的に言えば，グローバリゼーションは価値を生み出し，維持しさらには広めることについて重要な問題を提起しており，普遍性と特殊性という単純な分類には抵抗する。固定された分野の安定性は，流動性と変容という条件にうまく当てはまらない。さらに言えば，もし「特殊な」アイデンティティが「普遍的」なものに関連して発達するならば，これら2つの間の関係は反対を受けることはなくなり，その代わり，相互適用の1つの事例となる。このプロセスを通じ，国家は自己を再認識するようになり，今度はグローバリゼーションの新たな条件が整うのである。

　同じことが国家行動の他の局面にも当てはまることは確かである。グレート・ディヴァイドによって我々は国家機能――主権，経済，安全保障，市民権における――の変容を，外からの圧倒的な諸力に直面して呻吟する国家の必要な反応として積極的に捉えることができるのである。こうした，おそらくは外部からの条件は1つには国家というものについての新しい概念――それに基

づく新しい政策課題がその兆候であるが——によって引き起こされてきたということが，はるかに微妙な現実となっている。

グレート・ディヴァイドによって我々は，国家の後退はグローバリゼーションの結果であると信じ込まされ，それによってグローバリゼーションも同時にどの程度国家の後退の結果であるのかについてグレート・ディヴァイドを，十分認識しないことになる。「グローバリゼーションは国家というものが意味するものについての特殊な概念化に影響を与えるだけである。即ちグローバリゼーションは国家に取って代わるものを生み出すものではない」(1998年：477頁) とアームストロングが主張するのはそれ故に正しい。国際関係理論はグレート・ディヴァイドを乗り越えて，こうした微妙さの手掛かりとなるものを我々に与えてくれる思考形態を必要としている。

国際関係理論は，どのようにしてこのような再検討が可能なのか。そしてその再検討は国際関係理論の課題に答えるためにどのような意味があるのか。本書はここでグローバリゼーションをめぐる議論を概観することにする。今までグローバリゼーションの本質を提供するための試みはほとんどなされてこなかった。グローバリゼーションという言葉によってカバーされる特有の事態の展開を示す証拠と，事態の展開を理論的な意味合いについての実質的な不一致が存在していることを，今までのグローバリゼーション論の文献を再検討することにより示すことにする。さらに言うと，グレート・ディヴァイドには実証主義的課題と同様，規範的課題があるように，グレート・ディヴァイドはグローバリゼーションをめぐる議論でも繰り返される。グローバリゼーションの政治的ダイナミズムについての特殊な議論が本研究から生まれることになろう。本研究は，国際関係理論の他の中心的イシュを結果的に明らかにすることになる基本的枠組みを提供する。要約すると，これらの中心的イシュは，グローバリゼーション理解に対してばかりか，国際関係理論におけるグレート・ディヴァイドを克服することにも貢献することが期待されている。

第2章 グローバリゼーション

はじめに

　国際関係理論と関係づける基礎としてのグローバリゼーション論の文献を再検討することが本章の目的である。グローバリゼーションのインパクトが現れそうな分野を特定する前に，グローバリゼーションについてどんな主張がなされてきたかを認識しておく必要がある。そのような再検討と（認識の）統合作業は，この種のプロジェクトでは避けられないだろう。国内の他の側面を理解するためのモデルとしてグローバリゼーションを利用することを考えると，これは特に必要な作業である。

　序論で用いたアナロジーに戻って，国際社会 (international life) を「動かす要素 (industries)」がグローバリゼーションという条件の下で機能するという主張を，我々は検討しなければならない。これが正しいことだとどうやって見分けるのか，そして変化の重要性は何なのか。この議論を発展させるために，我々が操作方法に与える効果を調査する必要がある。主権の生産がもはや国家の独占物でないのはどの程度なのか，国民経済がもはや国家が運営するものではなく，それに代わって大規模に民営化されてきたのは本当なのか。安全保障をグローバルな規模で実現することによって得られた規模の経済があるので，我々は国家安全保障という概念を放棄しつつあるのか。国家は規範を生み出す方法を転換し，多様化するプロセスに乗り出したのか。現代民主主義の生産は，どの程度，トランスナショナルに再建されつつあるのか。こうした問題を探るために，我々は操作可能なグローバリゼーション概念を必要としている。

一見すると，グローバリゼーション論の文献が国際関係理論に与えるインパクトを調べる試みは明らかに無駄なことに思える。何がグローバリゼーションを構成するかについての単純で，皆が合意する定義もないし，（グローバリゼーションの）プロセスがどの分野で，どの程度進展しているかについての合意もないので，そのように曖昧で不正確な概念を国際関係理論とどのように統合するかは決して明らかではない。グローバリゼーションの概念についての信頼性に関していえることは，それが大きな論争のテーマとなっているということに過ぎない。しかしながら逆説的ではあるが（グローバリゼーション概念をめぐり）認識の違いが非常に大きくなってきたために，グローバリゼーションが議論の対象となってきたのだ。グローバリゼーション論争の源は，国際関係論の多くの中核的イシュと重なりあうのである。

　グローバリゼーションをめぐる論争は，このような根本的な問題に関連して展開されてきた。この論争は独特の方法で，国際システム内の変化の程度について根深い不一致があることを示している。序論でも指摘したように，それは，現代国際システム内部の「アクター」に関する議論と，アクターが行動する「構造」についての議論を始める場合の出発点である。修正されて機能しているアナーキー状態は，合理的で国益重視の国家による（国際）協力に対して，もはや一様に敵対的ではないと，ネオ・インスティテューショナリストが主張するように，グローバリゼーションは，新しい国家行動を要求する新しい行動環境を生み出していると多くの論者によって考えられている。要するに，グローバリゼーションは，国際社会（international life）で発生してきた変容の程度を測る便利な尺度を提供しているのである。

　その結果として，グローバリゼーションについての異なった説明が，異なった方法で国際関係理論にインパクトを与えているのである。しかしながらその論争は，経験的な問題——経済的，政治的，文化的分野でのグローバリゼーションの程度を測定し，定量化すること——にだけ限定したものではない。その上，グローバリゼーション全体の主題は，規範的な要素に覆われている。グローバリゼーションは，人類社会の発展の当然の帰結であり，必然的なものと

して歓迎されるべきものと楽観主義者には評価される。21世紀において新たに政治的・経済的激震を突然引き起こすことになる非計画的でアナーキーな諸力を，グローバリゼーションが解き放ってきたのだ，というのが悲観主義者達が主張する，これとは正反対の見解である。

　主権，戦争，勢力均衡，国際法，大国の役割によって特徴づけられる国際秩序という考えを，国際関係論の理論家達は長い間，前提としてきた（ブル，1977年）。現代国際関係理論にとっての任務は，この国際秩序がどの程度変化してきたか，今現れつつある特性がグローバリゼーションという概念によって一番うまく理解できるかどうか，を見極めることである。それでは，我々はグローバル化した秩序の下でどのように生存し，グローバル化した**秩序**の主たる特徴は何か。さらに，この秩序はどの程度，（国際システムに）浸透しているのか。国家の打ち出す政策を単に制約し，侵食する「外からの」秩序と考えると，グローバリゼーションはもっとも適切に理解できるものなのか。そうではなくて，グローバリゼーションそれ自体が，すでに起こっている国家行動における根本的な変化を反映したものなのか。

1．グローバリゼーションをめぐる論争

　グローバリゼーション概念は，多くの人を惹きつけてはいるが，同時に論争の対象でもある。グローバリゼーション概念は，多様な学問分野の影響を受けているので，統合する可能性のある学問分野が，グローバリゼーションという用語の単純な意味，あるいはそれが指示している概念を見分けることはほとんど不可能であろう。グローバリゼーション概念の持つこのような性質によって複雑になった内容は，単純な定義をしている文献によってさらに複雑になっている。グローバリゼーションについて次から次へと出版される文献の数が減少していく兆候は見えない。読者が意識していれば，扱いやすくすることができる（グローバリゼーションへの）見方について違いがあるが，グローバリゼーションのプロセスが示していると考えられる，批評家達にとっての定義の完全

さを破壊してしまうほど根本的な,解釈をめぐる対立も存在する。要するに,グローバリゼーションの雛形を求める試みは,序論でも予告したように,簡潔さからは程遠い。

こうした混乱の結果が,理論的概念としてのグローバリゼーションの有効性について盛んに論争されてきたことであることは,何ら驚くに当たらない。国際関係論の分野で使われる多くの「曖昧で不明確な言葉」をスーザン・ストレンジは断固として退けたが,その中でも彼女は,グローバリゼーションを「インターネットからハンバーガーまでの何でも」指すものという理由で「曖昧で不明確な言葉の中でも最悪のもの」と評価した(1996年：xii-xiii頁)。同様に,グローバリゼーションという用語は,「不十分な根拠に頼る大きな概念」(ワイス,1998年：212頁)であると厳しく批判されてきた。同様に,グローバリゼーションは社会科学の概念と見せ掛けて人を騙すイデオロギー的なプロジェクトに過ぎないとしてけなされてきた。普遍的な文明と人類共通の運命を概説する一連の啓蒙主義的な大言壮語の最新版としてみなす人もいる。この意味で,グローバリゼーションという用語は,進歩に対する信仰を組み込み,蘇らせ,現代的な装いをとったのである(アルブロー,1996年：94-5頁)。「グローバリゼーションの経済中心主義,経済還元主義,技術決定論,政治的シニシズム,敗北主義と極端な反動的政策」(ギル,1997年b：12頁)を批判する人もいる。グローバリゼーション概念は,母親としての地位とアップルパイよりいくぶん下の地位を享受していると言ってもいいであろう。

にもかかわらず,この概念には強力な支持団体もついているのである。定義の問題,概念の有効性をめぐる不一致点があるものの,その結果,グローバリゼーション概念が使われなくなってきたわけではない。(著作や論文に)グローバリゼーションを冠したものは増え続け,現代社会科学の中心的地位を占め続けている。「グローバリゼーションは,1990年代の概念,キー概念——それによって我々は,人類社会が第3千年紀へ移行する時期を理解する——かもしれない」(ウォーターズ,1995年：1頁)。グローバリゼーションは「現代生活と社会理論において最も重要な発展を示すものであり,テーマでもある」(アル

ブロー，1996年：89頁）と，ただただ情熱的に宣言する者もいる。さらに，グローバリゼーションという言葉に，「1990年代の言葉」（アクストマン，1998年b：1頁）という賞賛を与える者もいるし，1990年代の「流行語」（ショルテ，1996年a：44-5頁）という者もいる。

　概念によって得た人気は，現代生活の多くの場面で広がっているように思えるグローバルに進行している相互連関性という条件が現れてきていることによって，もたらされている。広く使われている言葉を使えば，時間と空間は異常なくらい，また前例がないほどに圧縮されてきたのである。要するに，グローバリゼーションは単に社会理論であるばかりでなく，極めて重要な意味を持っているかもしれない新しい社会的現実を描いたものでもあると考えられるのである（下線部，訳者）。現代における経済グローバリゼーションを主張している中心的人物の1人によると，「グローバルなフローと結びついているという基本的事実は，歴史における現時点での中心的で特徴的な事実である」（大前，1995年：15頁）。十分な情報を持っている観察者達が，グローバリゼーションに関してそのように戸惑うほどに多様な判断をするのはなぜなのか。

　グローバリゼーションについてのほとんど全ての説明によると，他の事象よりグローバリゼーションに「本質的なもの」と見られる特徴もあるとはいえ，グローバリゼーションという事象は多元的である（スジョランダー，1996年：604頁）。グローバリゼーションを必然的に「多様な現象の注釈」（ミッテルマン，1996年b：2頁）であると受け入れ，多様性がその固有の本質であることを認めるプラグマティックなアプローチに，我々は同情するぐらいである。単一のグローバリゼーションというものは存在せず，複数のグローバリゼーションが存在するだけである（下線部，訳者）。グローバリゼーションが，例えば圧倒的に経済生活の放射物としてみなされるとしても，それが社会的・政治的な他の分野にも影響を与えていることを証明できないならば，その理論的利益はかなり減少するであろう。これはハーストとトンプソンが展開する論点を反転させることになる。彼らは，経済グローバリゼーションが存在しないと社会的・政治的グローバリゼーションは必然的でなくなるという理由で，経済グローバリ

ゼーションという命題に仕掛けた攻撃を正当化している。経済グローバリゼーションが生じないと、最後の拠り所とする証拠はほとんどないことになる(1996 年：3 頁)。経済グローバリゼーションに賛成する強い主張がもっともだと確認されても、その主張は（経済以外の）他の分野とは孤立して、それ自体では興味の沸くものではない、というのがこの種の論理のミラー・イメージである。グローバリゼーションを支持する主張が「無か有かという二項対立的」に展開されることに大いに批判があるにしても、グローバリゼーションのインパクトが主に経済的側面に限定されることが具体的に示されるならば、グローバリゼーションの国際関係理論にとっての意義は、かなり低下するだろうことは事実である。

この多元性を前提とすると、グローバリゼーションが色々な方法でアプローチされることはほとんど驚くべきことではない。こうした概念に結びつくテーマがあるという点で、グローバリゼーションは領域性の減少、あるいは伝統的な領域的分割という政治的意義の減少という考え方と結びついている。ある代表的な説明の中で議論されているように、「グローバリゼーションは、国際関係論の中の**政治的空間**という中心的な概念に挑戦してきた」(クラウスとレンウィック、1996 年 b：xii 頁)。それ故に、空間と領域性の重要性を議論しつつ、グローバリゼーション概念を再検討することは必要である。

グローバリゼーションが政治空間に与えるインパクトは、ほとんどのグローバリゼーション論の文献では共通して強調されている点であり、このインパクトは「社会的組織と活動が行われる空間が変化しつつあるという重要な現象」(マグルー、1997 年 b：8 頁) の証拠となっている。「対内領域と対外領域の間の境界がもはや存在しないグローバルな社会システム」(ライディ、1998 年：97 頁) が現れつつあると言われている。繰り返し発せられる声高な叫びは、社会科学にとっては「それ自身の領域的仮定から自らを解放すること」(スコット、1997 年 b：4 頁) である、なぜならばこれらの仮定は、検討している社会的現実をもはや正確には反映していないように見えるからである。そのような自己解放はいかにして達成できるのか、また国際関係について理論化するに当たりグロー

バリゼーションが持つ特別な意味は何なのか。

　ショルテは，彼がグローバリゼーションの概念とみなしている3つを区別しているが，これは役に立つものである。第1は国境横断的（cross-border）関係，第2は国境開放的（open-border）関係，第3は国境超越的（trans-border）関係である。第3の関係の結果，「国境は，横断されるか開放されているか，というよりも**超越されている**のである」（1997年a：430-1頁）。ショルテは，自分では明言していないが，グローバリゼーションをこの第3のカテゴリーと同一視すると一番満足なのではないか。いずれにせよ，ショルテは「最も特徴的で役に立つ洞察の成果を現代国際政治に提供できる，最も新しいのは」（1997年a：430頁）この第3の現象であると信じている。彼がグローバリゼーションを国境を超越することと結びつけた時，この説明はさらに精緻化される。グローバルな関係とは，「領域を横断して**隔たった場所**と結びつくことではなく，**距離感のない**，そして特定の場所と比較的結びつくことのない環境のことである」（ショルテ, 1996年a：49頁）。

　国際関係論は，その対象としている問題を「場所とは比較的結びつかない」ものとしてみるべきであるという要件によって，この学問分野にとっては手ごわい，おそらくは克服できない問題が突きつけられるであろうことは確かである。全て国家中心的ではないにしても，国際関係論は多元主義とトランスナショナリズムの考えを乗り越えていくことには躊躇してきたし，どちらかの立場をとっている振りをしながらも頑として領域性に確固として根付いたままであるので，国境を超越するという考えは，現在理解されているように，国際関係論を根底から侵食することは確かであろう。

　しかしながら，「距離とは無関係な」「場所とは無関係な」グローバリゼーション（概念）が，それ自体，分析するのに今後もずっと役に立つことは明確でなく，また仮にそうであったとしても，そのような概念は広がり過ぎて，原則の小さな例外以外の全てを構成することになる。インターネットや金融ネットワークのような2〜3の珍しくてしばしば引用される事例は別として，ほとんどの人間活動や人間関係は，しっかりした基礎を持っているように思われ

る。極めて広義に定義せず極めて狭義に定義されたグローバリゼーション概念は，限られた幅の関係にしか注意を向けないという反対の危険もある。どちらにせよ，グローバリゼーションを，位置と無関係なものとして描くことは，それ自体極めて誤解を生みやすい。というのもそのようなグローバリゼーション概念は，国家の変容として最もうまく描かれるグローバリゼーションの位相を捉えることができないからである。以下で詳しく議論されることになるように，このことはグローバリゼーション理解にとって根本的なことであるが，「地理の終焉」を訴える皮相な見方によって，（グローバリゼーションへの）視点は脅かされることになる。そのような呪文は，グローバリゼーションとは「国家の領土の上での活動を超越して」進行しているものであるというステレオタイプを強化することになる。グローバリゼーションの中心的特性を国境の超越であると描くことも同様に，国家としての次元を見失い危険を冒すことになる。従って，<u>グローバリゼーションの神秘主義的説明は，適切な国家理論に基づく必要があり，単に空間的超越の表現として提起されるべきではない</u>（下線部，訳者）。

　いずれにしても領域性を極めて重視した概念を押し通すことは，グローバリゼーション研究から生まれた幅広い知見と符合するものである。巨大企業を多国籍ないし超国家としてではなく，「**ポスト国家，無国家あるいはグローバルな**」（メイヤー，1997年：65頁）ものとして描くことが1980年代末に流行るようになったが，こうした学術用語に反対する動きも始まった。いわば経済グローバリゼーションの根底では，分析者はトランスナショナル企業（TNCs）の「場所とは無関係な」本質についてもはや説得されなくなった。「生産過程の組織化における最近の展開によって，トランスナショナル企業と地域との間の関係が新たに再評価されるようになり」（ディケン，フォースグレン，マルムバーグ，1994年：23-4頁）ある意味で地方の重要性が高まった。ホンダのようなこうした企業の経営戦略ではグローバリズムとローカリズムの間の複雑な相互作用をあらためて強調する傾向が出てきた（メイヤー，1997年：67頁）。そのような再評価が，グローバリゼーションの広く認識されている有効性の1つに対して行な

われているとするならば，経済活動のほとんどの局面における過剰な場というものが問題にされるべきであろう。確かに，脱国家企業についての修正主義者の主張は，グローバリゼーションの経済的プロセスの文脈の中で広く繰り返されてきた。「グローバリゼーションは領域的な区別や特殊性の終焉を示すものではなく，地方における経済的アイデンティティや発展能力にさらなる影響力を与えるものである」と言われている（アミンとスリフト，1994年b：2頁）。「位置の代替可能性」という考え——それは経済グローバリゼーションに関する文献の多くの基礎を補強しているが——はそれ自体「かなり一般化され過ぎ」（K. コックス，1997年c：119頁）であるという他の主張の中でも，この見解は繰り返されている。もしそのような領域性に基礎を置く区別や特殊性が残っているなら，この区別や特殊性によって，グローバリゼーションの理論家はその重要性を却下する前に警戒を怠ってはならない。

　さらに言えば，経済分野それ自体が，個別の要素に分解されるべきである。長期にわたる，技術依存の歴史的プロセス——単一のグローバル市場を創出するために追加されたが，別個のプロジェクトがこれに移植された——として，ジョン・グレイの分析でグローバリゼーションが捉えられているのがその一例である。これらの分野の両方とも，経済分野においてさえも，異なった発展の過程を辿るかも知れないという結論が，ジョン・グレイの議論の中心をなしている。即ち彼は前者を一定のものとみなし，他方，後者を破壊的ではあるが，相対的に短命な局面であるとみなしている。「人類にとっての歴史的運命は，現代グローバリゼーションの最後にやってくる」と彼は主張し，「世界の経済活動を技術によって現代化することは，世界規模での自由市場の運命とは関係なく，可能であろう」との対比を引き出した（1998年：23頁）。グローバリゼーションについて特徴的なことは，それが「資本主義的な統合を拡大する局面ではなく，深化させる局面」を表しているという指摘こそが，グローバリゼーションを全体に対してよりも，経済的枠組みの一部に選択的に適用する試みの，もう1つの例である（フーグヴェルト，1997年：115-16頁）。グローバリゼーションを水平的プロセスというよりも垂直的プロセスとみなすことが，直感に

よるものでないと思えても,そのような考えは,両者を区別する有用な判断として歓迎される。

同時に,このことによって,(グローバリゼーションの) 定義と歴史的展開の間の連関や,グローバリゼーションは質的に新奇な段階としてみるべきか否かという論争の多い問題に注意が向けられるのである。定義に関しては,多くの分析者が,相互依存関係や国際化の別の形態と厳しく区別するグローバリゼーションについての明確な理解を主張している(ペトゥレラ, 1996年:62-4頁; M. ウィリアムズ, 1996年:116頁;ショルテ, 1997年b:14頁)。以前の国際化の段階をはるかに超越した段階を意味するものとしてグローバリゼーションに言及する者もいる(ルイグロクとフォン・テュルダー, 1995年:119頁)。ディケンはグローバリゼーションは「質的に国際化とは異なる」ことに同意しているように思われるが,「国際的に拡散した経済活動の間の機能的な統合を意味する,より高度化した複雑な国際化の形態」(1992年:1頁)を意味するものであると議論を精緻化することによって,ディケンは彼の以前の立場と部分的に矛盾することになった。彼の以前の立場は,質的な域を重視していたが,変更後は積極的に漸増主義を主張している。彼がグローバリゼーションを「国民経済間の相互依存と統合の度合い」(1992年:87頁)を促進する源泉の1つとして引用する場合,この種の混乱が生まれるのである。グローバリゼーションは,単に程度問題として国際化や相互依存と異なるのかどうか,あるいは種類の違いがあるのかどうかは,これらの様々な議論からは明らかにならない。これとは対照的に,ショルテはグローバリゼーションにカテゴリー上の区別をするべきであると主張しているのは疑いない。彼にとって,プロセスとしてのグローバリゼーションに関して新しいことと,分析概念としてのグローバリゼーションに関して革命的なことは,国境を超越することについての核心的な意味である。この区別によって,グローバリゼーションとは以前のレヴェルの相互連関性を超える新しい転換的な局面であるという主張の基礎が生まれるのである(ショルテ, 1997年a:430頁)。同様に,ヘルドは現在の状況と,以前の相互依存のレヴェルの間の「根本的な違い」を認めることに賛成の論陣を張っている(ヘルド,

1995年b:101頁)。

　こうした問題は，単に意味論的なもののようにも思えるが，現在のグローバリゼーションの形態の持つ新奇さについて，そして歴史的に比較することによって，現在の政治・経済の発展が生み出している過酷な状況についての実質的主張を下支えしている。確かにある説明によると，グローバリゼーションへの抵抗のし難さは，その新奇さ，即ちそれが資本主義の「新しい段階」を表しているという事実から生まれていることは紛れもない。歴史的に見ると，以前の国際化の時代は1930年代に見られるように挑戦を受け後退してしまったので，(現在の) グローバリゼーションについて自信を持って述べられている新奇性は，グローバリゼーションの不可逆性への主張に重きを置いて使われている。もしグローバリゼーションが新しい現象ならば，我々は歴史的前例に訴えることによって将来起こりうる後退について推測することはできない。このために，グローバリゼーションの歴史的新奇性についての論争は将来の傾向を理解する上で極めて重要になる。従って，(グローバリゼーションについての) 多くの批評は，グローバリゼーションを社会的発展形態としてか，あるいは分析的カテゴリーとして，グローバリゼーションの新奇性に挑戦してきた (ハーストとトンプソン, 1996年 ; ヘレイナー, 1997年 : 95-6頁 ; 1997年b : 15頁)。

　グローバリゼーションを正確に定義することに対して全く反対がないものの，その定義がグローバリゼーションの実態と歴史的解釈という基本的な問題を解決するのを許すべきではない。グローバリゼーションが，最後の状態として (end-state) 国家間の大規模な相互依存関係と区別できるならば，両者は歴史的過程や発展という側面ほどたやすく分離できないということを示すことは正しいことである。いずれにせよ，国際化と相互依存の程度は，グローバリゼーションの進展と因果関係にあったと理解できる (クラーク, 1997年)。国際化と相互依存が，グローバリゼーションの質的に新奇な条件がその結果として発展することになる前提条件を生み出したのかも知れない。このために，グローバリゼーションを定義する場合に適切と思われる明確な区別は，歴史的進展の複雑なプロセスに当てはめられると誤解を生むことが分かる。

しかしながら、こうした微妙さはグローバリゼーションが比較的別々の段階で展開していくと見る歴史的説明の中で、(グローバリゼーションの) タイムテーブルが個別の説明の中でどのように設定されるかに関係なく、見失われる傾向がある。グローバリゼーションの段階は幅の広いものである。典型的には、一方でハーストが主張するように、グローバリゼーションは「優に1世紀を越えて」(1997年:410頁) 追跡調査できる継続的プロセスである。「相当な基礎・土台」がすでに以前から築かれていたことを認める用意がショルテにあったとしても、成熟したグローバリゼーションが現れたのは1960年ごろからであると彼は強行に主張している (1997年b:19頁)。グローバリゼーションは20世紀最後の30年間にやっと現れてきた特殊な歴史的条件と結びついていると、コックスは主張し、ショルテのこの見解に共鳴している (R.コックス、1996年a:24頁)。1945年ないし1950年以降に「質的に異なる条件」が生まれたと主張する者もいる (アミン、1996年;244-5頁)。「基礎」という示唆は、グローバル化したものとして定義される形態と、別の仕方で定義される形態との間にはある種の血統が存在するということを意味している。同時に、定義によるアプローチは、この遺産相続を否定しようとする。相互依存は、グローバリゼーションに血統的に似ていると考えられる。

グローバリゼーションを、空間・領域・国家を超越するものと見る見方は、プロセスの本質を誤って伝えることになり、そのプロセスでの国家の役割を無視することになると、意味論的には考えられる。確かに、<u>国際化とグローバリゼーションの間の決定的な違いは、グレート・ディヴァイドについての説明に左右される</u> (下線部、訳者)。その説明は国際化は国家に関するものであると仮定し、国家の対外関係の再構成について描いている。これとは対照的に、グローバリゼーションは、国家が承認した活動とは区別される、国家や領域を超越して我々を世界に投射するものであると主張される。このことが分析的分離を再生産し、この分離によって、グローバリゼーションのプロセスにおいて、国家の役割や国家の変容が認められないことになる。相互依存とグローバリゼーションとの間には微妙であるが重要な区別があるが (第5章を参照のこ

と),このことが違いを示す方法ではない。

その間に,もう1つ別の問題群を考察しなければならない。グローバリゼーションをめぐる議論の中では,グローバリゼーションの定義,歴史的解釈,測定という問題以上の課題が議論されるべきである。この議論は,穏和な力なのかそれとも有害な力なのかという議論にも拡大するし,それに対応して発展させるべき政治的立場をどのように調整するかという議論にも拡大していく。国際関係が発生している枠組みを十分に理解するために,我々はこの規範的次元を評価する必要がある。

2. グローバリゼーションの規範的課題

グローバリゼーションについての単一の概念が存在しないことはまずいことであり,批評家達もグローバリゼーションがどの程度のものかについての実証可能な証拠については見解が一致していない。しかしながら,こうした見解の分裂は,グローバリゼーションをめぐる本質的に規範的な意志イデオロギー的な対立よりは,はるかに辛らつではない。即ち,グローバリゼーションに対する信奉は,事実の問題であると同様に信念の問題でもある。グローバリゼーションを「実際に存在する一群の条件」と中立的に見る人々と,これとは逆に,あまり秘密にはなっていない政治的プロジェクトとみなす人々との間の亀裂の中に,このことが明確に示されている。今度はこの分裂が,グローバリゼーションのインパクトをめぐる楽観的,悲観的診断をする場合にさらに明らかとなる。

グローバリゼーションは,客観的に分析できる一連の社会的,経済的,政治的諸条件のことであるという,一歩距離を置いた見方もある。即ち,グローバリゼーションとの関係で規範的な立場をとる必要はないということになる。しかしながら「不可逆性(=グローバリゼーションからは逃れられない)」が,グローバリゼーションに固有の性格であるとみなされる場合には,特に分析は処方箋とそう簡単には分離したものとはならない。即ち,分析は処方箋に簡単に

滑り込むのである。コックスは,これらをグローバリゼーションの別々の2つの意味であると表現している。1つは,単に実存する「諸力の複合体」であり,他方はイデオロギー——この中で「諸力と政策が不可避とみなされるようになる」のだが——を表している (R. コックス, 1996年b:23頁)。その不可避性が積極的な方向に進んでいるのか消極的な方向に進んでいるのかに関係なく,グローバリゼーション論の文献を通じて広く広まっているのはこの第2の意味である。その典型として,スコットはグローバリゼーションを「政治的プロジェクト」と表現し,社会科学者として我々は,「こうした巨大な経済的,政治的,社会的展開に直面して,ほとんどなす術がないという趣旨のもっともらしい議論を人々に提供することによって,グローバリゼーションのプロセスを助けている」のかどうかと論理的に問いを発している (1997年b:2頁)。

　グローバリゼーションに関する文献は,また多くの明確な,しばしば党派的で規範的な視点を採用している。ローズノウは,グローバリゼーションは価値中立的な事態の展開であると主張する点で珍しい存在である。「グローバル化するダイナミクスも,本来的に望ましくもあり有害でもあり,規範的に言えば,どちらのダイナミクスに対しても賛成する面と反対する面が多々あるのだ」というのが,彼の立場である (ローズノウ, 1997年a:85頁)。しかし彼の立場は少数派である。公開での弁論を採用することは,それに賛成であれ反対であれ,一般的になっている。その結果,ハレルとウッズは,グローバリゼーションの概念にしばしば付随するリベラルな仮説の強力な言説を確認している。即ち,グローバリゼーションは,経済的効率性を高め,国際制度の発展を促進し,問題解決アプローチを支持しているという言説である。「市場と自由民主主義の有益性を共通して認識していることを基礎に打ち立てられる社会的凝集性」を促進する上で,グローバリゼーションが持つ効果を認める支持者によって,グローバリゼーションは歓迎されているのである。「現代グローバリゼーションは,最終的に近代性を十分に実現する見通しを提供する」というリベラルな期待を,ショルテも同じように認識している (1996年a:50-1頁)。「労働者と国家を新しい規律に従わせ,浪費を減少させ,国家権力を削減し,

そうすることにより個人の自由と機会を拡大するという新しい展望を切り開く」上で，極めて有益なものとしてグローバリゼーションを捉える見方が広がってきた (R. コックス, 1997年b:2頁)。適者生存は，全体としての種が，(環境に対して) 適合していく手段のことなのである。

これとは反対に，搾取的資本主義，社会的に後退していく政府の経済政策に対する口実，国内的・国際的不平等性が一層固定化していく手段の別の局面であるとグローバリゼーションを見る批評家もいる (マーシャル, 1996年:206頁)。グローバリゼーションの特質は，「アナーキーで競争的な性格」と理解されるのである (R. コックス, 1998年:452頁)。この点で，歴史的類似性は有益と思われる。19世紀におけるリベラルな国際経済の経験に照らしてみると，「深い社会的断層がグローバリゼーションのプロセスとともに進行し，究極的にはリベラルな国際経済の破滅を促した」ということが分かるのである (カプスタイン, 1996年:19頁)。グローバリゼーションは今日，同じような理由で，最も恵まれてない人々の側では反グローバリスト的な政治運動と反応を引き起こしている (R. コックス, 1996年a；ギル, 1997年b)。かつての市場の擁護者ですら自由市場のグローバル化によって引き起こされた「偽りの夜明け」を非難してきた。彼らは次の黙示録的な洞察力を示していた。「今日のグローバルな規模での**自由放任体制**は，1870年から1914年までの**よき時代**すらより短いものとなろう」とグレイは予言しているが，さらに「よき時代は第一次世界大戦で終わったという事実を付け加えて，我々をぞっとさせたのである」(1998年:7頁)。

このように問題を設定すると，我々は経済分野と政治分野の間の相互関係をどう認識するかという議論に戻ることになる。ポランニーの大理論を再確認すると，現代グローバリゼーションは，政治の側の（経済とは）反対の論理によって現在のところ抵抗を受けている。「資本がグローバル化する論理は，常にそしてすでに，政治的規制を逃れる闘争を経験してきているが，一方，政治は経済活動を制御しようと絶えず闘ってきた」とスコットは仮説を立てている (1997年b:15頁)。同じ理由によって，グローバリゼーションの決定論的な論

理に反対するのは，グローバリゼーション自体の隠れた政治的課題によってかもしれない。グローバリゼーションに反対する効果的な政治的行動のための空間を開こうとする願望は，グローバリゼーションそのものと同様に政治的に中立的ではない。このようにグレイは，ハーストとトンプソンを彼らの議論には回顧的な色調があるとたしなめている。現代グローバリゼーションの程度についての懐疑論は，「グローバリゼーションに対する，ヨーロッパ社会民主主義のような可能性のある政治的反応——過去のものなのだが——として守るべき」願望から生まれていると，グレイは言う（グレイ，1998年：64頁）。

このことは，決定論と主意主義——それぞれは政治的衣装をまとっているが——の間の単純な対立としての不一致をもたらしている。決定論によると，グローバリゼーションは，政治機関の能力を超えた運命づけられたプロセスである。主意主義によると，時代の流れは，適切な政策選択によって生み出されるのである。いずれの立場も受け入れがたいほどに単純で，経済と政治の間の相乗作用を無視している。<u>グローバリゼーションの「対外的諸力」と（これに対する）抵抗の「対内的形態」は，政治という単一の論理の一部であるので，決定論と主意主義の間の直接の衝突はありえない。対外的力と対内的形態は諸力の働く同じ領域で作用し，相互に分離しているものではない</u>（下線部，訳者）。前者は後者同様，強制的でもなければ，自発的に選択されるものでもない。

政治的論争の超えたところには，楽観主義者と悲観主義者の間の議論ですでにぼんやりと見えているように，もっと根深い規範的な問題が横たわっている。グローバリゼーションは秩序を構成すると考えられるかどうか，あるいはどういう意味で秩序を構成すると考えられるのかどうか，というのがこの規範的な問題である。我々は，グローバリゼーションを最終状態のないプロセスとして語らなければならないのか，グローバル化した世界秩序を明確に区別できる政治形態として語っても正しいのか。現代西欧国家によるコングロマリットは，集団として，「新興の**グローバル国家**」（ショー，1997年b：503-4頁）を構成しているという指摘の中に，後者の見解は明確に提起されている。グローバリゼーションは，どんな条件をつけても，初期の政治的秩序を表現しているので

ある。

　この問題は，多くの文脈の中で提起されてきたが，満足いく答えは得ていない。レイサムは，この問題を次のように簡潔に提起している。「冷戦後の多くの事象を特徴づけるためにグローバリゼーションという単一の用語がますます目立っていくにもかかわらず，この用語は，一見反対のプロセスを指している。……そしてこのことは，現在の時点で，世界の隅々まで行き渡る国際秩序について語ることは意味のないことであるということを意味している」(1997年 a : 205-6 頁) とレイサムは述べている。しかし，現在の秩序はどのような特定の点で，欠点があるのか，また現在の秩序は歴史的前例よりも分断化されているのか。

　この議論は，様々な形で提起されてきたが，それぞれはグローバリゼーションに微妙に異なった光を当てている。第1のものは，秩序が欠如した地獄のような状態として描かれるかもしれない。即ち，否定的な特性は数多く現れるが，それらの間に一貫性はない。「何の共通点もない，市場，技術的・イデオロギー的・文明的な発展の集合」としてフォークがグローバリゼーションを表現したものの中に，最も明確な事例が見られる。「この現れつつある世界秩序と結びついた規範的な機関は少ないか，全くない。それにはほとんど設計者がおらず，同時並行的に形成される地獄の一部のようである」と，さらに彼は念のために付け加えている (1997年 a : 125 頁)。我々は今や，新しい結合関係の組み合わせを経験しているのであり，その結合関係の多くは以前よりも強固である。しかしこの結合関係に特に欠けているのは，共通の目的はもとより，一貫性である。最も基本的なレヴェルにおいてさえ，グローバリゼーションは，伝統的に国際社会を下支えしてきたような「最低限の」秩序を構成していないように見える (ブル, 1977 年)。グローバリゼーションには，最低限合意された社会的機能を遂行する共通の制度が存在しない。ガバナンスに関して言えば，「若干のグローバルな一貫性を前提とする大きな論理にとって，世界はあまりにバラバラに分かれている」(1998 年 : 32 頁) とローズノウは主張する。グローバリゼーションは「ある状態であって，何らかの意味を持つものではない」と

いう主張の中で,同じことが効果的に展開されている（レイディ,1998年:6頁）。

　第2に,（グローバリゼーションの持つ）同時性と設計の欠如というテーマは,効果的な統制が欠如していることを嘆き悲しむ現代の無秩序性を認識することに反映している。世界経済の将来に対するグレイの懸念の本質がこの点である。「現代のグローバル経済を生み出しているのは,新しい技術が次から次へと生み出されていること,解き放たれた市場競争,脆弱かボロボロになった社会制度が結びつくことである。」（1998年:76頁）。統制の拡散は,無秩序と同じである。グローバリゼーションが何を意味しようが,それは確かに秩序ではなく,単にランダムでしばしば矛盾する物事の展開の組み合わせである（下線部,訳者）。

　第3の分析では,再び統制の拡散に強調が置かれる。「グローバリゼーションは,新世界秩序の前兆ではなく,『世界無秩序』の前触れであり,重複し競合する権威と複数の忠誠心とアイデンティティによって特徴づけられる『新しい中世』ですらあるように見えるのである」（サーニー,1996年a:619頁）。だがしかし,新しい中世への回帰は,なぜ無秩序の**明らかな**証拠と考えるべきなのかを問うてもよい,ただしウェストファリア体制の支配による拘束から明らかに分離された状態と比較することは除いて。

　第4の解釈は,無秩序な状態は現在の秩序が転覆したからであるということにより,自分の主張を否定的に展開する。世界市場が国家の権威に突きつけた課題や,多くの資本主義のアナーキーな世界が,アメリカ的な資本主義モデルの転覆に突きつけた課題により,グレイの心配は増幅している。グレイのホッブス的分析を拡大して考えると,様々なタイプの資本主義によって形成された新しい自然状態の中で,これらの資本主義を制御する包括的権威も持たずに我々は生活していることになり,しかもこの新しい自然状態の中では我々の人生は,不愉快で,非人間で,短かいものである。同じように,グローバリゼーションの入口に置かれたのは,現在の秩序の転覆である。「そこで,グローバリゼーションは,国民国家の秩序であるべき世界秩序についてのアメリカ的見方にとって脅威となる」ことが指摘されてきた（アルブロー,1996年:74

頁)。もっと一般的な形で表現すると,古い物を破壊する能力は,古いものを何か新しいもので置き換える能力よりも強い印象を与えるものであると,グローバリゼーションに関して主張されてきた。「必ずしも新しい規制の体系を構築せずに,グローバリゼーションは古い政治的・経済的構造を弱体化することができる」(1995年a:96頁)とヘルドは述べている。

5番目の説明では,グローバリゼーションが無秩序を引き起こすのは,その無限に展開していく本質によるとされる。上で述べたように,<u>グローバリゼーションは,その内部に統合と分裂という自己矛盾する傾向を含んでいる</u>(下線部,訳者)ことがその理由の1つである。グローバリゼーションは,その本質的に,「異質で曖昧な現象」であるという単純な理由で,「明確に定義された同質的なグローバル秩序」(サーニー,1996年b:135頁)を生み出す能力が欠如している。他にも同じような一般的な傾向について指摘する者もいる。グローバリゼーションは「社会秩序のどんな特定の形態が実際には現れているかは教えてくれない」が,社会秩序の文脈について何か教えてくれる,と主張されてきた(ソーリン,1997年:109頁)。要するに,グローバリゼーションは,過渡期の局面でしかないので,秩序と呼ぶのに相応しくないと思われる。アルブローの説明によると,グローバリゼーションを「古い時代の絶頂点というより,新しい時代への過渡期」としてみることが可能である(1996年:101頁)。このために,グローバリゼーションには,我々が秩序と結びつける安定的で持続的な条件は欠けているのである。アルブローによると,グローバリゼーションを近代性と結びつけることが本来的に目的論的であり,「結果をプロセスの必要な生産物として扱っている」(1996年:99頁)ので,ギデンズやロバートソンなどの研究者は誤解していることになる。

こうした議論は,全体としてみると,グローバリゼーションを意味のある秩序としてよりもむしろ,無秩序として描いている。グローバリゼーションにはあまりにも多くの異なった要素があるので,グローバリゼーションに対する一貫した「設計」を見分けることができない。プロセスは,疑いなくその結果が漠然としている。グローバリゼーションは普遍的な論理を押し付ける構造で

あると想像することは，国家主体が政治的思い付きで，全ての政策表明に抵抗しようとすることができると信じることと同様に誤解を招きやすい。この多くは直ぐにでも認めることができる。にもかかわらず，上で要約されたグローバリゼーションについての不当に無秩序な説明に対抗して，ここで主要な条件を議論する必要がある。国家レヴェルの政治的変容とシステム・レヴェルの政治的変容の間の「意味ある」関係に関して，もう1つの意味における認識できる秩序という概念は，批評家達全員が説明しなかったものである。冷戦期国際関係が，単に国家間関係でなかったばかりでなく，国家内部の別個の形態であったように，<u>グローバリゼーションは国家間，国家内部，そして国家を超越した共時的な関係であるという点でグローバリゼーションは秩序である</u>（下線部，訳者）。これは長期的に見て，政治的に安定的である必要はなく，特定の順応形態は時間とともに侵食されるであろう。にもかかわらず，<u>グローバリゼーションは，国際秩序と国際秩序の構成要素となっている国家のタイプとの間に必要な結合関係を前提としていることが，中心的な主張でなければならない</u>（下線部，訳者）。上で引用した批評家達が直ぐにでも認める以上のグローバリゼーションに対する一貫性がこのような最低限の意味で，存在する。

　国際関係理論がグローバリゼーション論に傾斜する時，国際関係理論は，今述べたような統合した見方を採用しないことは不幸である。グローバリゼーションの「対内的」次元と「対外的」次元の間のダイナミックな共生関係を検討するよりもむしろ，国際関係理論はグレート・ディヴァイドを再検討する傾向があった。グローバリゼーションは，国家の権能に影響を与える対外環境の変化であると主張される。我々が最終的に向かうべきは，グローバリゼーションのこの側面である。

3．グローバリゼーションと国家の権能

　国際関係理論の関心と最も近い議論は，グローバリゼーションが，技術・経済組織・コミュニケーション・文化的パタンによって突き動かされているある

種の自律的な力なのか，それともグローバリゼーションは，国際関係の現実の条件と国際的パワーの配分を反映したものなのか，ということである（クラーク，1997年）。グローバリゼーションのリベラルな解釈は，「国家や政府はグローバリゼーションの傍観者である」（ハレルとウッズ，1995年：448頁）限りは，前者の見解に執着する。すなわち真の駆動力は市場である。もし駆動力が市場でないなら，他の解釈によると，駆動力は制御不能な技術的発展にあることになる。これは，ローズノウの議論の核心である。「というのは，グローバリゼーションは，国家間システムの産物や延長というよりも，むしろ人間が必要とするものを促進する技術によって始動した，全く新しい一連のプロセス，世界政治の独立した形態である」（1997年a：221頁）。このような見解には，政治的組織の役割の低下と，グローバリゼーションの不可逆性が想定されることについての推測が，それとなく示唆されている。

新しい立場は，グローバリゼーションがそれ自体の「情け容赦ない論理」（ウォーターズ，1995年：46頁，ロバートソンの立場を引用しつつ）を持っていることを否定し，それによってグローバリゼーションが一貫性のない，可逆的であるのももっともであると主張する。例えば，グローバリゼーションは「（他のものを動かす）駆動力であるばかりでなく，（自らも他のものに）依存する力」であり，グローバリゼーションが依存するものの1つは「民主的勢力」の力であるとずっと表現されてきた（アルブロー，1996年：92-3頁）。アームストロングは，グローバリゼーションの持つ強力な圧力に留意しつつも，これらの圧力は，国際社会の持つ同じように強力な力に対抗するものであることを，我々に認識させている。後者，即ち国際社会は「社会状態」を補強するのに役立つのである（1998年：461-2頁及び468-9頁）。

こうした視点により，グローバリゼーションを自律的力とみなす人々と（サーニー，1993年c：13），グローバリゼーションを政治的に操作され維持されるものとみなす人々との間の論争が生まれてきたのである（カプスタイン，1994年：v頁；1996年：16頁；アルブロー，1996年：92-3頁；ミラーとコヘイン，1996年a：24頁；パーカー，1996年：76頁）。彼らは重要な修正条件をつけ言葉を濁してい

るが，ジェームズ・ローズノウもフィル・サーニーも以前の立場，即ちグローバリゼーションは自律的力であるとの立場に傾斜してきている。「グローバル化のダイナミクスは，少なくとも長期的には，広がっていくに違いない」(1997年a:82頁)とロウズノウは主張し，彼はほかのところでも，「今現れてきているグローバル秩序の条件を設定し，その構造を形成するのはグローバリゼーションのプロセス」であると強硬に主張している（1997年b:225-6頁)。サーニーは，金融グローバリゼーションについてロウズノウよりは抑制的に語りながらも，グローバリゼーションを「不可逆的」(1994年:226頁)であるとみなしている。この見解は，グローバリゼーションの持続性は政治的ダイナミクスと枠組みに左右されるという他の見解と対照をなしている。従って，ハーストは自由貿易秩序を維持する上で「適切な公的制度」が必要な役割を果たすべきであると主張する（1997年:414-15頁)。この第2の見解の最も強力な支持者は，経済グローバリゼーションは可逆的であり（ヘライナー，1997年:95-6頁)，「現代のオープンでグローバルな金融秩序は，国家の支持と承認がなかったら，決して現れなかったであろう」(ヘライナー，1994年a:vii頁)と繰り返し主張してきた。国際通貨システムについての同じような分析は，信用組織を含む，トランスナショナルなプロセスは，「常にどこでも特定の国家構造によって調整されるものである」ことを指摘している（ジャーメイン，1997年:6頁)。このような構造の中には，国家行動と，国家行動の結果生み出されるグローバリゼーションの間の因果関係が存在しているようである。それによってグローバリゼーションは国家行動とは切り離され，グローバリゼーションが促進される度合いに応じて，国家による意識的な政策選択の結果として切り離されるものである。国家行動はグローバリゼーションの基本的部分であって，グローバリゼーションの独立的な原因ではないという可能性，そしてグローバリゼーションは，国家それ自体の形態からばかりか，国家が意識的に生み出そうとする対外環境の結果としてもグローバリゼーションは発生する可能性が，この分析からは除かれている。

　グローバリゼーションの自律性の度合いというこの一般的問題は，グローバ

リゼーション論の多くの書物の中心を占めている関連事項，即ちグローバリゼーションが国家権能に与えるインパクトという問題にいつの間にか入り込むのである。もしグローバリゼーションが自律的であると見られるならば，グローバリゼーションの結果は一般的には，国家の効率性の侵食であると考えられる。国家それ自体がグローバリゼーションを推進する手段であると理解される場合には，この結論はひっくり返るのである。この後者の場合，グローバリゼーションは，本質的な点において，国家権能のなすがままのものとして理解され，国家権能によって生み出される政治的枠組みがなければ維持されていかないものとして理解されている。本書の最終章で，このような二項対立的な問題提起——国家は退場しつつあるのか，それともグローバリゼーションは国家に依存しているのか——が，まず検討され，その後，却下されることになる。

　グローバリゼーションが，政治理論家や国際関係論の研究者にそれほどまでの興味・関心を抱かせるのは，グローバリゼーションが，国家が機能しており伝統的な役割を果たす能力を継続させていくことへの脅威と認識されるからである。グローバリゼーションに直面して国家が主権を喪失する事例は，この懸念を簡潔な表現で表しており，新世界秩序が現れつつあるという多くの示唆的表現の中で広まっている。「国家退場」という外見上の事実がないならば，グローバリゼーションは（今まで見てきたような）今日的な反響はないであろう。

　しかしながら，様々な特徴的なニュアンスや強調点を含んだ議論が展開されてきた。重複しているとはいえ区別できる3つのカテゴリーを見分けることが可能である。第1のカテゴリーは，最も一般的で，それ自体の機能的活動——特に経済分野における——の管理者としての国家が退化していくことを指摘している。これは，「もはや国民経済は存在しないだろう」という主張の中で古典的に伝えられてきたものである（ライヒ，1991年：3頁）。この中心的テーマに関しては多くのヴァリエーションが発表されてきた。ローズノウは，「全ての国家は，自分自身の問題の管理者としてますます効率性を失っていくように思える」という議論に共鳴している（1997年a：362頁）。「多少とも一貫した政治経済体としての国民領域国家の一体性は侵食されている」とフーグ

ヴェルトは述べている (1997年:67頁)。この主張を精緻化して表現すると, 国家は政治的目的のためには領域的に固定されたままであるが, 経済的目的のためには固定されたままではないという点で, 状況は複雑化しているとも言える。従って, 国家にとっての問題の一部は, 「『経済国家』と領域を管理する単位としての国家との間の分裂状態が生み出されていること」(ヒゴット, 1996年:33頁) である。

第2の, 若干穏やかな議論は, 国家は多くのアクターと競い合っているアクターの1つであるという意味で, 国家の権能は減退してきているというものである。この解釈では, 国家の権限が多国籍企業によって強奪されつつあるという形で, 議論が1960年代以降展開されてきた。ストレンジは多国籍企業を, 国家の権限に対する要求を侵食し, 「国家と同等の権威を振るっている」ものとして描いている (1996年:65頁)。もっと一般的な形では, 企業に限らず, 機能的分野における責任をめぐって企業と競合する他のアクターが登場してきたことを説明するものとして, 国家の役割の減少を描く者もいる。多様なアクターが役割を演じるという文脈の中で, 国際社会を制御し保護する国家の権能が転覆すると分析するのが, フォークである (1997年a:124-5頁)。非国家アクターの成長は, 本当にグローバリゼーションが引き起こしたことかどうか, もしそうだとして, 国家の後退はグローバリゼーションの始まりなのか, それとも脱国家主義の始まりなのかどうか, ということが吟味されなければならないし, おそらくそれは定義に関わる問題でもある。

第3の, 最後の解釈は——それは何も他の2つの解釈を決して排除するものではないが——国家は, 他のアクターに対してではなく, 市場の非人格的な構造に対する統制力を失うことによって国家権能を低下させてきたという広く行き渡った考えである。確かにこれは, 第1のカテゴリーで焦点を当てた機能的な無能力化の原因として見ることができる。この文脈の中で, ストレンジは「国家から市場への」力の均衡が一般的には移行しつつあることについて語っている (1996年:29頁)。

しかしグローバリゼーションの自律性を否定する人々は, 同じ程度に, その

ような解釈の有効性を否定しがちである。彼らにとって，ゼロサム・ゲームとしての国家－グローバリゼーション関係という考えは，基本的には誤りである，というのもこの考えは国家自体がグローバリゼーションの設計者である程度を考慮に入れていないからである。この考えが誤りならば，グローバリゼーションは国家自体の構造的権力の周縁部の範囲内で起こっており，国家が自らグローバリゼーションを生み出す力を失っていると考えるのは矛盾している。

従って，国家衰退論者に対抗して，国家の権能は衰退しないと主張し続ける人々がいる。国家は以前よりも強力になっているとまで主張する人さえいる。「いわゆる『グローバリゼーション』は国家の権能に取って代わる」というのが，この立場の自信に満ちた考えである。「どちらかと言えば，グローバリゼーションは国家の権能をさらに突出させる」（ワイス，1998年：13頁）。議論のこの側面は，3つの主要な解釈の中で繰り返し説明される。第1に，全ての経済構造・市場構造は枠組みと選択に反映する。第2に，国家はグローバリゼーションのプロセスが展開する中で，依然として強力な存在である。第3に，国家は，グローバリゼーションの効果と制約要因にもかかわらず，相変わらず決断力がある。

第1の見解は，繰り返し出てくる考えで，国際政治経済論におけるリアリストの考えの特徴でもある。その中でも権威のある説明は，ギルピンの著作の中にある（1987年）。「経済的要因が，地政学的条件を引き起こすというよりも，地政学的要因をいつも反映している」ことを明確に言明した著名な歴史社会学者によって——これはおそらく驚くべきことなのだろうが——このことは認められている（ホール，1996年：165頁）。「市場と企業は，自分達を保護してくれる公権力がなければ存続しえない」という仮定と，国家の有効性が継続していくという確信の2つの上に，国家衰退論に対する論者は自分達の主張の根拠を置いている（ハーストとトンプソン，1996年：188頁）。

もしこのことが一般的に市場に当てはまるなら，それは特にいわゆる「自由」市場にも当てはまると主張されてきた。これこそが，グレイが最も最近の研究で精力的に発展させてきた点である。即ち自由市場は，自然の条件ではな

く政治的選択と行動を反映したものであり,「自由市場は何世紀にもわたる国家権力(の表現)である」という考えである (1998年:17頁)。この当初の仮説から, グローバリゼーション自体は, 国家による累積的な政策選択と行動によって促進されてきたという議論を容易に発展させることができるのである。「金融グローバリゼーションは, 国家の支持と奨励に大きく依存してきた」というメッセージをヘライナーは絶えず繰り返してきた (1996年:193頁)。グローバリゼーションの将来は, まさにこうした国家の引き続き展開していく能力に依存しているので, グローバリゼーションによって国家が長期にわたり転覆されることはありえない。「効果的な地政学的構造が形成された時, 設計は現実となる, ということを過去が証明している」とある観察者は書いている。グローバリゼーションのプロセスが不確かで不完全な性質を持ったものであることを考えると,「スキームとしてのグローバリゼーションが, 秩序の安定性をもたらすかどうかを決める上で, こうした地政学的構造があるかないかは, 決定的な要因である」と結論づけることができる (パーカー, 1996年:76頁)。国家が設計する地政学的構造が消滅すれば, 秩序の安定は生まれないであろう。

　最後になるが, 国家の運命についてはどういうことがいえるのであろうか。第2の立場の人々は同様に, グローバリゼーションが進行しているという条件の下でも, 国家行動には効率性と相対的な自律性があると主張する。国家と国家システムは, グローバルな労働分業の「単なる付帯現象」に後退させるべきではないと, ミッテルマンは批判的な視点からの研究の中で強く主張している (ミッテルマン, 1996年b:6頁)。国民経済が今後も機能していくことには否定的であった人々に反対して, 技術革新のダイナミクスによって国民経済は存続していくと主張する修正主義者もいる。技術革新は国家によって異なるというのが, これら修正主義者の見解であるが,「国民国家, 国民経済, 技術革新のための国家的体制は, 依然として政治分析, 経済分析の本質的分野である」(フリーマン, 1997年:45頁)。政治の重要性に焦点を移し, 国家が政治的行動を取るべきであるという希望が曖昧な形で表明されるにせよ, このことに希望を

見出す人々もいる。「公共政策には未だ一定程度の自律性がある」とハーストが主張する時，彼は伝統的な知恵に挑戦しているのだが，「有権者が積極的に税金を支払う限りにおいて」このことは正しいという条件を付けている（1997年：422頁）。しかしながら，こうした議論は皆，国家対グローバリゼーションの相対的な力という言葉で表現されている。国家はグローバリゼーションによって無能化されているか，それともグローバリゼーションは国家によって維持されていく必要がある。次節ではこの対立の構図がひっくり返されることになる。

4．国際関係理論とグローバリゼーション

　本節では，驚くほど多様なグローバリゼーションをめぐる議論を再検討する。即ちグローバリゼーションの定義と意味，その歴史的な新奇性，その有益な性格と有害な性格，グローバリゼーションが単一の（そして一貫した）論理あるいは多様な（そして調和を乱す）傾向をどの程度明らかにするかということ，そしてグローバリゼーションが国家の持続的生存可能性に与えるインパクトである。グローバリゼーションをめぐる騒々しく多岐にわたる議論を，よく整理された問題の核心に焦点を当てることができれば，それは素晴らしく巧妙な作業となろうが，本書の残りの部分で展開することになる主張との関連性を分かりやすくするためには，一定の順序立った説明が必要である。

　すでに考察されているグローバリゼーション論の多くの特定の分野を基礎にしつつ，グローバリゼーションが一般的な断層に沿って議論されていることを認識することが，この作業が第1段階として必要とすることである。これらの断層は，その性格によって，国際関係理論全体の中で大きな反響のある問題に言及する。これらの断層の1つが，観念的なものと物質的なものとの間のそれである。グローバリゼーションは，物質的な力――技術，コミュニケーション，経済システム――によって突き動かされているのかどうか，そしてこれらの単独の分野においても重要であるかどうかに，特にこのことは関連した

問題である。そうではなくて，人間がこうした変化を理解することにグローバリゼーションが与えるインパクトが，同じように重要であるのかもしれない。ウォーターズは，しばしば引用される彼の定義の中で，この両者を結びつけている。グローバリゼーションは，「地理的条件が社会的・文化的構造に与える制約性が減少し，この制約性が減少していると人々がますます認識するようになる社会的プロセス」(1995年:3頁)である。グローバリゼーションは，物質的世界とも認識的世界とも衝突し，(そのために) グローバリゼーションについての理論的説明は，2つの世界との衝突を明確に解釈する必要がある，ということを，このアプローチは受け入れている。コンストラクティヴィズムのアプローチは，決して物質的環境を軽視することなく，観念的要素に適度の重みを与えることによって，行おうとすることが，このことである (ラギー，1998年．アームストロング，1998年:473-5頁と比較せよ)。

　グローバリゼーションをめぐる議論の中で登場してきた国際関係論に関わるもう1つの関心は，経済分野と政治分野の間の関係をめぐる関心である。経済と政治は，因果関係にあるという二重性——前者は後者から生じ，その逆も真であるという——の中にこのことは表現される。すでに確認したように，経済グローバリゼーションは，その後で政治的変容を引き起こすと考える者もいるし，これに対して，政治的設計が経済的プロセスに先行しなければならないと主張する者もいる。政治が，グローバル化していると思われる経済に対する抑止力として機能すると考えられる限りでは，政治と経済は対抗的な関係といえるかもしれない，という別の見方もある。ほとんど全ての国際関係理論は，この経済と政治という2つの分野の間のダイナミックな相互作用に関心を持っている。しかし現状では，グローバリゼーションをめぐる議論は停滞しており，現在行われている分析の選好は単に再生産されているに過ぎない。経済的優越性か政治的優越性を伝える使徒達は，(政治と経済の) 関係を統合した興味深い説明を展開する手段としてグローバリゼーションというテスト・ケースを使うというよりも，政治，経済それぞれの好むパラダイムの中で，グローバリゼーションを解釈しているに過ぎない。グローバリゼーションを理解しても，

経済分野と政治分野の間に何らかの結び付きを見出すことができなければ，それは国際関係理論に（グローバリゼーションを）組み込むことにとって有益ではないであろう。

　国際関係の理論家は，こうした一般的なイシュに対して敏感でなければならい。しかしグローバリゼーションが国際関係の主要な展開とどのような関係があるのかをめぐっては，深刻な見解の違いがある。例えば，グローバリゼーションが冷戦終結とどう関係しているかについては，理解の仕方に対立があるという事実の中に，グローバリゼーションをめぐる論争の本質が現れている。<u>ある説明では，グローバリゼーションは冷戦終結の結果としてみなされるが，他の説明では冷戦の顕著な特徴と，冷戦の存在理由を破壊したと考えられているのはグローバリゼーションの進展である</u>（下線部，訳者）。グローバル化する諸力が，領域的に拡大するのを可能にしたのは，冷戦終結であったと想像するのは魅力的なことである。なぜなら，グローバル化する諸力は地球上の多くの分野に影響力を及ぼしたが，諸力は今までの所，全面的とは言わないまでも，これらの分野から実質的に排除されているからである。このように見ると，グローバリゼーションの最新の段階は，1980年代における冷戦崩壊から続いており，冷戦崩壊の結果とも解釈される。

　しかし因果関係は，もっともらしく転覆させられ，次のような議論につながるのである。グローバリゼーションの主唱者の1人であったソ連の経済的発展性とは言わないまでも，冷戦期の対立の基礎を浸食したグローバル化の諸力に浸潤していったのは，まさにこの因果関係であった。こうした視点から見ると，グローバリゼーションの有用性は，冷戦期とポスト冷戦期の間の継続性に注意を引き付けることにある（アイケンベリー，1996年）。

　そこでグローバリゼーションは，原因なのか結果なのか。実際には，両方である。<u>グローバリゼーションは，国家が第二次世界大戦後の国際秩序から解放されるようになった程度を描き出している。今度は，冷戦終結が，国家が活動する新しい秩序の潜在的空間を拡大した。グローバリゼーションが冷戦終結を引き起こしたのか，それとも冷戦終結によって生じたのかをめぐる混乱は</u>，グ

ローバリゼーションは国家レヴェルと国際システム・レヴェル双方で同時に発生していたことを思い出せば，雲散霧消する（下線部，訳者）。国際システムに焦点を当てるとポスト冷戦が引き起こした断続性を強調することになり，国家に焦点を当てると継続性を認識することになる。両方とも，ポスト冷戦期の世界の現実の一部であり，国家と国際システムにおけるグローバリゼーションの位置を心に留めれば，グローバリゼーションは変化ばかりでなく継続性も内包できるのである。

しかしもしグローバリゼーションが分析概念として生きながらえるならば，それはグローバリゼーションに関連して言及されることに幅があり，多様性があるからである（アミン，1996年:231頁）。この曖昧さは，グローバリゼーション概念の強みでもあり弱みでもある。その上，その他多くの同じような論争が，問題解決に頑強に抵抗するのは，（概念の）中核的意味が論争的性質を持っているためである。

このことは，規範的論争に関しては明らかにそうである。「あなたがどこに立つかは，あなたがどこに座っているかによる」というような，分かりやすい事例としてこれを却下することはたやすい。経済的言葉を使うと，またグローバルなネットワーク――旅行，コミュニケーション，文化的人工物――にアクセスすることに関して言えば，グローバリゼーションは明らかに勝者と敗者を生むのである。グローバリゼーションについての評価がそのように二極化したものであるべきだということは，人々が期待する以上のものである。しかしながら，問題の根はこれより深いと信じる理由もある。グローバリゼーションについての判断は，人々のグローバリゼーションとの関係以上のものを反映するのである。知的にグローバリゼーションに立ち向かう場合に問題となるものを評価することは，グローバリゼーションについての判断によって異なるのである。

このことは2つの別々のレヴェルで当てはまる。最初の例では，判断は，グローバリゼーションの範囲によって異なる。厳密に考えると，グローバリゼーションは，グローバル市場の現段階に過ぎないものとして表現され，これ

に基づいて評価が下される。これらの言葉によると，個人的な立場と利害関係は容易に理解される。しかしながら，広く行き渡っている社会的，政治的，文化的変容としてグローバリゼーションが表現されると，利己的視点は適切でもなく，意味深いものでもないことになる。グローバリゼーションの多次元性を考えると，全体的に勝者が現れる可能性はない。経済的に利益を得た人でも，文化的変容によって脅かされるかもしれないのである。

　第2のレヴェルで見ると，グローバリゼーションは，その本質に関して合意が成立していないので，一様な判断はできない。この視点からすると，論争は俄かに決定論か主意主義かという色合いを帯びてくる。技術，目的論，進歩，リバタリアニズムなどの多様な理由にもかかわらず，スペクトラムの一方の極の決定論に引き寄せられる人々は，グローバリゼーションに喜んで対応するか，諦めて対応するかのいずれかである。スペクトラムの反対の極の主意主義では，歴史的作品としてのグローバリゼーションが，新たな後退を余儀なくされるだろうという恐れか，実際に後退していることを確認しようという決意のいづれかがある。いずれにせよ，今まで適切な状態であったものを維持していくか転覆させるかする政治的エージェンシーに力点が置かれているのである。

　これら両極端の間の中間点を明確に述べる試みは少なかったし，そのため，グローバリゼーションをめぐる議論そのものが分析する場合，両極化してきた。決定論的アプローチは，我々の意志の届かない所でグローバリゼーションが発生するという考えを強調し，一方，我々は，消極的な受益者か犠牲者としてグローバリゼーションのそばに佇むのである。主意主義的アプローチは，古き良き政治の時代に回帰することによってのみグローバリゼーションというドラゴンを殺すことができるという訴えに屈服するのである。すでに進行している国家形態における変容を反映しつつ，（国家形態に対する）新しい制約条件を生み出す何者かとしてのグローバリゼーションの持つ二重の現実を，決定論と主意主義は適切に認識していない。

　国家とグローバリゼーションの関係を解明する試みでは，特にそういえるの

である。国家の権能という問題に関しては，チアリーダー達はそれぞれのチームへの支持を得ようと必死である。グローバリスト達は，国民経済，地理，そして国家そのものの終焉を宣言する。国家中心主義者達は，このような判断をもたらした誤解を非難する。「グローバリストにもっと熱狂する」ことに注意するよう警告されている。

> 歴史の感覚を十分持たずに，彼らは国民国家が以前に持っていた力を誇張する。グローバルな多様性についての十分な感覚を持たずに，彼らは現在のその衰退を誇張する。多元性についての十分な感覚を持たずに，彼らは国際関係を軽視する（マン，1997年：494頁）。

こうしたやり取りを通じて，グローバリゼーションの主体か対象としての国家をめぐる単純な選択に我々は度々直面してきた。グローバリゼーションを維持するために不可欠な政治的枠組みとしての国家と，外部から国家を脅かすグローバル化しつつある諸力の不運な犠牲者としての国家の間で，我々は実質的な選択を余儀なくされているのである。いずれにせよ，どちらも重要なポイントを見逃している。国家権能の侵食として提起されるものは，（国家とは独立した力としての）グローバリゼーションの結果ではなく，その中心に置かれた国家変容を描いたものである。正確に言うと，ただ1つのプロセスが作動している時，その時点での国際関係理論は，国家とグローバリゼーションの二重性を前提に機能するのである。

我々は，それ故に，緊密に統合され高度に構造化された形態を取り入れたグローバリゼーションについての議論に直面するのである。特定の差異が何であれ，中核的なイシュは，決定論か主意主義か，経済か政治か，秩序か無秩序か，進歩か分極化か，などの対立する選択の組み合わせとして提起されている。とりわけ，国際関係理論にとっての中心的問題は，グローバリゼーションは国家を弱体化させてきたのか，それともグローバリゼーションそれ自体が国家の創造物なのか，という問いとして提起されている。

しかし，これらが虚偽の二律背反であり，完全に誤った質問であるなら，どうなるのか。グレート・ディヴァイドを克服する努力の第一歩として，次章で

は，このイシュの提起の仕方について挑戦する。もし我々が，歴史的に認識していて，政治的に敏感なグローバリゼーション理解を発展させることができれば，グレート・ディヴァイドは最も有望な議論の出発点ではない。我々は他から出発すべきである。

第3章 グローバリゼーションと国家

はじめに

　本章は，グローバリゼーションの雛形をさらに精緻化し，本書のこれ以降の部分で，グローバル化した条件の下で財とサーヴィスを生産する国家の能力をはっきりと説明できる枠組みを設定するつもりである。対内的領域（国家の内部的局面）と対外的領域（国家が自己認識する対外的環境）を厳格に区別するグレート・ディヴァイドという繰り返し主張される傾向に対抗して，両者を統合するための枠組みを発展させていく。グローバリゼーションと国家の間に暗黙のうちに意識される対立を克服することもこれによって可能となる。<u>グローバリゼーションは，単に国家に対置される一定領域の対外的諸力としてばかりではなく，国家内部における多くの変化として理解される必要がある，というのがこれから展開していく議論の中核である</u>（下線部，訳者）。これは，「グローバリゼーションを国家と釣り合わせることは全く誤りである」という同じような主張を反映している（ショー, 1997年b: 498頁）。しかしながら，我々は，そのように一般化された批判を乗り越えていかねばならないし，<u>グローバリゼーションが現在の国家のパワーに対してのゼロ・サム的な脅威としてよりも，**国家形態**を表している，ということがどういうことかを明らかにしなければならない</u>（下線部，訳者）。

　はじめに確認しておくべきことは，歴史的に見ると，トランスナショナルな勢力と国家が協力して発展してきたということである。過去において両者が敵対的であったことはなく，互いに依存し合ってきたことは確かである。資本主

義，超国家的な文化形態，個別化した国民国家が，協力し合って発展してきた点を指摘した歴史社会学者の著作の中に，このことが明確に表れている。これらの間には常に，「相対的な自律性と共利共生的な相互依存関係が複雑に結びついていたのである」（マン，1997年：477頁）と言われている。もしこれが一般的に言えるなら，グローバリゼーションの開始が国家と非領域的関係の間に横たわる根本的な歴史的分裂を引き起こした理由はない。<u>理論的課題は，歴史的に見ると国家的領域とトランスナショナルな領域における自律性と共生の混交状態を具体的に説明し，時間の経過とともに，両者の相対的なパワー・バランスを変化させる政治的ダイナミクスを確認することである</u>（下線部，訳者）。ショーは，最近の政治的グローバリゼーションを「グローバル国家」の登場として描いている。その特定の説明が全く説得的であろうがなかろうが，国家の現代的形態は，この広いグローバルな編成という文脈の中で初めて適切に理解されるというのが，ショーの一般的に適用可能な分析的ポイントである。彼は「これら2つの主要な形態が，相互関係を維持していき，また相互に構成し合うものである」と認識している（ショー，1997年b：512頁）。両者を激しく対立・衝突させるものを強調するのではなく，両者が共有するものを示すことによってグローバリゼーションと国家を意味あるものにする分析枠組みを精緻化しようとするのが本章である。

　グローバリゼーションに取り組んでいる国家にそれほどまでの注意を向けるのは，常識に反しているように見えるかもしれない。もしグローバリゼーションについて一般化ができるなら，それは確かに，経済的，政治的，社会的プロセスが国家の国境内部では，もはや意味あるものとして封じ込められないということに違いない。この意味で，「グローバル」という用語の全ての解釈は，国家を基礎とする活動や国家間の活動と共鳴し合いながら「国際的な」という用語にそれとはなしに挑戦するものとなる。グローバリゼーションが，国家中心的な分析枠組みの限界から逃れようとする限りでは，グローバリゼーションは伝統的な国際関係理論から離脱するものなのであろうか。国家が裏口から再び導入されるような議論が行われるなら，グローバリゼーションの引照枠組み

とは何であろうか。

　そのような反対意見はもっともらしいが，本質的に見当違いである。グローバリゼーションについての全ての説明を，伝統的な国際関係論のアジェンダの脚注に貶めることは，これからの考察の目的ではない。グローバリゼーションが国際関係理論に及ぼす混乱を理解することが，本書の目的であるならば，グローバリゼーションが対置されるのは伝統的な概念である。伝統的枠組みでは不完全である程度を測定することによって，グローバリゼーションのインパクトを理解できるだろうか。しかし付け加えるならば，この任務は開始されたので，グローバリゼーションと国家の間に本来的な対立があると仮定することには注意すべきである。もし国際関係理論がグローバリゼーションについての考えを考慮して手直しされるならば，この手直し作業は，グローバリゼーションを生み出すプロセスでの国家変容の役割を認める必要があり，国家とグローバリゼーションの諸力の間に想定される二元性に限定することはできない。そのように具体的な対立は，グローバリゼーションを理解する上でも，国際関係理論を発展させる上でも役に立たない。

　今後展開されていく議論の段階は次の通りである。第1に，そして一般的な言葉を使えば，国家という形態を国際構造から切り離す人為性について再度説明する。その結果，国家の自律性と国家の存続力という問題に特に焦点を当てた国家理論をもっとはっきりと検討することになる。ひとたびグローバリゼーションの視角がこの問題に導入されると，この議論に対して何が起こるかについて質問が提起されよう。そこで本章では，ネオ・リアリスト的な議論に対する明確な論駁として**「ブローカー国家」**（太字，訳者）という概念を提起する。最後に，我々がグローバリゼーションとその将来起こりうる軌跡を理解するために，そのような分析の重要性を説明しようとする。

1．グローバリゼーション——状態かシステムか？

　グローバリゼーションの本質を評価するためには，我々はグローバリゼー

ションの想定されるインパクトが認識される分野についてはっきりした考えを持つべきである。例えばグローバリゼーションへの伝統的なアプローチは，グローバリゼーションは，国家の，国家システムの，あるいはもっと広く認識されるグローバルなシステムの本質を変容させつつあるのかどうかを検討する。このように問題を設定すること自体が，すでに誤りである。こうした問題設定の仕方は，実際よりも容易にこれらのカテゴリーの間の分離状態を前提としてしまう。国家形態と，国家がその一部であるより広いシステムの間に緊密な結合状態が存在しているということが確認できるならば，このことはとりわけそうである。

　全体としてみると，このことが明確に示しているのは，グローバリゼーションの結果は，構成要素に分解するという方法論によっては研究できないということである。国家と国際システムが密接不離に結びついているという理由だけで，グローバリゼーションが国家を侵食するか，国際システムを変容させるかする程度について別個の問いを発することは有益ではない。<u>グローバリゼーションは，国家と，国家がその一部となっているシステムに影響を与えるばかりでなく，両者の間の特定の政治的トレードオフ——これは近年の歴史においては両者のアイデンティティ形成にあまり影響を与えてないのだが——にも影響を与える</u>（下線部，訳者）。そこで，グローバリゼーションを国家への脅威として描くことは，中心的なポイントを見逃すことになる。<u>グローバリゼーションが不安定化させるのは，国家ではなく，秩序の国内的構成要素と国際的構成要素の間の特定の適応関係である</u>（下線部，訳者）。

　以下の部分で展開される議論を具体的に示すのに，あるアナロジーが役に立つかもしれない。国際関係の理論化，とりわけリアリストの流れを汲む分野で主要な役割を伝統的に果たしてきたアナーキーという概念と，グローバリゼーションの間のアナロジーである。アナーキーの本質についての定義をめぐっては激しく議論されてきたが，その厳密な特徴はネオ・リアリストとネオ・リベラリストの間の不一致の核にあるのである（ボールドウィン，1993年）。このアナーキーとは何か。それは原因なのか結果なのか。それは国家の自助システム

の特性なのか,それとも(特定の)国家——その本質的特質をすでに備えている——が生み出したものなのか(ミルナー,1991年;ウェント,1992年)。こうしたイシュを最初に明確にすることによって,グローバリゼーションが国際関係理論とどのように関係するのかをめぐる議論が引き続き行われる準備が整うのである。

現在,国際関係論の文献には,アナーキーについての考え方に典型的なものとして2つのアプローチがある。1つは,インサイド・アウト即ち国家が国際システムに影響を与えるというものであり,もう1つはアウトサイド・イン即ち国際システムが国家に影響を与えるというものである。どちらも,それ自体について適切なあるいはもっともらしい説明をしていない。この2つの説明を単純に統合できるものでもない。この問題をうまく解決するには,このように対立する分析枠組みとしないように問題の本質を再定義することが必要である。

一般的に言えば,アナーキー——階層的政体と矛盾するが——は,規範形成の中心的かつ権威的な組織を欠いた状態を指すものと考えられ,この意味において,「対内的」政治システムの付属物を欠いた状態として否定的に定義される。これは「国際的」という十分に正確な概念であろうとなかろうと(そしてこれはまさにネオ・リアリストとネオ・リベラリストを分ける問題でもあるのだが),この特徴がなぜ現れたのかというのが問題なのである。それは国家システムの産物なのか。それともそれは,国家システムを構成する国家の特殊な本質という人工物なのか。それともこのように理論的に分離することができないものなのか。

それは国家システムの産物なのか。この問いは,アウトサイド・インの立場から議論される主張である。この解釈は,ネオ・リアリズムと密接に結びついている。構造的リアリズム——そこではアナーキーは構造の属性であり,構造はシステムの構成要素である——という概念は,アナーキー性と国際システムの結合を明確にしている相互に結びついた定義を打ち出している。アナーキーが個々の国家の属性であるならば,それは理論内部の矛盾を示すものであろう

し，それは構造という概念それ自体を理論的には冗長にするであろう。表面的には，アナーキーはアウトサイド・インの構造であり，国家が採りうる政策を国家にさせる構造的環境の一部である。グローバリゼーションは，このアナロジーによって同じように考えるべきものなのか。

もちろんウォルツ流の解釈に対する標準的批判は，この説明の多くを額面どおりには受け入れていない（コヘイン，1986年；デヴェタック，1995年）。インサイド・アウトの立場に立つ人々によると，主権国家間の不可避な構造としてばかりでなく，――原始時代に確実に国家が構造に「入る」前に――こうした国家がすでに付与されてきた特定の性格の結果として，アナーキーな自助システムは発展してきた。<u>国家は他の国家に遭遇する前に，すでにある種類の公共性を最大化しようとする自己中心的で，利己的で，合理的な存在であった</u>（下線部，訳者）。これらの視点から見ると，アナーキーは抽象的な構造から発生したのではなく，こうした特徴的なタイプの政治的統一体に埋め込まれた遺伝情報の当然の帰結として生まれたのだ。明らかに「社会的なるもの」を生じさせたのは，この仮定的な「自然状態」なのであって，その逆ではないのである。グローバリゼーションは，それ自体のイメージに基づいてグローバルなシステムを生み出しつつある個々の国家の特性なのであろうか。

我々が，このアナーキーなるものの実質的な内容の検討に立ち戻り，その内容が同時に――そして必ず――エージェントと構造の双方から発生していることを認識する時，これら2組の議論の一方的な性格が明らかになるのである。自然状態と結びついたイメージとともにアナーキーという概念は，ルールが存在する階層構造という肯定的条件に対置される時に初めて，権威が存在しないという否定的条件を前提とするのである。別の言い方をすれば，<u>アナーキーとは，国内秩序の真空地帯が初めて埋められた時に残された部分を言うのである。アナーキーとは，アナロジーを替えるならば，国家内部の秩序というオアシスの周りの秩序のない砂漠のことである</u>（下線部，訳者）。

しかしながら，これを越えて混乱が絶頂に君臨している。すでに注目したように，グローバリゼーション論の1つの道筋は，アナーキーは国家の構造に

よって生み出され，この意味でポスト・ホックであるので，それはアナーキーを人為的なものと見る。もう1つの道筋は，アナーキーを最初の位置——アナーキーは国家自体の内部にあるので「世の中では」未だ消去されていない隔世遺伝でもある——と見る。実際には，その関係はその問題設定が暗黙のうちに意味するように思われるよりも相互的である。階層性のないアナーキーという概念を持ち得ないし，逆も真である。砂漠がなければ，オアシスを認識しないであろう。言い換えれば，<u>アナーキーがなければ，我々は政治行動の単位としての国家という概念を抱かないであろうし，秩序ある国家がなければ，アナーキーという条件を定義することは不可能であろう</u>（下線部，訳者）。アナーキーが構成されることについての単純な解釈を許さない深遠な相互性が働いているのである。もしこのことがアナーキーに当てはまらないなら，それはグローバリゼーションの条件にも同様に当てはまることになる，ということを示すことができる。<u>グローバリゼーションが国家を形成し，同時にグローバリゼーションは国家がグローバリゼーションを利用してさらに作り出すものなのである</u>（下線部，訳者）。

　しかし全ての国家が平等にグローバリゼーションを「生み出す」わけではない。本書で展開される議論のほとんどは，主として工業化した北で見られる国家形態や国家変容に中心的に適用可能なものである。このことは必ずしもグローバリゼーションが南には影響を与えないとか，南はグローバリゼーションの長期的な展開の軌道に批判的でない，ということを意味しない。グローバリゼーションが国家間関係と結びついた権力構造と切り離されたものであって，北の強力な国家は今までずっとグローバリゼーションに深い痕跡を残してきたというのは，単純な認識である。

　このグローバリゼーションの「生産」は，国家の側の単純な主意主義の結果でもない。そのような表現は，複雑でしばしば消耗する政治のプロセスのための便利な速記以上のものではない。これは議論を国家という概念と，その政治的ダイナミクスに戻すことになる。対内的領域と対外的領域の間の剝き出しの分離状態を乗り切りはするが，前者を後者に転換することによってそうなるの

ではない枠組みを構築することが，今や戦略とならなければならない。グローバリゼーションという文脈の中で，そのような理論的視点はどのように発展させることができるのか。

2．国家の力

　国家を解明しようとする現在の国際関係論のアプローチの問題点は，グレート・ディヴァイドという断層が，対内的・対外的領域を貫いているということに他ならない。国内性を定義するのは国家の存在であり，国際性を象徴するのは国家が存在していない状態である。事実，<u>国内的領域と国際的領域は分離できないのである。両者は互いの不可欠な部分であり，政治的に両者を結びつけているのは国家である。言い換えれば，我々がグローバリゼーションを分析する効力のある概念を開発しようとするならば，我々は適切な国家理論から始めなければならない</u>（下線部，訳者）。国家そのものは，対内的領域の発展の結果であるばかりか，すでに対外的領域の存在を反映していることを我々は認識すべきである。伝統的な国際関係理論は，（国内的目的のために）国家の**全て**をグレート・ディヴァイドの一方に置き，同様に（国際的目的のために）国家の**全て**をグレート・ディヴァイドの他方に置く。そのような手先の早業は，諸力の別々の領域で行動する2つの個別の国家についての幻想を生み出し，その時，単一の領域で行動する国家は1カ国である。それではグローバリゼーションを理解するためには国家をどのように理論化することができるのか。

　国家の本質についての理論的議論の多くは，自律性の問題に関係している。社会的勢力あるいは階級的勢力の「囚人」として，国家を仮定するマルクス主義のような社会理論への対抗理論として，この考えは登場した。フレッド・ハリディーが観察しているように，「ひとたび国家が制度的に社会とは別個のものとして見られると，国家はどの程度自律的に行動でき，どの程度社会とは別個の価値を象徴できるのか，という問題が生じる」（1994年：79頁）。もし国家が国内の社会的勢力から「自由」ならば，国家は「戦略的に」行動でき，何が

国家の利益を作り出すのかについて独自の決定を下すことができる，というのがこの考えから派生する主張である。この自律性は，国家が社会のその他の部分に浸透できる能力から派生した「基盤的な」ものとしてか，あるいは国家の運営者によって執行される独立した権力の手段である「専制的な」ものとして表現されてきた（マン, 1986 年・1993 年; ジェソップ, 1990 年 : 279 頁）。ともに自律性を国家と，「国家の中の」社会の間の関係の一側面とみなしている。別の見方は，自律性は「国家が国際秩序に入ることにより」国家にとっての特別な利益を確保して発生するのである（ジェソップ, 1990 年 : 92 頁）。

　もちろん，そのような自律性が存在すると考えられる程度は様々である。グローバリゼーションという条件の下で，侵食されてきたのは戦略的に行動する国家の能力であるという見解に固執する者もいる（サーニー, 1996 年 : 653 頁）。国際的領域と国内的領域の間の共通領域に位置しているので，国家はこの能力を保持しているのだと主張する者もいる。国家は内にも外にも目を配り，その過程でしばしば，それぞれの空間的次元を互いに張り合わせることによって，かなりのパワーと自律性を引き出すのである（ホブソン, 1997 年 : 253-4 頁）。

　この後者の概念は，グローバリゼーションの雛形が発展していくのに十分に対応するものである。それにもかかわらず，国家の自律性という問題は，伝統的に提起されてきたという点で，グローバリゼーション分析には深刻な欠陥があるということは明らかである。自律性が，国家と社会の関係の属性である限りは，それはどんな社会が議論にとって適切であるかという重大な問題を避けて通っている。国家の政治的制度と同じ広がりを持つ他と分離されているという整然とした仮定に基づいて，国家に関する社会学が展開していく限りは，これは相対的に問題にはならない。しかしながらグローバリゼーションが不安定化させようとするのは，まさにこのような国家と社会の照応関係なのである。もはや国家によって監禁されることのない社会と（国家との）関係という観点から，我々は国家の自律性をどうすればいいのか。ある国家理論家（ジェソップ, 1990 年 : 288 頁）が，国家と社会の間の見せかけの対立とみなすものを——どちらも「互いに別個のもの」あるいは「自己決定できるもの」ではないの

で——拒絶したいならば，(境界のある)国家は(境界のない)社会とどのように関わっているのだろうか。

こうしたイシュには問題とすべきことが多々あり，コンストラクティヴィズムの枠組みでも同じである。国家の利益とアイデンティティが，問題にならない所与のものとして表れるという意味で，完全に自律的な国家という概念は，様々な類型のあるネオ・ユニタリアニズムにとってと同様にコンストラクティヴィズムにとっても問題となることは明らかである。そのような仮説が正当性を欠き，そのような仮説を回避するべきならば，社会的相互関係を通じてそのような利益が構成されるというわずかな見込みを組み入れる余地を残すべきである。従って，我々は「アクターとしての国家は，この相互作用が始まる前に十分確立したものでも完全なものでもない。それは相互作用が完全に生まれているという装いをとっているだけである」(デヴェタック，1995年：28頁)。しかし何との相互作用なのか。

その相互作用とは他の国家とのものであり，その結果，国家システム，もっとはっきり言うと，アナーキーのような想定されるいくつかの特徴を社会的に構成することになる，と答えることが，この段階では伝統的なものである(ウェント，1992年)。しかしながら，対内的にも対外的にも同時に目配りをする——社会との関連で「対内的に」目配りをし，他の国家や他のアクターとの関連で「対外的に」目配りをする——国家という概念を深刻に考えるならば，二重の相互作用が働いていることは直ぐにでも明らかとなる。国家アイデンティティの形成は，その本質によって二方式あり，対内・対外両方に対して形成されるものである。おそらく2つの方向に引っ張っていこうとする作用は，国家に一定の影響力を与えるであろうが，この作用は国家が完全に自律的であるという可能性を蝕むのである。国家は対内的にも国際的にも囚人ではないが，国家は対内的にも対外的にも切り離されたものと見ることはできない。しかしながら，再度言うが，問題は明らかである。もし国家が，あるいは少なくとも国家の多くの部分が，関わり合う適切な社会が，もはやその「中には」ないならば，我々はどうやって国家の「対内的」構成についてはっきりと語るこ

とができるのか。

　国家の「力」についての議論でも，同じようなイシュが生まれる（ワイス，1998年：14-40頁）。伝統的には2つの答え方があり，両者が相互に排他的と考える理由はない。両者は，市民社会という対内的方向と，国家からなる社会という対外的方向のそれぞれに目を向けている。さらに両者の間の複雑な相互作用も想定される。力の対外的源泉は，対内的に脆弱な国家を支えることができるが，それはまた，実際には国家をさらに弱体化させる強制的政策を国家が強いることにもなる。これは「国家の力のジレンマ」（ホルスティ，1996年：117頁）と呼ばれてきた。同様に明らかになるのは，国家の力は，逆説的で不可解にも，国家が社会とどの程度分離しているか，国家が社会とどの程度接近しているかを測る尺度として使われることである。国家の力を評価する複雑な要素としてグローバリゼーションという要素が組み込まれる前に，こうした混乱（の原因）ははっきりさせる必要がある。

　第1に尺度は，上で検討した自律性をめぐる議論の一部と重なり合うし，国家と社会との関係を示す特殊な形態としての国家の力を突き止めることになる。<u>（専制的な）国家の力は，国家が社会と分離していることから発生するのである。（基盤的な）国家の力は，国家が自国の市民社会に浸透して，技術と資源を動員する能力に存在する</u>（下線部，訳者）。「硬質的」「軟質的」国家という名称は，同じような関係の組み合わせを示すために使われてきた（マスタンドゥノ，レイク，アイケンベリー，1989年：467-8頁）。

　この意味において，権威主義的国家は，市民社会に対するその「専制的統制」が何であれ，技術と資源を動員する上であまり効果的でないかもしれない。要するに，<u>国家の力は市民社会の弱さに逆比例するのではなく，市民社会の弾力性と強い関連性を持つのである</u>（下線部，訳者）。他の研究者達が説明しているように，「強力な国家」は組織化が脆弱で貧弱な市民社会を基礎に成立するものではない（アイケンベリー，1995年：119頁）。アイケンベリーはその議論を拡大して「市民権，市民社会そして国家を確立するための偉大なる闘争は，現実にはこれらを相互に強化するのだ」と強烈に主張している（1995年：

119頁)。国家のアイデンティティを構成する1つの要素は，対内的には，市民社会との関わりであることはすでに理解されている。もしそれが一般的に国家のアイデンティティにも当てはまるなら，それは特に国家の力にも当てはまる。

　グローバリゼーションは，内部から国家のアイデンティティを形成するという我々の考えに，どのように影響を与えるのか。第1の文脈では，グローバリゼーションという考えは，そのような国家のアイデンティティ強化を不安定化すると考えられるかもしれない。これは多くの観察の中核をなしている。典型的には，次の分析がある。「国家の起源は，国民にあるのではない。国家の広がりは世界大である」(アルブロー，1996年：64頁)。このことが本当であるかもしれない特別の意味を考慮に入れないと，国家と社会的アイデンティティが，個別の社会基盤と関わり合うことによって下から構成される度合いを侵食することが，この解説の重要性なのである。社会というものが相互浸透的ならば，国家はそれぞれの社会の個別の特徴を反映しそうにもない。いずれにせよ，グローバリゼーションは，その国家自体の社会的動員力の特異性から派生する国家の力という概念を問題にする。

　国家が自分の力を認識する別の分野は，国家システム自体の社会制度の中にある(アームストロング，1998年)。一般に認識されているように，国家は主権，平等，不干渉という完全装備によって外部から補強されている。(南北問題における)南の最も脆弱ないくつかの国家の場合，国家の力は国家生存のための効果的な対内的源泉が存在していないので，この対外的な完全装備に主として依拠している(ジャクソン，1990年a)。全ての国家は，自分達が生み出したシステムからある程度，緊急時の援助を引き出すのである。根本的に国家はシステムの一部としてのアイデンティティを持っているのである。「我々が知っているように，近代国家は常に，競合しつつ互いに関わり合っている諸国家からなるシステムの一部であった」とスコックポルは断言する(1985年：8頁)。

　もちろん，グローバリゼーションが侵食効果を発揮すると言われているのは，この第2の分野である。あらゆる挑戦に直面して，今まで国家に最高の

地位を与え，独占的な特権を認めてきたこのシステムは，もはや国家を守り育てていくものとはならないかもしれない。内部からの「供給圧力 (supply pull)」によるというより，外部からの「要求圧力 (demand pull)」によって国家は形成されてきたので，この対外的圧力による国家形成は，今まで国家によって享受されてきた能力と役割にとって今や有害と思われている。もしそうなら，国家は外部から力を引き出すことはできなくなる。国家の対外的防波堤は，国家を守ることができないようになるので，国家は「ますます弱くなる」。最悪の分析の場合，国家は両方向から同時に挟撃作戦によって攻撃されている──内部からは侵食され，外部からは保護されず──ように見える。

　以下で議論するように，この種の分析表現は，本質的に誤解を招きやすい。国家の力は減退させられているので，国家の力は2つの別個のプロセスの結果としてではなく，1つのプロセスの結果として起こっているのである。グローバリゼーションは，2つの別個の姿を現すのではない。国家が市民社会と「繋がっている」程度を示すのは，国際システムの再構成であり，一方，同時に，外部から国家に与えられる保護自体は，対内的再建によってますます弱くなる。これらを2つの個別の事態の発展と捉えたい気持ちは，抵抗を受けることとなる。

　要するに，国家の力を分析する場合，相互に連関したいくつかの傾向があるということである。外部重視主義の視点を強調する者がいるが，この視点からすると国家の力は国家システムそれ自体の社会的制度から生じることになる。内部重視主義の説明に同意する者もいるが，この説明では，さらに主要な2つの変種に分かれる。この内部重視主義のカテゴリーでは，第1の変種は，国家が社会との関係で自律的に行動できる能力の目安として力を前提とする。それは，分離状態の指標である。第2の変種は，国家のアイデンティティと社会的アイデンティティの近接性に対応するものとして国家の力を見るものである。この解釈によると，国家の力は，それ自体の（対内的な）有権者の目に映った国家制度の正統性の機能である。垂直的正統性と水平的正統性──前者は権威，同意，忠誠心を中心とするものであり，後者は政治共同体それ自体の

定義を中心とするものである——から派生するものとして力を具体的に述べたホルスティによって促進されたのが，この議論である（1996年：84頁）。問題は，これら全てのカテゴリーが，グローバリゼーションという条件の下で極めて不安定化してきたことである。国家の対内的変容によって国際社会が変化しているなら，そして社会が個別国家の中にもはや囚われていないなら，我々はどんな意味ある基礎に基づいて，国家の力の「対内的」「対外的」源泉を区別できるのであろうか。

　こうした議論は——第8章でさらに検討することになるが——グローバリゼーションという条件の下での民主主義を分析するには重要な意味を持っている。国家の力という問題は，デモクラティック・ピースに関する文献の一部として明確な形で導入されることはめったにない。だがしかし黙示的には，2つの関心の間には実質的な重複がある。ホルスティは次のように結論づけている。

　　しかしながら，国家の力と戦争との関係は，明らかになっている。1945年以来，あらゆるタイプのほとんどの戦争は，弱い国家内部か，弱い国家同士の間で発生してきた。強い国家は弱い国家に対し戦争を仕掛けるが，強い国家同士では戦争をしない（1996年：91頁）。

　ホルスティが国家の力を正統性の度合いと同一視する限りでは，国家の力は，間接的には民主主義の目安であるということは明らかである。従って，ホルスティが国家の力と平和の間の関係を設定することは，別に驚きではない。この説明では，国家の力についての理論は，デモクラティック・ピース論の間接的解釈を提供している。そこでこの結合はグローバリゼーションにも向けられる。ショーの用語法によれば，政治的グローバリゼーションは「西欧国家の集合体」の構築として表されるならば，グローバリゼーションはデモクラティック・ピース内部の要素ともなる。「西欧国家の集合体の中では暴力がほとんど廃止され，暴力はこの集合体の端に移動したために，西欧国家は，単一の国家の集合体として定義できる」と彼は主張した（1997年b：501頁）。国家の力，民主的正統性，グローバリゼーションの理論が，将来の国際平和と安定

のための展望分析に巻き込まれる重要な度合いを，我々はこうした構図の中で認識することができるのである。

最近のグローバリゼーション論の文献によって，とりわけジョン・グレイのすさまじい作品の中の観察によって，より具体的に，こうした点の多くが表現されている (1998年)。本書での批評は，グレイの主張の内容と関連させようとすることを意図しているのではなく，議論が派生してくる論理構造を示すことを意図しているのである。ロシア経済の分析の中で，グレイは国家の力とその源泉に関する前述の批評に関連する根本的なイシュを提起している。グローバリゼーションの時代には，主たる危険は国家の脆弱性から発生する，というのが彼の一般的な主張である。「今日，人類と社会は，主に崩壊したか，衰弱した国家によって脅かされている」と彼は主張する (1998年:200-1頁)。「犯罪的サンディカリズム」というのがぴったりの統治形態を持つロシアの事例以外に，これが当てはまる国家はない (1998年:165頁)。この問題の本質を考えると，グレイが主張する実行せざるを得ない解決方法は，強いロシア国家の出現である。「ロシアが強力で効率的な国家を持つまで，ロシアは純粋な市場経済を持ち得ないであろう」(1998年:165頁)。

この分析方法には2つの問題点があり，この2つの問題点は，グローバリゼーションがしばしば理解され，表現される方法で一般的な欠陥を示している。第1の問題点は，彼の表現は彼の処方箋を無効にしていないのかどうかということである。もし国家が所与の理由によって弱いなら，これらの国家がどのように強くなるかを考えることは難しい。第2の問題点は，現在の議論にもっと具体的に関連があるのだが，この強い国家はどこから生まれることが期待できるのかということである。それは，自然に起きる対内的な発生によって生み出されるものなのか。

最初の問題に関して，「ロシアがホッブス的問題を解決する時までロシアは近代国家とはなりえない」(1998年:165頁) というさり気ない一文の中で簡潔に表現された，グレイの議論の中には首尾一貫しないところがあるように思える。効率的国家 (の登場) は，ホッブス的問題を解決した結果であるというこ

とをこのことは意味しているが，一方，強力な国家は，まず第1にそのような問題を解決するのに必要である，ということは反対を受けるかもしれない。

　グローバリゼーションという条件の下に置かれた国家についてのグレイの解釈に滲み込んでいる緊張感が，第2の問題点である。現在，グローバルな市場は社会を分断し，国家を弱体化するように機能している。非常に競争力のある政府あるいは強力で弾力性のある文化を持っている国家は，最低限の自由を保有しており，その自由によって，こうした政府は社会的凝集性を維持するために行動できるのである。しかしながら，こうした資源に欠けている場合には，国家はすでに崩壊しているか，効果的なガヴァナンスを失っているのである。その結果，社会が制御できない市場の力によって，社会は荒廃してきたのである（1998年：196頁）。

　グレイのホッブス的コメントに見られるように，彼の説明に関して問題なのは，リヴァイアサン即ち専制君主国家はどこから生まれるのか，またそれは原因としてか，結果としてか，ということである。グローバリゼーションのインパクトは（国家を）弱めるものの1つであるので，強力な社会が存在している場合においてすら，強い国家は対外的諸力によって生み出されることは明らかである。ロシアや他の弱い国家の場合には，一様に敵対的な対外的圧力に直面して，内部から，おそらく強い国家は生み出されるのであろう。しかし，強いロシアがロシア市民社会の産物として，グローバリゼーションにもかかわらず形成されるとしても，そのような国家を馴化する必要があると言われているので，一体全体，なぜ強い国家が必要とされるのであろうか。その国固有の市民社会を源泉として生まれないなら，強い国家はどこから生まれるのであろうか。要するに，この議論は複雑に循環してしまうので，この循環する議論を理解するためには，国家が国内的・国際的領域で二元的に構成されることを明確に認め，そのことの意味を認識する高度化した枠組みが必要となる。

　国家が自律的かつ戦略的に行動する範囲は，こうした分析上のイシュと密接に結びついており，グローバリゼーションをめぐる特定の議論で提起される問題に対処する試みに入る前に，国家のこの行動範囲についてはさらなる議論が

必要である。国家は対内的領域からは分離していない，あるいは対外的領域からは分離していない，というのが今までの議論の傾向であったが，どちらも，これら2つの領域の1つあるいは2つの制約条件によって決定される行動ではない。それ故に，国家論の理論家によって提示される道筋に沿って「(国家の) 戦略的行動」の一定の幅があることになる。次の指摘は，この文脈から見ると有益である。「調整戦略は，国際レジームでは外部に向けて採られるかもしれないし，あるいは変容しつつある国内構造では内部に向けて採られるかもしれない」とアイケンベリーは示唆している。「国家が自己認識するグローバルな構造環境——一方で，国家−社会関係という観点で定義され，他方で国際システムの中での位置という観点で定義される——に，どの戦略が採用されるかは左右されるのである」とまでアイケンベリーは結論づけている (1986年: 57頁)。この点に関して，実質的には同じ関係を述べるのに，異なった言語が使われるという事態が生じている。形態によってとは言わないまでも，実質的には，アイケンベリーの説明——国家の戦略的行動という言葉で表現されているけれども——と，コンストラクティヴィストの解釈——国内・国際両レヴェルで二元的に行われる形成という観点から規定されるが——とを区別するものは少ないのである。言語的相違はあるものの，理論的主張はかなり似ているように思われる。

例えば，アイケンベリーの分析をホッブスが提起した解釈と比較する時，このことはもっと明確となる。ネオ・リベラリズムの批評として提起される後者の議論は，次の結論に繋がっていく。「埋め込まれた国家—社会関係の方を支持して，対内的には至高のアクターである国家を低く見ることによって，我々は対外的には国家を概念的変数として復権させることができる。国家は，(生産様式ばかりでなく) 国家間システムの要件に還元できなくなるのである」(1997年: 274頁) と，アイケンベリーは示唆している。いずれにしても，国家行動の原因をどちらかの領域だけに求めることはできないように，国家は行動したり，形成されたりする。我々が国家のアイデンティティを理解し，なぜ国家が一定の制約条件の下で行動しようとするのかを理解できるのは，これら2

つの領域を包摂する諸力の場の中でしかない。

　さらに，再帰的変化という概念は，グローバリゼーション研究にとって重要な様々な検証可能な研究を補強するものであるように思われる。経済的規制や法的変更に関するサッセンの研究は，適切な事例である。「国家は，現在現れつつあるトランスナショナルなガヴァナンスのシステムに巻き込まれている。しかし変容を体験しているのは国家であり，このシステムに参加することによって変化しながら登場してきているのも国家である」というのが，彼女の研究でしばしば繰り返されるテーマである（1996年 a : 22 頁及び 28 頁）。

　グローバリゼーションに関連して，このテーマの著者は直接的には使わないのだが，関連したイメージは，政体の「ネスティング（はめ込み）」というイメージである。ファーガソンとマンズバッハ（1996 年）は，特殊な国際秩序の中に国家を「はめ込む」という考えよりも限定的にこの考えを発展させたのだが，このように分析の文面ではないにしても，精神を拡張することは可能かもしれない。「政体は空間を共有し，同じ有権者の全てもしくは一部の忠誠心を要求でき」，その結果，はめ込みというイメージは，「ある政体が，他の政体によって包み込まれ，その中に埋め込まれる」状況を意味するので，この概念は有効であるという議論がまかり通っている（1996 年：48 頁）。これとの直接的な関連性は，著者達の立場をさらに精緻化すると明確になる。「それはあたかも，ある政治体制が他の政治体制に押し付けられようである」と彼らは書いている。結果として，「押し付けられた方の政治体制は個別のアイデンティティをある程度失うかもしれないが，そのプロセスで，優越的な政体は，はめ込まれた政体のうわべの飾りや特徴をある程度引き受けるかもしれない」（1996 年：395 頁）。これもまた言語的変種であるが，コンストラクティヴィストが力を入れて異議を唱えるこの論文には（言語的変種は）少ない。この議論のポイントは，国内秩序が国際秩序にはめ込まれている，ということであろう。特に我々は，特殊な国家を特殊な国際秩序――ここでは，両者が同じような特徴を帯びることになるのだが――にはめ込むものとしてグローバリゼーションを捉えるべきである。それが意味する二重性は，「はめ込み」というこの考えに

とって決定的である。

3．ブローカー国家とグローバリゼーション

　要するに，グローバリゼーションという現象を理解するための最も適切な枠組みとして，国家分析を一般的な方向に進めようとするための強力な事例が存在するということである。今から具体的に示すように，ここでの分析はネオ・リアリズムについてのホブソンの批評と基本的に一致している。国家行動の対外的決定要因を強調することによって，ネオ・リアリズムは，国内的・国際的領域について，「どちらの領域も，自己構成的ではない」とは認めない。従って，「2つの領域は相互構成的である」ので，国際的領域に最高位を与える理由はないのである（ホブソン，1997年：9頁）。国家の能力は，単にグローバリゼーションの（否定的な）機能としてみることはできない，なぜならばグローバリゼーションは，今度は，国家がグローバリゼーションを利用して作り出すものだからである。

　これから示す方法は，何年もの間ずっと知られていなかったが，1945年以降の国際・経済秩序を歴史的に分析する副産物として現れてきた。過去10年でグローバリゼーション研究が強化されたため，国際関係理論とこうした歴史的研究との間の潜在的関連性が明確になった。1945年以降の国際システムの起源についての歴史（研究）によって，国際秩序を，これに協力的な国内秩序とともに創出するというユニークな性質が長いこと注目されてきた。その結果，国内的・国際的領域は，相互に強化し合い安定化し合って，両者はお互いに不可欠な部分になったのである。前の方の章で注目したことだが，この古典的な解釈は，J. G. ラギーが提起したものであった。

　　これは，埋め込まれたリベラリズムの妥協の産物の本質である。1930年代の経済ナショナリズムとは異なり，その性質は多国間主義であろう。金本位制と自由貿易の時代のリベラリズムとは異なり，その多国間主義は国内的干渉主義に基づくものであろう（1982年：393頁）。

要するに，国際秩序が依拠している国内秩序を評価しないで，国際秩序を理解することは不可能である，ということをこれは示しているのである。2つの領域は，分析的分離を否定するように，機能的に統合されていたのである。福祉国家は，国際秩序にその程度まではめ込まれ，(同時に) 国際秩序の生存可能性にとって不可欠なものであった。逆に，国際秩序は，この秩序にはめ込まれたそれらの政体の質を発展させた。最近では，同じテーマがさらに発展してきた。

第2次世界大戦後に成立した枠組みがもたらしたものは，国家，国民のアイデンティティ，国家の政治システムを，新しい国際的制約の中で再構成したことである。そこで，国家の現実の変容に注意しないで，戦後の世界秩序あるいは国際システムについて語ることは，冷戦初期の荒れ狂う国際政治で真に問われていたものを見逃すことになる（クローニン，1996年:33-4頁）。

クローニンの主張のほとんどはまず論争とならない。「はめ込み」あるいは「埋め込み」の本質が，時間の経過によってどのように変化するのか，そしてどのような変化がもたらされるのか，を理解しようとする時，問題が発生するのである。グローバリゼーションの背景にある歴史的ダイナミクスを説明しようとするならば，そのような展開がどのようにして起こりうるのかを理解する必要がある。さもないと，「相互構成」という概念は，これが取って代わろうとしているネオ・リアリストの構造主義と同様，理論的には固定的で面白みのないものとなる。以下で提示する基本的モデルは，対内的・対外的にコストを要求するバランスが変化するにつれ，「はめ込み」がそれ自体の政治的問題を生み出すということを主張するものである。1945～70年代の時期に関して，ラギーが断定したような完全な均衡状態は長期的には維持されそうもない。ひとたびこの均衡状態が動揺し始めると，政治的緊張が国内的領域・国際的領域のいずれかを覆い，そして吸収される。しかし，この点に関して重要なのは，こうした政治的コストの相対的配分である。

歴史的証拠は，国内的領域における動揺と国際的領域における動揺の間の振幅を指摘している。次の図式的な描写は，単純化され過ぎたものであるが，基

礎的な説明のための枠組みを提示している。それはギルピンの著作の中に見られる。19世紀には——金本位制や自由放任政策のような——国際的規範は，国内的安定よりも優先されたとギルピンは言う。戦間期には，この傾向は逆転し，多国間主義的規範が国内的必要性に一方的に応えるために，大々的に放棄された。「全ての主要国は，経済的プロセスに対する階層的統制を取り戻そうとした」と，この時期についてサーニーは書いている（1995年：606頁）。全ての主要国は，国内的要求によって，そうせざるをえなくなったのであり，その代償はあらゆる形態の国際主義に基づいて要求され支払われたのである。1945年以降，新しいバランスが2つの間に打ち込まれ，国際的取り決めと国内的取り決めは，それぞれの必要に合致するように再調整された。この説明的モデルは意味あるもので，拡張することができる。1970年代以降，この均衡状態は，徐々に安定性を失ってきたといえるかも知れない。国家が国際的規範——極度に競争的な国際市場の規律という特殊な意味で——を甘受する傾向が再び現れたのである。前にも検討したことだが，新構造主義的解釈が依拠しているのは，この証拠である。

　国際的規範が，自らの方が国内的必要性より重要であると断言してきたという主張は，国家によって果たされるブローカー的役割と，その結果としての政治的コストの配分に関わるものである。失業，規制緩和，福祉国家への様々な挑戦は全て，国際比較優位を求める動きの必要な付属品として押し付けられたために，1970年以降，ネオ・リベラルな国際的規範を維持する政治的コストは，何度も国家レヴェルに転化される傾向があった。このことが意味しているのは，グローバリゼーションは必ずしも今すぐ反転するというのではなく，グローバリゼーションを展開させ続ける国内的な政治コストは，今やはるかに明確になったということである。1950年代，1960年代，経済成長は世界的に見られ，表面的には永久に続くとさえ思われた時代，グローバリゼーションは相対的にコストが掛からなかった。しかしもはやそうではなくなった。

　そのような枠組みの意味合いは何か。いずれにせよ，情け容赦なく進行するグローバリゼーションについての仮説に，この枠組みは異議を唱えるものであ

る。「グローバル経済の運命が、最終的にはその構成国の国内政治に左右されるということは、厳しい政治的現実である」とカプスタインは指摘している (1996年:17頁)。このことが、増大する不安定性の可能性を生み出している (ストレンジ, 1997年:27頁) し、「オープンな国際経済に対抗する反乱」(ハースト, 1997年:425頁) の可能性も引き起こしている。事実、弁証法的緊張をグローバリゼーションの不可避な部分とまでみなし、そのプロセスを「政治経済と社会文化の相互補完的な傾向」を組み込むものと定義する者もいる (ギル, 1997年b:5頁)。

　国内的不満が高まっている兆候を予測し、戦後のグローバリゼーションを育んだ国際・国内の間の合意が侵食されつつあると指摘する者がいる。もし埋め込まれたリベラリズムが、両者の間に打ち込まれた合意を示すものならば、ネオ・リベラリズムは「脱埋め込み」に向けた傾向を表している。この場合、国家権力の不可逆的侵食があると想定するならば、戦後の合意が復活する見込みは全くない。しかしながら、それが、国内的緊張が「再国民化 (renationalization)」によっては、もはや解決できない事例であるならば、この事例はグローバリゼーションそれ自体に跳ね返るかもしれない。もし社会契約が「ほつれるなら、国際的自由化もそうなる」(ラギー, 1995年:523頁) というのが、ここでの矛盾である。純粋に構造的ないしシステム的な説明によって把握されるよりも、もっと流動的で、ダイナミックで、相互作用的な政治概念が必要とされていることを、この矛盾が教えてくれるのである。「国内的領域」と「国際的領域」の間の力関係をあまりにも「トップダウン的に」解釈することについては、ピニッチ同様、我々も留保する (1994年:7頁)。グローバリゼーションのプロセスは、このことが意味するよりも論争的であり、それ自身の対抗勢力を生み出すのである。

4. 理論と埋め込まれた国家

　そのような傾向が、1945年以降の歴史研究では表に出てこないにしても、

その意味合いは，グローバリゼーション研究によって表面化してきた。グローバリゼーション研究は，国内的領域と国際的領域を全く同じように統合したアプローチを採用する必要性を強調するのである。グローバリゼーションを国家間関係の変化として狭く捉えるべきではなく，同時に，国家そのものの性格が変容するものとして捉えるべきである。

　立場の違う多くの著作でも，これと同じ結論を引き出している。ホブソンは，同じ関心から出発しながら，一般的には国際関係理論について言っているのだが，特にネオ・リベラリズムについて不満を述べている。「国際的領域と国内的領域は，別個のものではないと私は主張する」と彼は断言している。「国民経済と国際経済は，国家間政治システムにばかりでなく，国内政治領域にも埋め込まれている，というのが中心的主張である」と，彼はさらに主張を精緻化した（ホブソン，1997年：2～3頁；ショー・クオディール,40頁）。少なくともこのことによって，我々は，個別の政治的領域としての，国内的・国際的領域の間の面倒な区別が消滅するように，このテーマを再定義しなければならない。

　もちろんこの問題に留意することは，この問題の解決策を提示することではない。同じような調和を求めて，問題解決がわかりにくいことを認め，そのようなプロジェクトの「異常に野心的な」本質を認める人もいる（H.ウィリアムズ，1996年：152頁）。だがホブソンのアプローチは有益である。「国家を深刻に考える」全ての国際関係理論の失敗と彼がみなすものを非難して，彼は彼自身の概念を次のような言葉で概略説明している。

　　国家は対内的アクターでもあり対外的アクターでもあるという概念こそが，国家権力についての私の理論の核である。国家は国民社会の中心に位置するが，対外的な分権化した国家間システムとグローバルな資本主義経済の中に埋め込まれている。……私は国家を国際的・国内的渦巻きの中に存在するものと描く。確かに，純粋な言葉で理解される国際的・国内的システムのようなものは実際には存在しない。どちらも自己構成はせず，それぞれの「次元」は，常に他者との相互作用によって構成されるのである（1997年：11～12頁）。

　これは適切な解釈にかなり近い。それによって我々は枠組みを構築する必要

に迫られるのだが，この枠組みの中で，国内・国際2つの領域は分析的には互いの中に包摂されるようになるのである。これとは異なる指摘をする者もいる。ネオ・リアリズムを修正する場合，それに代わる枠組みの効力は，「それが，ユニットとシステムの間の相互に構成される関係をすっきりと具体化することであるが，……それは，国家は内部から生み出された諸力によってだけで構築されたものであるとみなしているのではない」（ブザン，ジョーンズ，リトル：50頁）。その結果生じるのは，詳しい実行段階では異なるものの，精神は同じである。

この代替モデルの本質的特徴は，政治行動の統一的な場を受け入れることであり，この場の中で，政治過程の大部分は，国家の複合体を通して行われるのである。国家は，この場の中の結節点なのである（クラーク，1998年：図3及び496頁）。国家内部や，国家が互いに遭遇する亀裂において同時に生じるものとして理解すると，グローバリゼーションは，還元主義者によっても，システム理論によっても，両者の連続的に起こる結合によっても説明できない。還元主義者は，グローバリゼーションはユニット・レヴェルで発生するものと主張しなければならないであろう。ウォルツに従うと，過去20年間，構造的安定性についての前提を保障するネオ・リベラルな政策を採用する場合，結果が十分均一であったことを我々は示すことができる。従って，システム論は我々がグローバリゼーションを構造物として解釈することを要求する。修正されていない構造主義へ逆戻りすることも説得的でない，なぜならそれは歴史的感覚に反して，グローバリゼーションの永遠の再生産という展望を提示しているからである。国内的領域と国際的領域の間の直接的な政治的関与によって——その結果が2つの領域が国家に掛ける圧力に左右される諸力の働く同じ場に2つの領域を持ち込んで——この基本的な緊張を明確に示すことができる。グローバリゼーションのプロセスを分析するスキームは，2つの領域の諸力が存在し，互いに影響し合う領域を包摂しなければならない。

そのような枠組みは，アイケンベリー（1986年）が，ネトル（1968年）に倣って「2つの顔を持つ」国家と呼んだものを繰り返し強調している（エヴァ

ンス, ルシマイヤー, スコックポル, 1985年：ホール, アイケンベリー, 1989年：バンクス, ショー, 1991年；ナヴァリー, 1991年 a；ハリディー, 1994年)。国家はナショナルな社会的諸力のエージェントに還元されるべきでないし，単なる国際資本の表現として考えられるべきでないという二重の意味において，この国家理論はすでに見たように自律性の問題に関わっている。国家は2つの領域の間で作動するが，どちらのみに囚われることはない。国家は複雑な諸力の働く場——その中で国家は「トップダウンで構築される国際秩序のユニットとして行動し，ボトムアップで作られる『社会』という表現としても行動する」(サーニー, 1993年 a：33頁)——から力を引き出しているのは確かである。我々は国家を対抗する圧力の間でそれを調整するものと表現してもよい。

　伝統的モデルに見られるように，国家は政治的ブローカーとして国内的領域と国際的領域の間に分離状態を生み出すように見えるが，この2つの領域を結びつけているのは国家である，というのがこの枠組みの意味である。国家はユニットがそれを通して内部にも外部にも移転される媒介装置である。ひとたびこの本質的な点を把握すれば，システム論的分析と還元主義的分析の間の分離状態を維持することは不可能となる。なぜなら政治的コストは，2つの領域で作動する国家を通して2つの領域の間に配分されるが，それが配分される仕方こそが基本的プロセスであるからである。

　国家とグローバリゼーションの間には本来的に異なる関係があることを示すために，この問題をゼロ・サム的に提示しようとする強い傾向があることはすでに示した。いずれにせよ，国家と企業の間の均衡にはサイクルがあるという考えに傾きやすい人もいる。この均衡は，時間とともに変化し，その結果，企業は20世紀初頭には，そして1945-70年の時期には再び，国家政策の手段として描かれたのである。これとは対照的に，1980年代以降,「これらの企業は，国家権力から解放されてきた」が，これが長期にわたって解放され続けるかについては疑問の余地がある (アミン, 1996年：248頁)。

　しかしながら，グローバル経済の形成には2方向の流れがあるという立場がとられるのが一般的であり，この立場によって我々は現在の議論の本質に近

づけるのである。「グローバルな経済システムが、近年、変容することによって、新しい形態の趙国家的構造——ここで国家は、生産と金融に関わるグローバルな勢力と政策決定権限を常に共有しているのだが——が生み出されるのである」(ショー、クオディール、1997年：39頁) という主張の中に、このことが含意されている。もしこのことが、全ての譲歩が国家によってなされているということを示しているようなら、この「トランスナショナルな構造」それ自体が、かなりの程度、国家によって形成され強化され、その結果、「共有する」というイメージが必ず一定の相関性を意味することになる。次の説明は、簡単に理解されるかもしれない。「グローバルなプロセスが具体化する戦略的な場は、ナショナルな領域に埋め込まれており、その結果、少なくとも部分的には、その場は様々な国家中心の規制の枠に支配される、という認識こそが、経済グローバリゼーションについての著作を修正するものである」とサッセンは主張する (1996年b：33頁)。同様に、市場関係を維持する上で国家が演じる「巨大な役割」に注意を集中させる著者もおり、あまりにもその役割を重視するので、「資本の国際的・国内的権利を定義し、保証するレジームの創始者」(パニッチ、1996年：85頁) とこれらの著者を表現した批評家もいる。

　こうした著作物は、グレート・ディヴァイドを斜めに越えて行こうとする。どのような特定の言語が使用されるかに関係なく、こうした著作物は一般的にはコンストラクティヴィズム的な分析方法に依拠している。金融の役割に関するサーニーのコメントが、よくそれを表している。「それは、横断的なトランスナショナルな構造と、国家建設・国家権力という決定的な要素の双方を常に構成している」(サーニー、1994年：237頁) というのが、彼の熟慮した上での判断である。このように考えると、金融グローバリゼーションは、一方の領域にだけインパクトを与えることはほとんどなく、それは両方の領域において構成的要素となるのは明らかである。

　グローバリゼーションに焦点を当て、グローバリゼーションにおける国家の役割を考察すると、今まで述べてきた一般的な主張が具体的に理解されるのである。国家は今までずっと、グローバリゼーション推進のブローカーであり、

国際的規律のコストは国内的に負担されるべきか，国内的混乱が国際的規制を覆すことが許されるかどうかを決定するキー・プレイヤーである。どちらにせよ大きい方の圧力に反応し，ある時は国内的領域から国際的領域に圧力を放出し，またある時は国際的領域から国内的領域に圧力を放出する，双方向に働くバルブとして，国家をメタファーで理解することも可能かもしれない（アイケンベリー，1986年：76頁）。「国家は対外的プロセスの鏡でなく，単なるフィルターでもなく」そうではなくて「国家は，自分の対内的地位を強化するために，国際的影響力を積極的に処理し流通させている」（ホブソン，1997年：247頁）という解釈に，このアイケンベリーの立場は呼応するものである。

　そのような分析によると，システム的分析と還元主義的分析の間の区別は，消滅することになる。2つの領域から生じる対抗的圧力の間で国家というものが把握されると考えることによって，グローバリゼーションのインパクトと，その将来的な展開が初めて理解されるのである。国際構造を理解するためには，この構造を生み出すのに与っている国家のアイデンティティを観察しなければならない。国家行動を理解するためには，個別の国際秩序の容器として国家を理解しなければならない。分析スキームを細かく分割してしまうと，それに基づく1つだけのアプローチでは洞察力は生み出されないことは確かである。

5. グローバル化した国家

　グローバリゼーションは，概念としては，多くの次元をめぐって激しく議論されている。グローバリゼーションが表現しようとする実証可能な現実の程度すら，実質的議論の対象である。グローバリゼーションが，国際関係論という学問分野のための適切な基礎としてのグレート・ディヴァイドについての疑問を深めたために，こうした留保条件はあるものの，グローバリゼーション概念は，主流的理論がもはや無視できない根本的なイシュを提起しつつある。グローバリゼーションはこの懐疑論を生み出したのではなく，力を込めて強調し

てきたのだ。

　グレート・ディヴァイドによって包み込まれた欠点は，本書のこれ以降の部分で具体的に検討することになるが，現代国際関係理論の幅広い問題群について革新的な発想を展開しようとする際の障害となる。分析目的のため，政治行動には，国内・国際の2つの別個の領域があると言い訳をすることができるという信念に，グレート・ディヴァイドは根付いたままなのである。ネオ・リアリストの理論で理解しようとすると，これは，システム的分析と還元主義的分析の2つの理論形態を信頼していることになり，それぞれは，それぞれの組織化論理によって個別の領域の周辺で発展してきたのである。

　グローバリゼーションが可逆的なものかどうかについての重大な論争ばかりでなく，グローバリゼーションが振動しながら展開してきた歴史的証拠によると，国内・国際の間の分離状態は，人工的に生み出されたものであるばかりか，人を誤解させるものですらある。システム的説明も，還元主義的説明も，それぞれが単独でも，お互いが関係し合った結果であっても，これらのイシュについて適切な解釈をすることはできないのである。

　この2つの説明に代わって，グローバリゼーションを，結果ははっきりしないものの，その軌跡は，国際構造と国家というユニットそれ自体から同時に発生する対抗的圧力によって作り上げられていくプロセスとして把握する統合したアプローチが不可欠である。ウォルツ理論は，相互に交わることがないような異なったレヴェルで作動する，諸力の別個の場を想定しているので，ウォルツ的イメージは歪んでいる。諸力が交差するのは，国家という媒介物によってである。グレート・ディヴァイドというイメージと用語法が放棄されないと，国際関係論はグローバリゼーションを抱え込むことになるかもしれないが，国際関係論はグローバリゼーションと意味ある関わりを持つことは出来ないであろう。関わりを持つことができない理由の1つは，グローバリゼーションそのものの分かりにくさに求めることができるとしても，その責任の実質的部分は国際関係論が提起する理論的装置にあるのである。

　現在の弱点の著しい例は，国家とグローバリゼーションの関係をどう扱うか

第3章　グローバリゼーションと国家　117

という問題に見られる。国家とグローバリゼーションは一般的には，一方が他方にインパクトを与えるものとして個別の現象として扱われる。これら2つは相互に構成し合い，変容するものであるという考えは，グローバリゼーション論の文献では未だ控えめなテーマである。そのような解釈は，容易かつ有益に，国家の自律性と力，国家・社会関係の検討，国家のブローカーとしての戦略的役割の分析などの現在も行われている説明と結びつけることができる，ということが本章が具体的に示そうとしてきたことである。こうした色々な文脈に置いて見ると，国家とグローバリゼーションの間の見せかけの対立は雲散霧消し始める。

　これは何も，国家の役割において変化がないと主張するものでもないし，国家権力の幅に重大な変化があることを否定するものでもない。しかしながら，そのような変化は，100％外部からもたらされたと考えるグローバリゼーションが押し付けられたためであると考えることは皮相であるということを認識させるものとして，それは意味があるのである。国家のアイデンティティは，色々な理由から継続的に変容を経験している。多様な対内的・対外的源泉——その全てがその進行を脅かすのであるが——から生じる強力な横断的潮流の間を国家が舵取りをしていくので，これらを政治的調整作業が変化していく条件を反映したものであると考えるのは，有意義なことである。しかし国家という船は，航路を変更するという選択以外に，（積荷の配置を変えて）バランスを調整することもできるのである。

　今まで検討してきた枠組みを中心に据えて，本書は国際関係論の特定の実質的関心という観点から，グローバリゼーションが国際関係理論に及ぼすインパクトを探ろうとするものである。主権，経済運営，安全保障，規範的秩序，そして民主的政治の供給者としての国家の役割に，これらは関連しているのである。これらの領域のそれぞれにおいて，グローバリゼーションについての文献は，根本的な問題を提起している。しかしながら，上述の分析枠組みを用いることによって，落とし穴のいくつかは回避できるし，グローバリゼーションについてのバランスのとれた判断を下すことができることを期待している。いず

れにしても，(グローバリゼーションについての) 雛形を利用することは，国家の伝統的な機能と比較して，国際関係理論が，グローバリゼーションからの挑戦に対応して発展する必要がある方法論の一覧を提供すべきである。

第4章 主権国家

はじめに

　伝統的知恵によると，グローバリゼーションによって危機に立たされているのは主権である。主権——一般的には国家権能の量——の減退は，グローバリゼーションの強化を示すものである。なぜなら主権の減退はグローバリゼーションの強化と必然的に反比例するからである。グローバリゼーションが国際関係理論にとって主として意味するのは，国家の領域を侵害する広範なグローバルなフローと活動——それは，国家の管轄権あるいは管轄権を行使する能力の範囲に入っていないが——を国家が監視し制御する能力が減退してきたことである。個別の機能的，政策的分野における国家の資源を考察する前に，その集合的能力，すなわち国家の本質そのものと見られてきた主権の考察から始めなければならない。

　もしグローバリゼーションが国家行動の効率性を侵食しつつあると考えられるならば，グローバリゼーションは主権を議論する場合，必然的に問題となってくる。こうした解釈では，国家はグローバリゼーションに直面すると，受動的となる。本章では，そのような伝統的な知恵は拒絶されることになる。その代わりに，グローバリゼーションと主権との遭遇を，国家であることの現代的条件を確認するものとして，我々が考察すべきであるという議論が展開されることになる。主権は，グローバリゼーションの犠牲者であるという考えに対抗して，主権が変化しつつ発展していくのに合わせて，グローバリゼーションが発生する程度を我々は検討しなければならない。主権体制は，国家が承認する

慣行に根拠を置いている。この場合，国家はグローバリゼーションを生み出す能動的装置であり，同時に，主権を再定義する装置でもある（下線部，訳者）。要するに，グローバリゼーションの文脈の中で主権を分析する必要性は，不可避的である。いかなる国際関係理論も，主権を理解できなければならない。とりわけ国際関係理論は，主権のグローバル化した慣行が以前のものとはどのように異なるのかを，歴史的に説明できなければならない。

　主権が特定の機能ないしは国家の権能を意味するのか，あるいは最初に国家を作ったのは何かについて単に簡潔に表現したものなのかどうかを問うことによって，まずこのイシュを話題にする人もいるかも知れない。国家は安全保障を生産し，あるいは経済を運営するのと同じ意味で主権を生産するのか。国家は本当に主権を生産しているのか。主権とは，国家が「行う」ものなのか，それとも国家の「状態」を示すものなのか。主権は，その他の分野における活動よりも国家のアイデンティティにとって根本的なものなのかどうかという問いを惹起するのが，この問題である。地域的，歴史的相違にかかわらず，それらを国家とみなすのが主権である。このように考えると，国家とは，儀礼的な主権という正装をまとったものである。もしそうであるなら，「変わることのない」主権が侵食されることによって，国家の人格に途方もない効果が生じるであろう。グローバリゼーションが，主権生産に及ぼすインパクトを説明するためには，グローバリゼーションが発生する以前に，主権生産がどのようなものであったかをまず考察する必要がある。主権は，国家のまさに本質に浸透する。もし我々がグローバリゼーションのインパクトを追跡したいなら，適切に調査を始めるべきところは，主権分野である。

　伝統的に，主権分析は，主権を妨害されることのない，幅広い活動を行う法的ないしは憲法上の特典として描いてきた。このように見ると，主権は，それ自体の機能というより，授権的な前提条件ということになる。例えば，国家は市民のために安全保障を生み出す，なぜなら安全保障は，国家が市民に代わって至高の特権を持ってなすべきものだからである。主権はこのように「構成的な」ルールの事例と考えられるが，この構成的ルールの範囲内で，主権の「規

制的」機能を作動できるのである。要するに，国家が主権を生産するというよりも，主権が国家を生産するように思える（下線部，訳者）。

　しかしながら，そのようなアプローチは多くの難しい問題を避けて通るものである。2つの但し書きをつける必要がある。第1に，これは，歴史的変化に影響を受けない，主権の「本質主義的」概念を含意しているようである。即ち，主権の属性は永遠に存在し，国家という単一の形態を生み出す。この見方は，不必要に制約するような見解である。国家のアイデンティティにとって普遍的要素として主権を見ることは完全に可能であり，一方，主権の実質は変化することを認めることも可能である。第2に，構成的な要素と規制的な要素の間の明確な区別は，この文脈には十分には当てはまらない。我々が次の章以降で検討していくように，国内の規制的レヴェルで変化が生じることは，国家のアイデンティティを変化させ，その結果，主権性それ自体が新たに「構成」されていく有力な源泉である。国家が実行することも，逆に実行しないことも，主権の源泉なのである。

　しかし，国家と主権が時間の経過とともに相互に再構成し合うという考えを，我々はどのように説明できるのか。特に，一定の流動性を主権概念に導入する，グローバリゼーションンにとっての意義は何なのか。主権とグローバリゼーションは，ともに変化する国家行動に根付いているので，主権はグローバリゼーションの輪郭を辿り，今度はその輪郭を形作るのであるということを，これからの分析は主張するものである。そのような主張を展開するならば，コンストラクティヴィスト的な立場をとることになり，これからの議論の多くが展開されるのはそのような枠組みの中である。

　ネオ・リアリストにとって，国家のアイデンティティは時間に関係なく一定不変で，その内容も場所によって変わることはない。国家のアイデンティティをそのようにしているのは，主権である（ホッフ，1998年：175頁）。これに対抗するかのように，コンストラクティヴィストのアプローチは，国家のアイデンティティには（環境への）適応性があると主張する。主権それ自体が，国家のアイデンティティの中心的要素であるので，そのような説明は，主権理論に

とって決定的な意味を持つ。コンストラクティヴィズムの最近の主張によると，アイデンティティの検討がその中心的特徴であるとのことである。コンストラクティヴィズム研究のプログラムは，世界政治におけるアイデンティティ問題にエネルギーを集中させる難問を抱えていると言われる（ホッフ，1998年：172頁）。しかしながら，奇妙なことに，研究計画の範囲を策定する際，ホッフはその範囲に主権性の問題を入れていないのである。グローバリゼーションという条件の下での国際関係理論にとって中心的な国家のアイデンティティという要素は，果たしてこのことなのだろうか。従って，コンストラクティヴィズムが国際関係理論全体に実質的に貢献するとするならば，グローバリゼーションと主権の関わり合いはコンストラクティヴィズムが貢献できる完全な場所である。

国家の持つ多くの属性の中でも，主権は伝統的に最高のものとみなされてきた。そのため国家と主権という2つの言葉は，密接不離であるとみなされることがしばしばであり，国家だけが主権を賦与され，主権は国家を定義する質である。ジェームズの著作（1986年）に見られるように，2つの言葉を1つの統合した概念に合成することはよくあることである。標準的な概念をまとめたオヌフによると，「主権とは国家を定義するものに他ならない」（1991年：426頁）。

しかしこの立場は，色々な方面から挑戦を受けてきた。国家の**属性**としての主権概念を疑問視する論者もおり，**承認**という要素が国家固有の条件から，「承認が他国又は他国の支配者によって国家に帰せられる方法」へと力点を移してきたと主張する（トンプソン，1995年：219頁）。この見解によると，主権とは，自然の創造物ではなく社会的創造物とみなされる。主権は，自然状態という鬱蒼とした原始時代の森というより，間主観主義的な意味の世界で語られる言葉である。同じ論理を拡大して，「主権とは国家にのみ適用される概念である」という主張を疑問視して，主権と国家の間にだけ見られる関連性を打破しようとする者もいる（ブレイス，ホフマン，1997年b：1頁）。EUとか政府間レジームのような他の組織は，特定の機能分野における主権を賦与されているの

かも知れない。もし主権が承認に左右されるならば，主権の保持者ないしは形態は，広く行き渡っている歴史的条件によって変化を受けやすいと考えられるかもしれない。「主権の終焉」とか「国家の終わり」という皮相な見方を避けるならば，主権とグローバリゼーションの遭遇を理解するのに，そのようなアプローチは不可欠であるように思える。

1．主権とグレート・ディヴァイド

　この程度まで議論されてきたように，グレート・ディヴァイドがグローバリゼーション分析の対象であるなら，それはまた主権分析でも対象となる。要するに，我々は，主権に関する謎を詳細に分析せずにグローバリゼーションの意味ある手掛かりを得ることはできないし，グレート・ディヴァイドの分析枠組みの中でも手掛かりを得ることはできない。その剥き出しのままの分離状態は，もちろん，主権の本質についての伝統的考察から引き出されたものである。なぜなら，グレート・ディヴァイドについての知的基礎を提供しているのは主権だからである。もしグレート・ディヴァイドという横暴な見方が転覆させられるなら，主権を考察するための伝統的アプローチそれ自体が挑戦を受けなければならない。主権は，対内的領域を対外的領域と区別するものとして提起され，国家内部に最高の権威を設定するが，国家の外部に対しては論争の多い権力の要求を行うことによって区別するのである。この原理的，絶対的意味において，主権はグレート・ディヴァイドなのである。はじめの方の章で提起したように，グローバリゼーションの概念は，主権について広まっている概念の結果として生じた同じように面倒なものに違いない。グレート・ディヴァイドを後退させることができるならば，主権概念をグレート・ディヴァイドとともに変化するようにする限りにおいて後退させることができるのである。
　主権概念に対するグレート・ディヴァイドの重要性にもかかわらず，国際関係論の研究者は，主権を概念的に非常に困難な分野であるとみなし，長いこと主権に不安感を感じてきた。このため研究者達は，過度に困難な研究を，その

主題についてあまりにも形式主義的ないしは法律的な理解を生み出しがちなものと考えて, 過度に困難な研究を主権に持ち込むのを控えてきた。もちろん, この一般的な原則に対して著しい例外もある (ヒンズレー, 1986 年；ジェームズ, 1986 年)。主権の重要性を政治的シンボルと認めつつも, 国際関係論の研究者はそれにもかかわらず主権の概念的理解し難さに辟易し, しばしば研究努力を行わずに, 主権 (の研究) を「不毛なこと」と理解するのである (ミラー, 1981 年：16 頁)。だが, この概念を無視するわけにはいかないのである。主権は極めて中核的概念であるので, それはグレート・ディヴァイドが形を変えた主要なものである。<u>グレート・ディヴァイドは, 主権的領域と非主権的領域の間の分離状態を表現している</u> (下線部, 訳者)。国際関係理論は, 伝統的にこの仮説から出発してきたが, グローバリゼーションが問題にしたのは, まさにそのような出発点が今後意味を持つかということである。

　国際関係理論の目的のために, 主権は対内的, 対外的側面を持つ二重性のものとして慣例上, 扱われてきた (ヒンズレー, 1986 年)。主権は, 国家の境界の内部での至上の権利, 外部に対しての独立性によって表現されている (ブル, 1977 年：8 頁； M. ウィリアムズ, 1996 年：112 頁)。ここには意図せざるパラドックスがある, と辛らつに指摘されてきた。主権の本質的な不可分性という広く浸透している主張は, 「主権を対内的, 対外的次元に沿って分割する」分析を必ず伴うのである (オヌフ, 1991 年：432 頁)。まさに統一的な主権ではあるが, (対内的, 対外的に) 分岐しているという表現も当てはまるかもしれない。主権の有効性が, 別の意味でますます問題視されるようになった時, 概念としての主権を救い出すのはこの分離状態の有効性だったと, 今まで指摘されてきたのも事実である。政治学者は, 国内の政治的組織化を示すものとしての主権概念の矛盾に影響されなかったものの, 主権の対外的側面が表面的には弱まっていないことを国際関係論の研究者にアピールすることによって, 矛盾を放逐しようとする努力は挫折した。「社会の中で大変論争を呼ぶ概念は, 社会と社会の間に設定した時, 完全に単純なものに見える」ということは, 1 つの痛ましいコメントである (ホフマン, 1997 年：12 頁)。

国際関係論に関する限り，この二重性の意味は，「対外的領域」は「対内的領域」の副産物として具体化するということである。ほとんどの伝統的理論に関する限り，疑いもなくまず最初にくるのは対内的領域である。<u>対内的優越性は，いわば，存在論的には対外的独立より上位に来ていたのである</u>（下線部，訳者）。対内主権に対する主張は，その意味で，国際関係を最初に作り出したものである。対外的に主権が存在しない状態は，内部から主権が構成されることの結果として生まれるのである。そのような筋道は，政治思想史によって与えられる分析と十分一致するように思われた。ボールドウィンのような研究者の手に掛かると，主権は，国内政治の組織化の原理として主張されたし，その後の研究者が述べることになるように，「後になって研究者達が，主権を国際的無秩序の原理にねじ込もうとするのを予見できたならば，驚いたであろう」（ブリーアリー, 1963年: 10頁）。これから検討していくように，国際関係理論は，今やこの解釈に今まで以上に懐疑的で，社会的に承認された国際システム——国家もその不可欠な一部なのだが——によって部分的には生み出されたものとして，国家と「対内」主権を見ようとするのである。

　その実質的効果という視点からすると，国際システムにおける無秩序の源泉としてのこの主権というテーマは，ほとんどの国際関係理論の中心にある。将来，改革者や「アイディアリスト」となることが期待されている世代の人々の目には，平和な世界は主権を制限することによって初めて可能となると映っている。もう1つの逆説的なねじれ現象がある。国際秩序を改革しようという意図によって生み出された20世紀の国際組織は，主権を普遍化するためのエージェントとなり，（国際組織の）構成員の資格を試す試練として，厳しく主権を遵守し，強要し続けているのである。

　最近，国際関係論の研究者は，主権の対外的側面に焦点を当てる傾向が出てきたが，主権を無秩序の原理としてではなく，秩序の原理として問題提起し焦点を当てているのである。主権は，国際社会の構成的規範の1つとしてみなされるようになってきた。その結果，国連憲章のような文書にピタリとはめ込まれることになった。同じ起源を持つ他の慣行を合法化することによって，主

権はどのように国際秩序に貢献できるかを分析する強力な筋道が発展してきた。不干渉は，国際的自然状態を緩和すると信じられてはいるが，明らかにそれは秩序の原理としての主権から引き出されている。干渉が意味を持つためには，「主権が存在しなければならない。……干渉について語るならば，主権が存在することを示唆することになる」(1995年:128頁)とウェーバーは主張する。主権は，このように提起すると，財産の原則とのアナロジーで所有権を安定化させ，それによって効果的な国際社会の基層的条件の1つを提供することになる（ヴィンセント，1974年）。要するに，主権は対内・対外2つの顔を持つ存在であるばかりか，国家そのものでもある。主権は，象徴的な戦場――それをめぐって研究者と実務家は国際関係論の真髄を求めて戦ってきたのだが――である。国際関係論は，理論的フィールドについて語るとともに，主権の実際上の不便さをどのようにしたら一番効果的に和らげることができるかを処方するものである。

　しかしながら，主権をめぐる論争は，対内的領域と対外的領域の間のグレート・ディヴァイドについて徹底的には議論し尽くしていない。複雑さを覆うかのように，グレート・ディヴァイドは形式主義的見解と実質的見解の間の主張，即ちもう1人の研究者が「国家の権威」と「国家による統制」の間の区別と名づけたものに必死に反対する（トンプソン，1995年:214頁）。国家の権威は，主権を国家承認によって賦与された地位と描き，主権者が独立して自律的に行動する能力についての前提を設けることなく，主権を時間の変化によっても本質的に不変なものとみなすのである。国家による統制は，政治的能力と法的形式性を明確に区別し，能力を歴史的に変化するものとして考える実質的能力を強調する傾向がある。主権概念は，主権者は統治機能を遂行する能力を保有しているという明らかな期待を担っていないが，主権概念は主権者が他国からの不法な妨害無しに済ます権利を持つものとして承認されていると断言している，ということに留意することは重要である（アクスフォード，1995年:136-7頁）。このように要約すると，我々は両方の使い方に注目するようになる。

　このように主権についての議論は，2つのレヴェルで進行し，その結果しば

しば混乱が生まれるのである。例えば，相互依存関係は，徐々に主権を侵食するという広く共有された認識がある。相互依存関係の結果として，主権が侵食されることについての議論の中には，定義を理由に反論されるものもある。相互依存関係は，主権を制限するものかもしれないが，法的に主権を保有していることを問題視することはできない。相互依存関係は，効果的な統制を制限するかもしれないが，効果的統制の基礎となっている権威を制限するものではない，ということをこのことは意味しているのである（M. ウィリアムズ，1996年：113-14頁）。これはトムソンの論点であり，相互依存論の理論家は，国家による統制の減退を考えているが，相互依存関係を両面で主権を侵食するのと同然のように扱っている。

　国家が相互依存的世界で自律的な経済権，人権，環境政策を追求できるかどうかではなく，抽象的な政治的権威が依拠している強制的な管理機能を独占しようとする国家に承認されている主張に相互依存関係が影響を与えるのかどうか，与えるとしたらどのようにしてか，というのがボトム・ラインである（1995年：230頁）。

この区別によると，個別分野における国家の権能は減退するかもしれないが，一方，全体的形態は不変であることになる。統制は変化するが，国家のアイデンティティは権威に根付いており，不変である。主権は，形式条件としては絶対的なものであるという主張が，この区別に表れている。主権の度合いというものはありえないし，主権は徐々に侵食されるものでもない。主権は存在しているか，存在していないかのどちらかである。アナーキーは主権によって生み出されるので，同じことがアナーキーについてもいえなければならない。部分的に緩和できるのは，状態ではないのである。それとは対照的に，それが「効果的な政治的統制」を意味するものと理解する，主権解明のアプローチは，時間の経過とともに国家の機能が侵食するという考え，あるいは機能的分野にかかわらず国家の機能の度合いが変化するという考えを，直ちに受け入れる。同じ理由で，アナーキー——効果的な国家統制の副作用と見られる——は，徐々に修正できる状態である。もちろんアナーキーが緩和することができる状態であるかどうかは，ネオ・リアリストとネオ・リベラリストの間の論争

の中心的争点であり，この2つの立場の違いはその特殊な論争でもおなじみのものである。しかしそのような意味のわずかな違いは，現在の文脈では同じように重要である。主権とグローバリゼーションの間の関係についての実質的な議論を展開する場合，このニュアンスの違いは重大である。不幸にも，この種のはっきりした区別は必ずしも尊重されないのである。「主権についての定義は，ますます政治経済を考慮に入れなければならなくなった」(ヤング，1997年：128頁）と，十分に考慮することなく主張するグローバリゼーションの理論家がいる時，それは主権の形式ではなく実態に言及したものだと推測する者もいる。しかし推測しかできないのである。

　伝統的な理解に従えば，主権は対内的領域と対外的領域の間に境界を作り出すだけでなく，2つの領域それぞれに独自の特徴を賦与していることになる。主権は，両者の間に単に境界線を引くのではなく，境界そのものを作り出すとなぜいえるのか。それぞれ独自の性質は，区画された政治的空間によって生み出されると説明することによって，主権は，主権の及ばないカテゴリー，即ち主権の特性を享受しない領域を生み出すのだ，というのがその理由である。この2つの間の区別は，このようにして政治分析の根本的な二分法となっている。「政策決定のための階層的中心に焦点を当てる政治のための，同質的で，はっきりした境界のある合理的な秩序を，主権は意味するものであり，そこでアナーキーは，主権に包摂されずに残った部分と定義される」(1988年：238頁）とアシュレーは書いている。このようにアナーキーとは，主権の欠如状態——負の性質を持った——である。アシュレーの言葉によれば，アナーキーは，「主権の中心が統制を行うための影響力を及ぼしていない扱いにくい分野である」(1988年：230頁）。

　アナーキーという状態を確立したのは国際関係ではなく，逆に国際関係を生み出したのがアナーキーなのである。アナーキーは，主権という切り開かれることになった諸島が，以前にあった状態の結果生まれたものである。ここでの前提は，主権は，国際的領域に先行して存在し，国際関係を生み出す，ということである。「国際関係が，主権の意味を，先行した明確な境界のある存在と

しての国内社会を承認するという相関関係として理解している」ということにアシュレーが注目した時，彼の議論の要旨は主権が国際関係を生み出すということである。アシュレーがこの知的手続きを問題にすることは正しいことである。主権は，どのような意味で，このように国際的領域に先行しうるのか。主権は，アナーキーの中で，どのような意味を持ちうるのか。もし主権が承認を必要とするなら，我々は，国際的領域だけが提供できる社会的文脈を持ち込まなければならないことは明らかである。これは，マーチン・ワイトの印象深い観察であった。「各国は，自ら主権を主張しながら，他の全ての国々が自国の主権を主張し，享受する権利を保有しているということを認めないなら，主権国家からなる社会を実現することは不可能であろう」（ワイト，1977年：135頁）。このような枠組みの中では，主権は国際的領域に先行し，国際的領域を生み出すという主張はますます疑わしくなっている。

　主権のそのような二重の意味を持つ概念と，グローバリゼーション理論に及ぼす影響によって想定される，意味のない対立するカテゴリーが問題にされなければならないのは，このためである。他にも同じような不安を声にする者がいる。政治と国家を形成する場合の，対内的な社会的，文化的，経済的条件の重要性を強調し過ぎる傾向を含む様々な根拠に基づいて，対内的領域と対外的領域の間のディヴァイドについて，カミレリーとフォークは疑義を表明している（1992年：37頁）。従って，主権は，対内的領域から100%発生した国内的特徴を持つものではない。同様に，主権は，他国による承認によって発生した「外的」次元を持つものである。

　従って，多くの修正主義的立場が発展してきたが，それは様々な方向から発展してきたのである。「国際的」現象が，国家の「国内的」秩序に対する主権の効率性を損ねるばかりでなく，この国内，国際という区別それ自体が最初から問題視される，ということが，現在の議論が共有している統合された論理である。この主張をする3つの立場——そのそれぞれは起源と重要性に関して若干違いがあるが——は，問題を明らかにする枠組みとしてこの段階で提起する。全体的に見ると，これら3つの立場は，グローバリゼーションが進行し

ている状況の中での主権について，重要な考え方を提起している。

　第1は，政治的領域と経済的領域の間の複雑な相互関係を扱う試みである。おそらく特有の政治的論理として，主権は広い経済的システムの文脈の中では分離できる，という考えを第1の立場は問題にしている。伝統的に，主権とグローバリゼーションは，本来的に対立的であると見られてきた。主権は国内・国外の区別をして，それを強化していき，一方，グローバリゼーションは統合し，連結する。しかし，これが分析方法としていかに便利であっても，両者が現実には分離できない論理であることは否定できない。「主権と労働分業は，単に対立する原則であるばかりでなく，単一の政治経済秩序――『埋め込まれたリベラリズム』がいうところの国際社会――の要素でもある」（イナヤトゥラー，ブラニー，1995年：14頁）と主張されてきた。このように，政治的分野と経済的分野の間に仮定される対立は，国際的領域と国内的領域の間の境界線それ自体が侵食されている限り，弱まっていくのである。経済的論理と同様に政治的論理も，国境を横断し，超越するのである。もしそうなら，グローバリゼーションと主権が共存する可能性は，現在思われている以上に大きいと言わざるを得ない。

　アシュレーの主張が第2の立場であり，ある種の言説を排除する効果を強調する。政治生活の全ての面には不確実性と相違性の分野が存在すること，そして主権の領域とアナーキーの領域の間に横たわる大きな断層を強化するために，不確実性，相違性のいくつかは無視される，というのがアシュレーの不満である。こうしてグレート・ディヴァイドそのものを永続させるために，いくつか省略される要素が生まれる。全ての場所と時間の中で見られるかもしれない相違性，不連続性，紛争は，「アイデンティティとして理解される国内社会の領域と，曖昧で不確実で危険なものとして理解されるアナーキーな領域の間の絶対的な相違に転換されねばならない」（アシュレー，1988年：256-7頁）とアシュレーは書いている。これは，知的カテゴリーと言葉の使い方についての論争である。とりわけ，それは，国内的領域と国際的領域の間の区別を絶対視し，その結果，それぞれの政治的特徴を絶対視することを否定する試みである

(ウォーカー，1990年及び1993年)。そのようなアプローチは，原則的には，そのアプローチが実際にそうすることに成功するかどうかにかかわらず，グローバリゼーションと主権が重なり合うグレーゾーンを調整できるのである。

　第3の立場は，明らかに構成主義的な形をとる。主権は，ある意味で「社会が成立する前の」状態の財産であり，それ故，国際関係という宇宙が創造される時の「ビッグ・バン」に先行して生じたものであるという論理を否定して，構成主義的立場は，主権の対内的，対外的側面の相互関係を注目するものである。この観点から，対内的・対外的領域の双方が構成される性格を有するという広いテーマを具体的に説明する手段として，主権が使われる。社会が形成される前の状態の独占的な財産である主権を，主権が承認され社会的に付与される国際システムに割り当てるというより，「主権と国際システムは，実際には相互構成的であるが，それ以上に簡単な使い方はない」と主張される(ウェント，フリードハイム，1996年：247頁)。この第3の立場では，主権を国家のアイデンティティの普遍的源泉とみなす場合もあるが，一方，主権は国家のアイデンティティの正確な内容に関して順応性があることも認めている。そこでグローバリゼーションは，国家のアイデンティティに対する外発的な脅威というよりも，国家のアイデンティティの現代的な位相とみなせるのである。

　これら3つの立場の違いにもかかわらず，これらはグレート・ディヴァイドを和らげるか克服しようとする議論を提起している。これら3つの立場は，それぞれ次のような考えに挑戦している。第1の立場は，国家は広い経済的潮流と関係なく政治的に定義できるという考えに挑戦している。第2の立場は，唯一の重要な区別は，国際的領域と国内的領域の間にあるという考えに挑戦している。第3の立場は，主権は国家又はシステムの属性として個別に理解できるという考えに挑戦している。全体的に見ると，これら3つの立場は，主権についての代替的で，精緻化した考え方を示している。こうした議論の重要性は，主権とグローバリゼーションの相互の関係の本質を明らかにする次の検討の中で役に立つことになる。

2．主権とグローバリゼーション

　グローバリゼーションと主権の関係はどういうものか。グローバリゼーションは，まさにその本質から，主権を否定するものなのか，それとも両者は平和裏に共存できるものなのか。すでに検討したように，両者はゼロ・サム的状況に閉じ込められたものとして通常は描かれるのである。しかしながら，この描写は皮相な解釈でしかない。この描写は，両者の関係における理論的，歴史的な説明をしていない。

　初めは奇妙に見えるかもしれないが，グローバリゼーションは，グローバリゼーションを展開していく実生活における政治的インフラとしてばかりでなく，概念的にも，主権を必要としていることを示す力がある。主権は我々が世界を描く方法の意味ある一部ではないなら，我々はグローバリゼーションのような概念を必要としないだろう。主権が知的考察の対象である限り，グローバリゼーションは我々の関心を引き付ける。この視点からすると，明確ではないにしても，<u>グローバリゼーションというものの見方は，本質的に主権という概念に依存しているのである</u>（下線部，訳者）。グローバリゼーションと主権がゼロ・サム的状況で関連しているという議論は，歴史的記録を覚えている場合には大変誤解を生むものである。何か1つの政治的慣行が19世紀にグローバル化したとするならば，それは確実に主権という政治的慣行である，というのがこの理由である。あちこちで主張されてきたように，「20世紀の最も顕著な特徴の1つは，独立した，あるいは主権を持った国家のグローバリゼーションである」（ジャクソン，ジェームズ，1993年b：3頁）。主権は数において拡大——現在おおよそ200の「主権国家」が存在する——ばかりでなく，地理的にも増殖してきた。帝国主義的膨張と脱植民地化の結果として，主権で覆われた地域は，今や地球上の広大な領域を占めている。主権とグローバリゼーションの進展に対し「ポジティヴ・サム」的側面もあることは明らかである。

　そこでちょっとでも考えてみると，我々は主権とグローバリゼーションの間

の対話がいかに微妙で相互作用があるかが分かるのである。にもかかわらず、主権はグローバリゼーションの結果として大規模に強化されてきたが、主権はまたグローバリゼーションによって異議を唱えられている。グローバリゼーションに関する文献で繰り返される主張は、主権の形態はおそらく変化しつつあり、最悪の場合、グローバリゼーションの加速的な速度によって全面的に侵食されている、というものである。確かに、いくつかの説明によると、グローバリゼーションという概念それ自体が理解されるのは、変化しつつある主権概念に基づいている。主権の変化しつつある行使により、グローバリゼーションが発生していることを我々は知っている。その結果、次のような議論が展開されることになる。「領域国家は当面の間、影響力のある制度として引き続き機能するであろうが、主権が存在するか否かは領域国家の構造あるいは行動様式の典型的な特徴であろう」(カミレリー、フォーク、1992年:254頁)。「所与の政治的国境が、社会生活のダイナミクスを説明したり定義したりできないように見える」限りにおいて、「主権という概念やその行使は、グローバリゼーションによってますます侵食されていると言われている」という広く共有されている印象を述べている研究者もいる(イナヤトゥラー、ブラニー、1995年:3頁)。主権はグローバリゼーションによって以前よりも広がってはいるが、同時にグローバリゼーションの大きな魅力に屈服する危険もある、というこの逆説によって我々は何を提起できるのか。

　グローバル経済の侵食により、国家が個別の国民経済を計画したり制御したりする能力が低下するので、グローバリゼーションによって毀損されるのは——実質的な能力あるいは統制という意味において——主権である、まず最初にといえるかもしれない。グローバル資本主義システムを重視する研究者が必死になって主張してきたように、国家の自律性に対するそのような制約は、ある程度今までも常にあったことである。このことは「グローバルな労働分業と絡み合う時、主権は何を意味するのか」という疑問を繰り返し提起してきた(イナヤトゥラー、ブラニー、1995年:16頁)。ぶっきらぼうに言えば、世界経済における「脆弱な」国家について通常言われてきたことは、グローバリゼーショ

ンの時代には全ての国家に当てはまる可能性がある。ジャクソンの言葉を使えば,「擬似国家」(1990年a)といえる国家もあるという見方は,(今や)普遍的な規範となっていると考えられる。「特に第3世界の国家にとって,グローバルな資本主義労働分業の周辺的役割と結びついた主権の正式な承認は,結果的に主権を実質的に行使することができないことになる」(イナヤトゥラー,ブラニー,1995年:17頁)と主張されてきた。しかし,この見解は現在,第3世界の国家にだけ当てはまるのだろうか。

その答えの一部として,グローバリゼーションは,主権の「正式な承認」あるいは「権威」という概念に対して意味を持つものである,ということが示されるであろう。事実,多くの点で,グローバリゼーションのインパクトが大きいのは,この分野である。グローバリゼーションは,国家の自国の問題を管理する能力という点で,主権が減退していることについてだけ議論されるのではない。<u>より根本的に,グローバリゼーションは,国家そのものの再構築と同時に,主権の再構成について問題を提起している</u>(下線部,訳者)。主権に起こっていることは,国家が現在体験している変容のシャドー・プレイ(影絵芝居)である。そこで,主権概念と国家概念の間に二重の関連性ばかりか,国家,主権,グローバリゼーションの間に三角関係があることを我々は示すことになる。これら三者は,必然的に,同時並行的に動くことになる。

それではグローバリゼーションは,主権に対しどういう影響を与えていると信じられているのか。グローバリゼーションの効果と相互依存関係のインパクトを区別する試みから始めるのがベストである。グローバリゼーションの結果は,相互依存関係から生まれる結果と明確に異なっていなければならないと主張する点で,ウィリアムズは完全に正しい。<u>相互依存関係は自律性としての主権と直接衝突するが,グローバリゼーションは,その上に,正式な権威としての主権概念を不安定化するという事実の中に,両者の違いが存在すると仮定できよう。グローバリゼーションが主権概念を不安定化する限りにおいて,国家のアイデンティティを明確に侵食するのである</u>(下線部,訳者)。グローバリゼーションは相互依存関係とは異なるばかりでなく,「主権と自律性の間の区

別を言い直し，国家と共同体の間で起こる紛争において（それを解決するための）権威の究極の源泉を突き止める必要性を再確認し，主権が憲法上の独立を意味するのだという主張に回帰することを通じては，遭遇できない主権に対し，グローバリゼーションは挑戦しているのである」(M. ウィリアムズ，1996 年：119 頁)。このように，グローバリゼーションは主権という伝統的な概念上の障害物に対してはるかに根本的な攻撃を仕掛けているように見えるのである。グローバリゼーションは，主権の国内的，国際的表現における変化を引き起こし，権威と統制という要素の間の再調整を新たに生み出すので，グローバリゼーションは主権への攻撃なのである。

　こうした理由によって，グローバリゼーションが主権に影響を与えるという主張への反論は，相互依存関係に関連して使われる主張と同じ形はとらない。そこで，相互依存関係は主権を毀損したことはないことを具体的に示すために使われる議論は，グローバリゼーションの効果を包含するために拡張して使うことはできない。相互依存関係から拡張した議論，とりわけトムソンとクラズナー（1989 年）によって提起された議論には多くの反論がある。この議論を逆転させ，相互依存関係は主権を脅かしているというよりもむしろ主権を必要としていると主張することによって，相互依存関係のための主張に彼らは反論している。財産権を安定させてきたのは，主権によって囲まれた国家であり，主権こそは，国際的な財と資本のフローの**必須条件**である。この論法によると，「主権の強化は，国際的な経済取引のための不可欠な条件である」(1989 年：197-8 頁)。このことに基づいて彼らは，相互依存関係は，自らを持続可能にするために主権体制を引き続き必要とするので，大きな構造変動――主権体制にとっての――が下から起こる（1989 年：216 頁）可能性を否定する。ほかのところでクラズナーは，同じ中心的議論を詳しく繰り返している。「歴史的記録は，相互依存関係が国家の効果的な統制を脅かすという伝統的な概念が示す以上にはるかに複雑である。むしろ国家による統制は，実際に長期的には強化され，**実質的**な主権は弱まるというより強化されたのだ」と彼は主張する（1993 年：314 頁, 318 頁)。

本章で展開されている議論がもし有効ならば，即ちグローバリゼーションが主権の形式的，実質的概念の両方にインパクトを与えるならば，「それ故，相互依存関係によって提起された基本的問題は，法的主権が何らかのものによって取って代わられるかどうかではなく，法的主権が空洞になったかどうかである」(1993年：301-2頁)と結論づけているクラズナーによって提起された線とは異なる線に沿って，(グローバリゼーションと主権との関係をめぐる)問題の検討がなされなければならない。その結果，主権の「統制」という次元だけが変化するのであって，「権威」と結びついた根本的なアイデンティティが変化するのではない。権威は空洞化するかもしれないが，そうでなければ発展していく可能性はない。これが相互依存関係に伴うことならば，グローバリゼーションによってもたらされる課題は異なったもので，もっと根本的なものである。この課題によって，我々はクラズナーの分析が認めているように思えるよりももっと綿密に，主権の実質的，形式的側面の間の相互関係を観察しなければならない。

それで，グローバリゼーションに関連した事例とはどういうことなのか。議論は，権威，領域性，アイデンティティに関連した3組の分析が重なり合う点をめぐって展開する。「新しい権威のパタンがこのプロセスで出現したかあるいは発生しつつある」ことが具体的に証明されなければ，増大する取引はそれ自体では主権に対して問題を提起することはない，という意味で，ウィリアムズはグローバリゼーションを，相互依存関係あるいは統合の効果とは異なるものとみなしている (M. ウィリアムズ, 1996年：115頁)。形態が変化しつつある国家権能は新しい権威のネットワークを生み出し，国家権能と権威は新しい国家のアイデンティティの出現と結びついているという可能性を，この体系的説明は認めたものである。このようにグローバリゼーションは，増大する取引だけとは異なり，権威という問題に関わる可能性を持っているので，主権にとって重要と考えられる。

他のところで，広く行き渡っている評論のテーマは，グローバリゼーションは，領域性についての重要なイシュを提起しているので，主権を問題視してい

る, というものである。「政策決定と決定の結果が主権者の意志による選択と一致せず, それらが作動する国境によって封じ込められていない」ような新しい状況として, グローバリゼーションによる不安的化効果は描かれてきたというのが, その一例である (カミレリー, フォーク : 1992 年 : 77 頁)。「グローバリゼーションは, 国家が国境を維持し, 主権を行使する能力を侵食してきた」(ショルテ, 1996 年 b : 61 頁) という同じような主張の中でも, また「グローバリゼーションは, 時空の異なる結びつきを示してきた。権威の構造はもはや, 領域的アクターに固定される必要はない」(M. ウィリアムズ, 1996 年 : 117-18 頁) という見解の中でも, この指摘は繰り返されている。

　最後に, その時空の結びつきはアイデンティティにも適用される。カミレリとフォークによると, 集団や個人にとって主権から自律性への動きがあり, 「自律性, その結果として, アイデンティティと共同体についての再定義は, 新しい社会契約——そこでは絶対的権威は生まれず, 時空によって厳密な国境も打ち立てられない (1992 年 : 232 頁)——を暗示している」。実際に, このことが意味するのは, 国家とは分離した主権について考察する試みである。「もし我々が主権を首尾一貫したものとして定義するなら, 我々は主権を国家から切り離す必要がある」というのが, 1 つの言い訳である (ホフマン, 1997 年 : 23 頁)。主権を国家から切り離す手段は, 広範な社会的アクターのアイデンティティが変化——それには国家のアイデンティティそのものが変化することも含むが——することでなければならない。このように見ると, 国家のアイデンティティ——主権に関連したアイデンティティも含む——の重要な変化は, グローバリゼーションのプロセスの不可欠な部分として考えられるべきであって, グローバリゼーションの偶然の結果として見られるべきではない。国際関係理論にとって, こうした議論の意味ばかりか, 議論の影響力を, ここでやっと詳しく検討することができるようになる。

3．主権の構築

「コンストラクティヴィズムは，グローバル政治における国家のアイデンティティと国家行動にとって重要な，国内の社会，文化，政治についての特徴を見出すための有望なアプローチを提供する」というのが，コンストラクティヴィズム一般の主張である（ホッフ，1998年：194-5頁）。もしそうなら，コンストラクティヴィズムによって我々はどのようにして主権というイシュについて，今までとは違った見方をすることができるのか。主権は「構成的原理」であり，そのようなものとして国家と国家システムが共同して構築する現象を反映している，というのがその中心的主張である（オヌフ，1991年：430-1頁）。この現在進行中のプロセスの主たる意味は，国家は自身の行動を修正するばかりか，アイデンティティも修正するというものである（ウェント，1996年：55頁）。これは主権にとって何を意味するのか。

本分析の出発点は，主権自体が構築され適用されるものだという考えであるべきだ。国際関係理論の伝統的アプローチの欠点は，「主権を，時間とともに変化しうる何かとしてではなく，所与のものとして理解する」（バーキン，1998年：231頁）傾向がある。ひとたびこの新しい動きが始まると，グローバリゼーションと主権は，全く対立する言葉として扱う必要がなくなる。特に人権に関する行動・慣行が変化することに関して主張されてきたことは，今までよりも広い理論的重要性を帯びることになる。この種の新しい形態が出現しても，それは「主権に対する制約も主権の衰退の兆候でもなく，むしろ主権が意味するものが進化したことを表現している」と言われて来た（バーキン，1998年：230頁）。グローバリゼーションによって，主権は対内的次元と対外的次元の間での連関という異なった状態を反映する再調整のプロセスを体験しているのである。ここで採用されるアプローチは，外部から国家の能力を侵食するものとしてグローバリゼーションを捉えずに，現在起こっている主権の実質的な再構築を理解するために，この再調整を検討するのである。この再調整は，外部から

の抵抗し難い力に対し国家が無力にも退場する結果としてばかりか，内部から国家を再定義することに対応して，起こっているのである。そのような見解は，「国家退場」によって引き起こされた見解よりも穏やかな主張でもあり，主権自体の歴史性をより現実的に評価するものでもある。

　主権の社会的，歴史的構成についての主張は，今や文献の中ではかなり陳腐なものとなっている。「相互承認という行為は，国家が互いを別個で異なるものとして扱う条件を作るのに必要である」というのが，その代表的説明である。その結果，「結果から見ると社会的なものとして，主権国家の社会創造は，諸国家の相互構成を含む，本来的に社会的プロセスである」（イナヤトゥラー，ブラニー，1995年：12頁）。ここでの引用は抽象的言葉でこの点を表現しているが，ウェーバーはこの点に実質的な内容を与えている。彼女は干渉という特定の問題を取り上げ，主権と干渉が接触することによって，時間の経過によって変化する国家の諸要素が描き出されると主張する。「だが，理論家としての我々は，実際に生み出される権威関係の観点から主権国家について考え，そこで主権と干渉の言説が交差するために，我々は主権国家が実際にはどのように構成されるかについて説明するのに時間をとることになる」（1995年：11頁）と彼女は主張する。

　一般的に，主権というものがこのように発生して発展してきたとするならば，主権が今やグローバリゼーションとの関わり合いの一部として再構成されつつあるという議論に特に異論はないはずである。焦点は，この再構成されつつある主権が採りつつある実質的な形態に移りつつある。主権は侵食されているとか，過剰になったとかというよりもむしろ，変容しているのかもしれないと認めようとする見解が文献の中に出てきている。しかしながら，この変容の程度あるいは実際の意味についての合意は少ない。

　カミレリーとフォークは，少なくとも主権の形式的な概念という観点で，主権の妥当性が今後も持続するかどうかを問題視しているようである。グローバリゼーションにより透過性の高まった世界に直面して，主権の完全無欠性を維持しようとする試みに，彼ら2人は懐疑的である。彼らは，形態が実質に表

面的に勝利したのであって、ほとんど変化していないという口実を却下している。「主権の仮説的な絶対性は、このように保持されるが、政治過程の内容、構造、歴史から主権を効果的に孤立させることによって、保持されるのである」(1992年:240頁)。これは、主権を再構成する試みに向かうというよりも、分析のための手段としての主権の放棄に向かうように見える。それは、国家の能力の変化に対応して、主権の形式性に順応することを認めてはいない。このため、それは、権威としての主権の静的なイメージを提起しているのである。

　同じことがクラズナーの立場についてもいえるが、彼にとってこれは主権の適切性の証拠であって、主権を放棄する理由にはならない。相互依存関係から与えられた証拠によってすでに説得されなかったので、彼は自分の主張の根拠を継続性と変化の結びつき——主権の実質的要素は変化するが、主権の法律上の要素には継続性があるのだが——に置いている。これはすでに検討した形式と実質の区別を再生するものである。「だが、実質的主権の特定の要素に順応性があるならば、根本的に変化しつつある技術、軍事能力、アクター、そして力の配分をめぐる環境について、400年以上の間、法律的主権は生き残こることができたであろう」(クラズナー、1993年:319頁)。主権の一側面の持つ強靭な粘り強さは、このようにして、他の側面が変容する能力に左右されるのである。

　適応と変動という観点からこの問題を提起することに満足する者もいる。主権に基づく主張は、それが行使される領域が変化するように、時間によって変化し得るし、実際に変化するものである。ネオ・リアリストが主権は一定不変であると主張するのに対し、主権が変化する事実を受け入れる傾向が強まってきた。時には国家統制主義的原則に依拠しながらも、国家主義的正統性を要求することもあったので、「主権原則は固定的でも一定不変でもない」ことを認める者もいる（バーキン、クローニン、1994年:108頁）。主権の行使に当たっては、機能的な変化に注意を引く者もいる（イナヤトゥラー、ブレニー、1995年:20頁）。「グローバリゼーションの結果として主権が侵食されているというよりも、主権は変容しているのだ。グローバリゼーションには多くの現象が見られ

るが，それが集中的に現れる場は，過去20年間に変化してきた」(1996年a:30頁)とサッセンは直接的に主張する。

　そのような変容の指標は何であろうか。この指標は，上で述べた新しいアイデンティティや領域性とは関係の薄い活動に主として見られるが，今までの所，こうした指標が総体として新しい型の権威になっているかどうかは，真剣に議論されるべきことである。それにもかかわらず，国家のアイデンティティの本質には探知可能な変化があり，変化があるという判断は十分裏づけがとれると，文献は確信している。国家は歴史の長きに渡って領域性と主要な機能——経済，政治，安全保障——の間に密接な関連を生み出してきたが，今やこの関連は以前よりも希薄になり，もはやこうした機能を効果的に果たすには必要なものではない。経済的には，一般的に議論されているように，領域国家にとっての主要な必要性は，財産権——それがなければ，経済活動は極めて制約されるであろう——のための法的構造を提供することである（カミレリー，フォーク，1992年:25頁)。

　グローバリゼーションが進行している状況で，領域性とこうした他の機能の間の関連性を維持していくことは，今まで以上に問題となり，多分，場合によっては不必要となる。国家の法体制という下位構造が，グローバル経済発展のためにずっと不可欠なものである間は，主権は動揺するものの例外として許されるための再定義を経験しているのかもしれない。この1つの事例が，域外管轄権である。グローバリゼーションについての文献で国家権能の侵食としてしばしば描かれるものは，実際には「構成的」例外が主権にも拡張されたものとしてみなされるかもしれない。サッセンの解釈によると，新しい形態の経済規制は国家の終焉の前兆となるものではなく，治外法権という由緒ある慣行が広く行き渡った事例でしかない（1996年a:13頁)。治外法権は，国家システムの必要な一部として発展してきたのであり，主権とは十分に両立するものである。この治外法権の範囲が，最近広がってきたというだけである。国家の様々な機能を遂行するための要件が変化しているのに対応するために，また国家を取り巻くグローバルなネットワークと技術に対応して新しいシステムが登

場してきているのである。

　国家が一定の主要な機能を果たす能力という観点からすると，国家のアイデンティティは，もはや領域とそれほど緊密に結びついてはいないという一般的な主張を意味するに過ぎない。そのような見解は，広く抱かれている。「グローバリゼーションは，『グローバルな』関係が場所とは関係なくなった」結果として，「グローバルな空間の第4次元が導入され，拡大していることについてのものである」とショルテは観察しているが，そのように見るのは彼一人ではない（1996年b:43-4頁）。前にも議論したように，このイシュの組み立て方には問題があるのである。しかしながら，主権がもはやこの次元には適切でないのか，主権は新しい独特の方法でこの次元を管理するために再構成されつつあるのか，ということがその意味することであるに違いない。主権は再構成されつつあるというのは，説得力のある説明であり，主権の終焉という理論には同意していない。「主権と領域……が，国際システムの中心的特徴であることに変わりはない」事態の展開を，その1つとみなすことは好ましいことかもしれない（サッセン, 1996年b:28頁）。「しかしそれらの特徴は再構成され，国家の域外や国家の領域枠組みの外の制度的領域に，部分的にではあるが追いやられてきた」（サッセン, 1996年a:28頁）。そのような解釈は，最近の傾向とかなり密接に一致するように思えるし，主権の歴史的役割に敏感である。

　冷戦後の国家にとって，正統性の基礎としての領域性の意義が減少しつつあることについての一般的な主張と，この議論は本質的に似ている。「冷戦後世界の国家は，一定の領域との関係では正統性を与えられなくなり，その市民の政治的権利を保証する能力によって正統性を与えられるのである」とバーキンは書いている（1998年:249頁）。これは，市民の権利そのものがどのように変化しているかを我々に伝えるものではなく（本書第7章を参照のこと），少なくともそれは，国内・国際領域のいずれかが単独でというよりも，今まではおそらく個別であった国内的・国際的領域の間の関係が変化しているという点で，主権の正統性を繋ぎ止めているのである。

　世界政治で起こっている，重大な，だが相変わらずよく分からない変容を理

第**4**章　主権国家　143

論的に理解するためらいがちな試みが，上で述べたことである。

4．主権，グローバリゼーション，国際関係理論

　広く行き渡ったグレート・ディヴァイドの影響の下で，グローバリゼーションは，主権とは異なり，本質的に主権には対立する力としていつものように検討されてきた。20世紀終わりの国際関係論のほとんどの文献の暗黙のテーマは，これら2つ，即ち主権とグローバリゼーションの矛盾した力の間で発生している不吉な闘争であり，我々は個人的好みに従って，どちらか1つを支持するのである。

　しかしながら，もしグローバリゼーションが本書で提起されたように考えられるならば，そのような分析は，真剣な考察に耐えることはできない。それは自己矛盾に陥る。主権は外部から構成され，グローバリゼーションは，同じように内部からの変化を反映したものなら，グローバリゼーションの巨大な襲撃に対抗して国内を守る保護者として主権を表現することは，大きな誤解に違いない。グローバリゼーションと主権は，矛盾し合う力というよりも，実質的には互いに影響し合いながら発展する現象である，ということが本書で展開される代替モデルである。国内的・国際的領域の変化していく要素と，その結果生じる両者の間の政治的圧力のバランスによって生まれる国家の変化のプロセスを描くのが，この互いに影響し合いながら発展する現象である（下線部，訳者）。このプロセスが実質的に同じプロセスの側面であるなら，主権とグローバリゼーションのうちの1つは，他方を否定する効果を持つものとしては明らかに考えられない。グローバリゼーションは，主権から離れている外部的存在ではなくて，主権が経験している変化を表現する別の方法なのである。両者は，主体でも客体でもなく，同じ変容現象を表現する代替的な2つの側面なのである（下線部，訳者）。

　もしこの主張が一般的に受け入れられるなら，国際関係理論の中の特定のイシュにとっての意義は何なのか。グローバリゼーション概念の雛形は，主権の

3つの次元に適用できる。現実の「善」のタイプと,それが生み出される方法,善とアナーキーとの関係,グローバリゼーションに「対抗する諸力」における善の役割,である。

　本章の議論は,国家が主権を生産するという概念をめぐって展開してきたし,グローバリゼーションの中で,主権が効力を持ち続けるのに十分に競争的かどうかをめぐって展開してきた。主権は2つのタイプの善——1つは形式的な能力を規定し,もう1つは実際の能力を表現する——を形成するものとしてしばしばみなされることを,分析のために,前の方の章で指摘した。グローバリゼーションに関する文献は,国家がこうした形態の主権のいづれかを生産する能力を問題にしてきた。しかしグローバリゼーションが,減退させると言われるのはどんな種類の主権なのだろうか。

　安全保障や経済運営のように,他の財やサーヴィスの提供以上にそうであるので,国家による主権の生産は,自己創造についてのものである。これは形式的主権と実質的主権の間の区別に関しての現実の重要性である。もし実質的主権が,ポーカー・ゲームで使われる手であるなら,形式的主権は,ポーカー・ゲームで実際に展開されるゲームそのものである。主権の変化は,国家の能力を増大させたり減少させたりすることによって国家が扱われる手の力を単に変えることはなく,その変化は主権というゲームそのものの変更を意味するのである。統治者として国家は,対抗的な対内的,対外的圧力に対応するため,伝統的能力を放棄し,新しい能力を獲得することによって自己改造しようとする。国家はまた,他の国際的組織やトランスナショナルな組織に,国家の機能を委任する。今まで明確に説明してきたように,「個々の国家の主権の侵食は,単に国家の侵食を意味しない。主権は国家機関に本来的に備わっている特徴ではなく,国家が保有するかもしれない1つの社会的アイデンティティなのである」(ウェント,1996年:61頁)。

　主権の形式的次元における変容は,このように,国家の実質的な能力は減退してきたという誤った印象を与える。しかしながら,国家退場論のような議論に対抗して,主権の減退は,しばしば強制的退場の結果同様に,自主的退場の

結果でもある，ということは理解されなければならない。「国家に対して名目的な関係しか持っていない組織によって果たされるべき主要な責任を近代国家が引き受けている複合的な任務を，何ものも阻止しえない」というのが1つの見方である（オヌフ，1991年：441頁）。例えば（国家機能の）移転が起こる程度が論争の的であるとしても，資本主義的生産にとって必要な制度的構造を提供することは，主にそのような移転のプロセスにある機能の1つである（ウェント，1996年：60頁）。国家は，委任によって，またそのような機能の移転に正統性を与えることによって，主権を行使するのである（ハースト，トンプソン，1996年：190頁）。こうした動きは，国家の適切な機能は何であるべきかという国家の自己イメージを反映し，このイメージが時間とともに変化してきた様子を示している。国家はある領域では，あまり行動しない，そしてこうした領域が以前の高潮標識と比較されると，国家能力のレヴェルではかなり大きい落ち込みがあったように見える。しかしこの落ち込みは，外部からの影響ばかりか内部からの影響によってもたらされている。検討されるべき主要な問題は，「経済分野における国家の権威と統制が，他の分野における国家の権威と統制の強化に左右されるかもしれない度合い」である（トンプソン，1995年：224頁）。

　能力としての主権が変化することは，主権の形式が変化することに現れることになる。「国家が権力を割譲する時でさえ，国家が新しい役割を獲得する」（ハースト，トンプソン，1996年：190頁），ということが事実なら，政治的統制と政治的権威の間にも，能力と形式の間にもダイナミックな関係がある。変化するバランスは，どの時点でも，国家の状態を表しているのである。

　同じことが主権とアナーキーの関係にも認められる。すでに認識されていることだが，これら2つの言葉は一般的には対立するものとみなされ，相互否定によって定義されがちである。それに代わって，2つの言葉は，お互いに相互作用し，お互いを新たに作り直す能力を持った，広くて進化していくカテゴリーと理解されるべきである。

　これは伝統的イメージではない。通常，主権は国家の限定された空間の中に存在するものと考えられている。アナーキーは，これとは対照的に国家間の所

有権の設定されていない空間に付きまとうものと考えられている。主権が国家を構成し，主権がないことによってアナーキーは主権の残留物となる。事実，主権とアナーキーは，空間的には分離した別個の領域——これら2つが出会う場所のない——として提起される。しかしこれは誤解である。<u>実際には，ほとんどの政治情勢には両者が入り混じっており，しかもそれぞれが混じっている割合は変わるのである。主権とアナーキーは，相互作用し，国家は国際的領域と同じように両者が重なり合う度合いによって常に構成されているのである。主権とアナーキーの間の境界線は，国家の領域とは一致しないのである</u>（下線部，訳者）。それ故に，ある観察者が言うように，「我々の領域国家というアクターにとっては，外部のものは何でも『非国家』として自動的に扱う」（ウェント，1996年：59頁）という危険性に気がつくべきである。その代わりに，国家と国際システムはともに程度の差はあれ，主権とアナーキーの浸透を受けるのである。

　（国内的）領域における主権が，アナーキーに滑り込むのと同時に，（国家間の）領域におけるアナーキーは国際的ガヴァナンスの度合いによって，どの程度薄められるのかを，このことは示すのである。「国際レヴェルにおけるガヴァナンスと，先進世界の明確な大衆の間の重要な連携」（1996年：191頁）としてハーストとトンプソンが国家行動の持続的生命力とみなすのは，この文脈においてである。しかし，主権の減退を引き起こしているのは，国際的ガヴァナンスの成長であると想像するのは誤解である。そうではなくて，両者は改訂された関係一部であり，それによって，国内問題を統制不可能にしているのは，国際的ガヴァナンスのためのトレード・オフ内部の構成的要素である。簡単に表現するなら，国家が侵食されるのは，レジーム，制度，あるいはグローバリゼーションの**結果**ではなくて，これらのための**前提条件**である。<u>主権性の「衰退」は，両者がある程度お互いを弱めるので，アナーキー性の「衰退」と併行して起こるのである</u>（下線部，訳者）。

　このように対になった主張は，議論の第3の分野のための重要な意味を持つものである。即ち，主権とグローバリゼーションに対抗する諸力という問題

をめぐる議論である。今まで議論してきたように，主権がグローバリゼーションと対立するものではなく，グローバリゼーションの一部であるならば，主権はグローバリゼーションに対抗する自立した防御体制を構築することはできないことになる。主権は，グローバリゼーションの進行に対して対置できる別個の障壁ではないので，グローバリゼーションの進行を止めるために，主権を再び強調すべきであるということは不適切であり，主権はグローバリゼーションに対する「解決法」であるという考えは，グローバリゼーションが主権にとっての「問題」であるとする考えと同じくらい人々を混乱させるものである。議論のそのような構造は，役に立たない二重性を具体化してしまうことになる。<u>主権がグローバリゼーションの進行を止めることができないのは，我々が自分の影から離れられないのと同様である</u>（下線部，訳者）。

　このことは，両者の間の再調整のプロセスが始動することを否定するものではない。しかしこのプロセスは，ゲームの国際的ルールを再定義することによって始動するばかりでなく，新しい国家機能ないしは組織し直された国家機能によって始動するのである。新しい主権体制は，外から押し付けられるのでもなく，国家活動――主権はその一部だが――と分離していて，押し付けられたものではない。ここで議論されているように，グローバリゼーションが国家変容のプロセスとしてみなされるのが最も適切ならば，グローバリゼーションが辿ることになる道は，新しい形態の国家機能にほとんど左右されることになろう。外発的な規制者のように，主権に助けを求めることは問題解決に貢献するよりもむしろ問題を再燃させるだけである。お互いの変容を映すミラー・イメージとしての主権それ自体は，グローバリゼーションの全体を変えることはできない。

　国際関係理論にとっての意味合いは明らかである。主権を生産する場合，国家は2つのレヴェルの活動をしていることになる。即ち実質的活動と形式的活動である。前者では，歴史的に見ると国家の行動は，分野と程度によって変化し，後者では，国家は国家自体がその一部である国際システムと連動しつつ自己変革するのである。しかしそれは同義反復である。こうした変化の独立し

た原因はグローバリゼーションではない。グローバリゼーションが我々に与えるのは，主権と国家両者の変化しつつある全体を人々が説得されるように説明する仕方である。「国内問題と国際問題の間の便利な分離状態は，解体しつつあり，グローバリゼーションは我々がその減少を表現するのに最も都合のよい言葉である」（グエヘノ，1998年及び1999年：6頁）と言われる。

もしグローバリゼーションがこの両者の間の分離状態の解体の意味を伝えようとするならば，それは必然的に，主権の現代的変容についての重要な何かを伝えるのでなければならない。

もっと具体的な言葉を使えば，これは今度は，国家内部からも外部からも国家に働きかける政治的諸力のバランスを測ることになる。以前に概略説明した雛形に従うと，主権の変化は，政治現象のこの状態を反映しているのである。構成された主権的権威は，国家が行う資格のあることを指示するが，実際性を反映して，国家は国家の持つ個別の能力を可変的に行使するのである。今度は，こうした能力を思いのままに行使したり，委任する際の大きな変化が，主権の公式的な教義を変容し始めることができる。しかしここでは直線的なプロセスは見られない。「国際的な国家の変容」とウェントが呼ぶものに関して，「国際的な国家の変容は，国家アクターの国内的，国際的機能の間の根本的な緊張関係を生み出すので」（1996年：61頁），それは無期限に継続しては行かないかもしれないとウェントが主張することは明らかに正しい。これこそがポイントである。国家は政治的諸力という単一の分野で作動し，どちらかに傾いていく可能性がある。最近，諸政府は，自分達の正統性を維持するために，「国内諸力とグローバルな諸力」に比例して十分な権力を行使するのに今までよりも大きな困難を味わっている（ゴールドブラットその他，1997年：284頁）。ヤヌスのように2つの顔を持った主権がこうした圧力に免疫力がないのは，国家それ自体と同じであり，主権は現在の傾向と，これに伴う政治的結果を明確に測定するものである。

これ以降の章では，国家が行う様々な「財とサーヴィス」の提供に関して国家のアイデンティティが変化していく様子を検討する。対内的諸力と対外的諸

力の間の新しい条件による関わりに国家が晒されているので，次章以降では，国家の現在の状態を検討することによって，グローバリゼーションの本質を把握しようとする。国家の統制力が多分侵食されていると思われるものの多くは，特に経済的分野で経験されていると考えられ，主権がかなり粗製濫造されているとみなされるのはこの分野である。次章以降の考察がまず対象とするのは，この視点からの証拠である。

第5章 競争国家

はじめに

　国際経済における発展は，国家戦略を実質的に変容させる中心的な力であるという考えは，国際関係理論の歴史において繰り返される主題である。少なくとも19世紀中葉以来ずっと，国際通商は，国際政治経済（上の緊張）を潜在的に緩和する効果を有するものと考えられてきた。次の世代の機能主義者や統合論者は，経済的相互作用を，地域社会，世界社会——そこから政治的な再建が不可避的に始まるのだが——を発展させるための主要な手段とみなしてきた。マルクス主義の理論家は，階級に基礎を置く帝国主義国家の最終的危機が現れるのは，世界資本主義システム内部からであると規定する傾向があった。1960年代，1970年代の間，相互依存論者は，経済と物質の間の相互関連性の度合いを強調し，このことから国際政治経済のアクターのカテゴリーと，彼らの利益の本質の両方において，根本的な変化が進行していると結論づけた。このような今までの知的歴史を考えると，グローバリゼーションの理論家が，最もドラマチックな変化の可能性に注意を引き付けるのが経済領域内部であるのは，ほとんど驚くに当たらない。まさに同じ理由で，グローバリゼーションを「非常に古い考えを使い回しただけの解釈」（M. コックス, 1998年：451頁）として却下してしまう批評家もいるのは，珍しいことではない。

　グローバリゼーション概念と結びついた顕著な意味は，国家の権能が低下しているというものである。即ち，グローバリゼーションの表面には，あちこちの国家の後退が見られるということである（ライヒ, 1991年；ミューラー, ライト,

1994 年 a；大前, 1995 年；ストレンジ, 1996 年)。もっと極端な解釈によると, 国家はほとんど消滅している。新しい金融地図では,「国家の金融的秩序は, 解体しつつある」(レイション, 1996 年：79 頁)。東アジア, ロシア, その他の地域における著しい経済的沈滞と結びついた 1990 年代末の金融不安ですら, グローバリゼーションを熱狂的に支持している人々の情熱を減退させなかった。グローバリゼーション熱狂論者は, 不安定性を波及させる手段となった金融の網状的システム・レヴェルを具体的に示すか, 新しい形態のグローバルな経済運営を作るべきであるとやかましく要求することによって, この金融不安を彼らの主張の正しさを示すものとして理解している。こうした議論は, グローバリストにとって, 金融的混乱に直面した時でさえグローバリゼーションは揺らぐことのない現実であることを示すものである。即ち, この状況は, 国家レヴェルで効果的に金融活動を規制できない事実ばかりか, 個々の政府が「市場と戦う」の能力がないことを強調する結果となった。

　本章は, 経済的アクターとしての国家の現状と, 国際関係理論にとっての意味を検討するものである。国家は, どの程度まで経済的財の生産者であるのか。個別の国民経済について語ることは相変わらず意味があるのであろうか。グローバル経済の中の調整者としての国家の終焉について, バランスのとれた解釈を発展させるための準備としての議論を, 本章は予め確認するものである。国家の経済的余剰の源泉として通常は描かれるが, グローバリゼーションは国家変容の尺度でもあるということが, 現在行われている議論と併行して示されることとなる。国家が, その成立以来, 所得の徴収者としての経済的機能を常に担ってきたとするならば, 経済運営というまた別の任務が, その後の歴史的発展の過程で付け加えられたのであり, 国家の本質の他者には譲渡できない一部とみなされることはない。国家が, こうした機能の一部を他のアクター, 又はグローバル市場そのものに移転ないし委任してきたかも知れないという事実は, それだけでは, 我々が認識しているような国家の終焉を意味するものではない。国家は, ただ単にグローバリゼーションが国家に対してなしてきたもの故に国家であるというわけではない。国家が現在の形になったので,

グローバリゼーションも少なくとも現在の形になったのである。経済的グローバリゼーションの理論の多くの解釈に共通する不明確な点は，この相互性である。

　グローバリゼーションと，その結果として国家権能が縮小するというもっともな言い分は，経済分野で一貫して主張されてきた。事実，グローバリゼーション論では経済に関する文献が大変目立つので，グローバリゼーションに賛成する経済的主張が，もっと一般的な解釈を打ち立てる基礎に代わって，例外でないかもしれないかどうかを問う理由があるのである。確かに，政治的観点や安全保障の観点から議論を展開している論者は，一般的には経済的観点からグローバリゼーションを論ずる論者より慎重な結論を引き出している。

　最も頻繁に展開される経済的立場からの議論には，2つの主要な要素がある。国家は自国の経済枠組みを運営することに関して政策的自律性をもはや有しておらず，その限りにおいて，国家は経済グローバリゼーションの諸力によって外部から侵食されている，というのが第1の論点である。グローバリゼーションの猛烈な影響力に直面して，全ての国家は一様に対応し，同じような経済的アクターとなる，というのが第2の論点である。以前，国家は，国内有権者の利益のために国際的経済取引に従事しようとしたが，今では外部の経済勢力の要請に応じて，国内的要求と国際的要求を調整するのである。競争のルールは外部から押し付けられ，経済国家は成功すれば，ルールに従うに違いない。経済国家の国際ルールへの参加は――国家の経済的効率性と競争力を高めることによって――国内の経済的利益のためのものであると言われるが，それにもかかわらず，経済的成功を測る尺度は，国際的経済制度によって直接的に，あるいは国際的に共有する規範によって間接的に，外部から作られる傾向がある。

　本章は，こうした議論の様々な要素を精査するようにして，再度，国際関係理論のための意味ある枠組みが出来上がるような形で議論を再構築するつもりである。再構築するために，国家とグローバリゼーションの間のゼロ・サム的関係仮説に再度，挑戦するつもりである。ゼロ・サム的関係に代わって，今ま

でとは異なるが，必ずしも減退していない能力を持つ競争国家という概念を展開するつもりである。すでに今までの章で注目したように，国家は，国家のある機能を放棄したり，他のアクターに委任したりするために自己変革するかもしれない。同時に，国家は，消費者保護，環境保護，あるいは今までは私的分野と思われていた様々な関係の規制，のような社会活動の新しい分野に責任を持つかもしれない。我々は，そのように複雑で，方向性のはっきりした事態の展開の実際的な重要性を単純化すべきではない。

　国家とグローバリゼーションの間の経済的関係を，対立するものとしてではなく，両者が，相互に出会うことによってともに再構築されるものとして見るための解釈を，本書のテーマに合わせて下すつもりである。この観点からすると，<u>グローバリゼーションは，国家が継続して歴史的に適応していく一段階であって，差し迫った国家の終焉というのはいうまでもなく，不可逆的な変容を印す質的な最終段階ではないのである</u>（下線部，訳者）。これが議論の中核ならば，それをどうしたら最も適切に理論的言葉に転換できるだろうか。

1．国家は後退しつつあるのか

　国家とグローバリゼーションとの間に生じている関係——それはもちろんすでに，これらは別個の分離した現象であると仮定することによって，問題点を回避しているのだが——をある種の対立関係ないしは矛盾を伴うものとして描くことは陳腐である。サーニー（1995年：598頁）は，それをこのように表現している。「ここ数十年，第3次産業革命の起こっている複雑でグローバル化しつつある世界で，国家構造と産業・金融市場の構造との間の乖離がますます広がってきている」とサーニーは書いている。彼はこれを「新しい分裂」とまで表現している。

　この分裂はどこにあるのか。この分裂は，一般的には**政策統制**という言葉で伝えられ，これから行う分析の多くの部分で焦点となる。あるいは，この分裂は，全体的に見れば，構造的不平等に向かう急激な動きとして描かれる。ウィ

ルキン（1997年:19頁）が示唆しているように，1970年代中葉以降起こり，富や所得から死亡率，疾病率までの広範な指標を通して不平等が拡大してきたグローバル経済の再建と，自由についての柔軟な概念の復活が時期を同じくしている。こうした不平等が単に国際化の産物であるならば，不平等は，伝統的な国家中心の優越性・独立性重視型の分析——そこではグローバリゼーションをアピールすることは無駄であるが——のせいにされるかも知れない。しかしながら，こうした不平等は国家内部でも国家間でも起こるという事実によって，グローバリゼーションとの関連が意識され，その結果，領域国家にだけ焦点を当てても，起こっていることの本質を把握できないのである。このことによって，グローバリゼーションは，まさにその本質によって，不平等と経済的利益の断片化と結びつくという考えが生まれるのである。「グローバル経済は，どの社会をも対立する経済利益に基づく新しいグループに分断している」と言われる。「グローバル経済は全ての国家の，社会的凝集力を維持する能力を衰退させる」（グレイドナー，1997年:18頁）。国境内部でも国境の間でも，徐々に不平等が進んでいくものとしてのグローバリゼーションのイメージによると，この分裂は，国家とグローバル経済の間のものばかりでなく，もっと一般的には経済的に有利な国家と不利な国家——その国家がどこにあろうが，またその国家の政策は原因であるとともに結果であるが——の間のものであることになる。いずれにしても，グローバリゼーションと不平等の間に関連が生まれ，「世界大での経済活動によって生まれる平等な統合という普遍的な状態は，明らかにグローバリゼーションではないものである」（グレイ，1998年:55頁）。

ネオ・リベラリズムへの移行を分析するために広く使われる経済的「解放」という言葉の中で，このことは暗示されている。国内の協調組合主義的な団体交渉を守りつつ国際経済を安定させて，国内の経済的利益を擁護するものとして国家を捉える考えに反して，ネオ・リベラリズムは，国家が国内政策の優先順位を相対的に低下させざるを得なくする。しかしながら，国家はこの移行によって最終的な衰退段階にあるという議論は，国家はそれ故にその歴史的な任務を放棄しつつあり，正統性に対する本質的主張を失いつつあるという信

念——それはほとんど誤りであるが——に基づいている。福祉重視主義の時代を，支配としてよりもむしろ国家政策における歴史的例外として見ることの方が正確であることは事実である。すでに見たように，「1980年代の自由市場リベラリズム，これに対する凄まじい攻撃，福祉重視のリベラリズムという国家政策の部分的な削減は，第2次世界大戦後の時代としては明らかに逸脱的なことであったが，リベラリズムの中核的な価値とイデオロギーを再度強調するものであった」(リチャードソン, 1995年：145頁)。この論理に基づくと，経済グローバリゼーションの時代の開始は，それが国家政策に反映されるという点で，華麗な新世界が到来したのではなく，混乱を引き起こしたケインズ主義が追求される前の「平常状態」への逆戻りの第一歩であった。もちろん，こうした一般化ですら，ネオ・リベラルな政策に見られる国家の干渉主義的性格を無視しているので，皮相なものである。しかしながら，周期性と継続的な歴史的変化が含意することは，経済グローバリゼーションの文献に見られる黙示的な説明によるよりも，真剣に検討される必要がある。

　この文脈から言うと，経済グローバリゼーションが主権に及ぼす影響については根深い混乱があるので，本書のこれまでの章で展開した主権についての議論は，極めて的を射たものである。経済グローバリゼーションは「国民国家そのものの制度ではなく，国家主権のある側面」(ホルトン, 1998年：101-2頁) を侵食していると，議論される場合もある。国家の操作的な統制が侵食されているという主張を超えて，主権の終焉 (ショルテ, 1998年：101-2頁) について明確に語る者もいれば，控えめな言い方ながら，「主権について再考する」(M.ウィリアムズ, 1996年：115-20頁) 必要について語る者もいる。

　このような著作の多くに見られる広く行き渡った仮説は，グローバリゼーションと国家の能力の関係はゼロ・サム的であり，情け容赦ないグローバリゼーションが今や優勢となっている，というものである。グローバリゼーションは「国家中心的世界という言葉とイメージが，極めて重要な点で時代錯誤的になっているという意味で，すでに勝利をおさめている」というフォーク (1997年a：126頁) の示唆の重要さは，この点にあるように見える。グローバ

リゼーションは国民経済に対する国家の統制力を侵食するので,「自律性の衰退に直面している国家は,政策課題に対する統制力を取り戻すのに必要な国家行動の修正を明確にしようと悪戦苦闘している」(ヒゴット, 1996年:34頁)と, 同じような文脈で主張される。

 こうした批判の持つ力を否定するならば,それは不親切なことである。結局の所,これは,グローバリゼーションというイシュがどのように説明される傾向があるかということを示している。このような言葉の使い方に関して,地理と国家の領域管理が依然として重要であるかどうかをめぐる議論が現在行われている。一方で,距離と空間の間に重要な区別がなされ——それはあまり重要とは思われないが——,他方で,場所と位置との間に重要な区別がなされる——ますます重要性を増していると考えられる——(ダニエル,リーヴァー, 1996年:3頁)。しかしこれは,現在の分析枠組みの中で議論を発展させるものである。

 その代わりに,代替的な分析のための解釈を検討する同じように説得的な理論がある。第2の視点から見ると,国家がグローバリゼーションの諸力に対抗する能力を失っているという考えは,国家自体がグローバリゼーション推進の動力源であるばかりか,国家そのものもグローバリゼーションンによって再構成されるという本質的な点を見逃している。同時に,グローバリゼーションは国家それ自体の理由によって現在国家が担っている責任を放棄した領域をたやすく侵食できるのである。そのような仮説は,グレート・ディヴァイドについての以前の議論から派生してきたもので,サッセンが「グローバルとナショナルの二重性」(1996年a:6頁)と呼ぶものを,彼女が問題にしていることとも一致する。これら2つの領域は分離した排他的なものと考えられているので,「二元性こそが,国民国家はグローバル化した経済の中で衰退するに違いないという仮説を育ててきたのだ」。この意味で,「国家はグローバリゼーションのプロセスに対抗するものというより,そのプロセスの中にある中心的要素である」(R. ブラウン, 1995年:56頁;ショルテ, 1997年a:44頁)という代替的考えを我々は支持することができる。この見方に従うと,議論の焦点は国家後

退から国家の適応能力へと移るのである(ワイス, 1998年: XI頁)。従ってこの議論は次の批判を再確認するものである。

　今日のグローバリゼーションは国家によって始められたので，国家をバイパスするというより，主として国家を再組織しようとしているが，その度合いを無視する傾向があり，それはこの意味で，誤った二項対立的発想を促進してしまう(パニッチ, 1994年: 63頁)。

　しかしながら，こういう場合，我々は国家をグローバリゼーションのエージェントとして見る見方から，国家をグローバルなシステムを消極的に形成するものと見る見方に，いつの間にか滑り込んでしまう危険を同様に回避しなければならない。即ちグレート・ディヴァイドを架橋する試みは，単に構造主義について別の解釈を作り直すことによって終わってはならない。しかし，いくつかの文献にはそのような傾向が見られる。それらの文献は，冷戦後の新しい覇権的秩序の持つ物質主義的，資本主義的基礎を強調している。この視点から見ると，1980年代には純粋に世界的規模でのシステムの発展を阻害する最終的な障害物が取り除かれたことになる。1980年代を通じて，第3世界は，わずかに残っていた国家発展の可能性と「革命的」プロジェクトを破壊されることによって，懲罰を受け，主要な資本主義制度によって設定された経済戦略に完全に組み込まれていった。さらに冷戦期における最終的敗北によって，社会主義的発展を目指した別個の世界は，押し流され，かくして単一の国際分業体制だけが残ったのである。

　さらに，この議論は次のように展開していく。即ち，1980年代と1990年代において，資本主義の中心に位置した国家の主要な体験は，すでにこれらの国家が体験してきたネオリベラルな革命であった。このようにして，これらの国家は，逆風の吹く経済状況の中で，台頭する挑戦国に直面しつつ，競争する必要に突き動かされたのである(ウィルキン, 1997年: 24頁)。ネオ・リベラル国家は，ますます国民経済運営の手段ではなくなり，極めて移動性の高まった資本と生産にとって必要な諸条件とますます「結びついて」いった。とりわけ，この極めて競争的な環境は，一国単位の福祉政策を実行するための経済的コス

トが上昇しているので，国家はもはやそのコストを維持していく余裕がなくなっている．それ故，このような時代は，福祉国家の現代的形態への攻撃と結びついていった（ヘレイナー，1994年b：173頁；マーチン，1994年：69-70頁；ティープル，1995年）．規制緩和と民営化は，必須の社会的サーヴィスを提供する分野にまで拡大してきた．そのような主張に従うと，国家は「国際資本が最低の間接費で不可欠とみなす社会的な公的サーヴィスを供給」できるだけなので，「拡大した労働権と社会的保護についての国内レジームは時代遅れとなっている」（ハースト，トンプソン，1995年：175-6頁）．しかしながら，国家が1950年代，1960年代に統制の絶頂期に達したのは，国民経済の運営と福祉サーヴィスの提供に関してであるので，このプロセスの一部として国民国家の操作的権力は一層侵食されることになる．

異なったニュアンスが，そのような説明には見られるが，それら2つのニュアンスを繋げているのは，外部からの要求を国内社会に押し付ける伝達手段として，今や国家がトップダウンで機能しているという評価が共有されていることである．国家は，国民経済からの要求を国際的領域に投影するのではなく，国際的ルールを国内の有権者に押し付けるのである．このように見てくると，民主的説明責任は，一般的には正しいと認められた形態の中で想定された方向とは逆の方向に向かっている．さらに言えば，色々な文献の中では，ネオ・リベラリズムで見出される形態に取って代わりうる構造主義の形態に相当するようにこうした要求が提起されているのである．国家は構造的理由で同じように行動するよう制約を受けているがこの事例における適切な構造は，ウォルツが選んだアナーキー／パワーという特徴から，「埋め込まれたリベラリズム」終焉後のグローバル経済によってもたらされた競争／ネオ・リベラリズムへと変化してきている．

この国家行動についてのアウトサイド・イン的な解釈は，あまりにも多くの文献に見られる．それは「ますます市場のプレーヤーのように行動する」ように制約されている「競争」国家についてのサーニーの分析にもよく現れている（1990年：229-30頁）．各国は，自国を国際的に競争力があるようにするため

に，福祉サーヴィスの供給を最小限にするので，このことは国家の採る政策の均一性を引き起こしがちである。「グローバル市場とグローバルな資本蓄積の必要性に適応させるために，国内の経済的，社会的政策を調整するように」，国家機能は「再組織化されるようになる」（フーグヴェルト，1997年：67頁及び138頁；ブロディー，1996年：385-6頁；ギル，1997年b：14頁）と主張されてきた。

こうした外的な制約要素が，少なくともウォルツ的分析に見られる構造と同じように国際的構造の働きを明らかにするという考えは，自己意識過剰気味で意図的な提起されたものである。このテーマについての初期の説明は，国際資本の流動性の効果についてのウェッブの議論に見られる。

> この研究の範囲に含まれる全ての政府は……全く一致しているわけではないが同じように，国際資本移動の変化に対応してきた。この資本移動性は，時間を越えて持続し，将来的にも持続し続けるであろう。それ故に，我々が，この移動性を国際経済構造の要素と考え，この構造の効果が個々の政府の政策に及ぼす影響を研究することは正しいのである（1991年：312-13頁）。

経済システムの側面を含めるために，構造概念を再構築する，ネオ・リアリスト理論をこのように適用することは，さらに詳しくアンドリューによって精緻化されてきたが，アンドリューは，「こうした傾向を一方的に破棄するか，多国間で協調しながら破棄すること」（1994年：214頁）を阻止するような現行の構造的制約要素を強調している。こうした見解は，後になってミルナーとコヘインによって支持されることになったが，「アナーキーに晒されるのと同じように，国際資本主義経済に晒されることは，各国政府が直面して，無視できるか，それともいかなる国家も余裕のないほどの高いコストを支払うことによって変化しようとする現実となった」（1996年：257頁）と2人は結論づけた。資本移動と規制緩和は，選択の幅を決定しないかもしれないが，制約することは確かである。十分に発展しているわけではないが別の要素が，新しい国際的アナーキーとしてのグローバル市場に対する要求の中に見られる。この解釈によると，国家は「アナーキーに向かう国際市場に伴うリスクと不安定性によって制約される」（グレイ，1998年：70頁）のである。将来（の世界）が向き合うのは，「この種の深化しつつある国際的アナーキー」（グレイ，1998年：207頁）で

あると言われている。我々はそれとなく,そのような環境の中の行動規範として,私利私欲的な自助努力を想像するようにされている。

そのような事実認定に結びつく証拠に挑戦することが,ここでの目的ではない。しかしながら,この分裂状態に直面してシステム論的,還元主義的アプローチを採用する観点から見ると,単に再びシステム論的立場——そこでは国家は,経済的多様性にもかかわらず,アウトサイド・インによって作り出されたものに「還元される」ことになるのだが——を採用することによってこの分裂状態を無視することに満足するものではない。こうすることによって我々はグレート・ディヴァイドを乗り越えることはできず,単にまた別の方法で誤魔化すためにこのディヴァイドを作り直すに過ぎない。グレート・ディヴァイドは,あまりにも構造に重きを置いており,国家に政治的インパクトを与えるという結果をほとんど考慮していない。政治的領域は,今やこの領域に指示を与える対外的経済枠組みに合わせて単に再構成されるだけであるという指摘すらあるのも事実である。「政治（という領域）は消滅しないが,政治的合理性は経済合理性と同時並行的に動くものである」（アルトヴェイター,マンコッフ,1997年：319頁）。この見方は,国内的利益の残った部分を執行するエージェントとしてはいうまでもなく,意味ある政治的市場としての国家を全く無視している。

「国家後退」——国家を経済システムが生み出したものでしかないとする極端な解釈同様に——という言葉に投影される解釈は,グローバリゼーションの重要性を歪めるものであることを認識する必要がある（ワイス,1998年：11頁）。グローバリゼーションと国家権能を,グローバリゼーションが国家の能力を侵食するゼロ・サム的関係と見るのではなく,グローバリゼーションと国家の再構築が同時に起こっていると見るのが有益である。国家衰退という見方から離れて国家再構築という見方に関心が移ってきたことこそが,スーザン・ストレンジ（1996年）に対する批判の中心となっている。国家再構築という解釈を国家後退という解釈となぜ合成すべきであるのかを自問して,ダグラスは「特定の国家形態（ケインズ主義的福祉国家）の歴史的変容は,国家それ自体の

歴史的超越性と同じものとして考えられるべきであるという理由は,未だ説明されていない」(1996年:21頁)。この観察はかなりの説得力を持っており,この観察が提起する代替的視点は大きな潜在的利点を有している。アウトサイド・イン的な決定論を回避することによって,この新しい視点は,この再構築された国家が,まもなく自己認識することになる「構造的制約条件」に将来的には異なった対応をする可能性を残している。グローバリゼーションを機械論的に,時間的要素を考慮に入れず,政治的現象としても把握しない説明──ここでは,最近の傾向は無制限に再生産されていくことになるが──に替えて,この新しいアプローチは政治も実際の歴史も取り戻すことになる。過去において,単線的で痛みを伴わないグローバリゼーションへの展開はなかったが,それが将来においてもそうであると信じる理由もないのである。国家と,国家が自己認識する諸力の作用する領域との間の複雑な再帰性は,あまりに予測不可能であるので,そのような単純な見方を将来に投影することはできない。国家は,グローバリゼーションを支えない方向に逆流せざるを得ないかもしれない。

2. 国家の経済自律性の限界

　国家の経済管理能力は,グローバリゼーションによってかなり縮小させられてきたと,多くの批評家が一致して指摘している。細部の異なった点を強調するものの,彼らは中心的な点では見解を共有している。「国家はかつて市場の統制者であったが,今や多くの重要な問題に関して,各国政府の統制者は市場である」(1996年:4頁)とストレンジは強調する。ストレンジのこの思いのこもった見解は,同様に「国家の自律的規制力の喪失」を指摘し,「国内経済をグローバリゼーションの否定的な効果から防御する国家の能力は,低下してきている」(R. コックス,1996年b:26-7頁)と主張する他の批評家によっても共有されている。

　国家の経済管理能力の減退は,多くの異なった形で現れており,個別の原因

で推進されていると考えられる。しかしながら，一般的に言って，分析者はグローバリゼーションのインパクトを，経済的プロセスが外見的には非政治化していき，このプロセスが技術合理性に従属していく状況の中で検討すると主張するのである。このような議論の展開は様々な形をとるが，典型的には，中央銀行やその他の似たような機関を利用して国内金利を決定する明確な政治的統制を他国に譲り渡すことに表現されている（ティープル，1995年：70頁）。経済政策が「地方に」移譲されない場合には，経済政策に対する統制力は「対外的に」移譲され，現代では「金融・財政政策——伝統的には『国内的』と考えられていた政策だが——」（ウェッブ，1991年：310-11頁）に関しては国際的な「（政策）協調努力」という形態をとっている。そのような変容は，様々な方法で判断することができる。政治と経済はこうした外的な要求に対応するであろうと楽観主義者は確信し，一方，「経済合理性と政治・社会の自律性の間の緊張は，社会的抵抗，場合によっては自己破壊に向かうであろう」と悲観主義者は危惧する（アミン，1996年：218頁）。

　経済グローバリゼーションは，どのようなメカニズムで国家の政策的自律性を奪うと考えられるのか。研究者はそれぞれ独自に特定の議論を展開しているが，しばしば繰り返し提起される3つの標準的な解釈があるように思われる。これら3つの解釈は，グローバリゼーションに関する次の側面に付随するものである。即ち，国際的競争を突き動かす要因，金融的健全性を制約する要因，資本移動性の結果の3つである。これら3つの要因の1つ1つは別個に作動するものであるが，相互に補強し合うことによって，結合した強力な効果を発揮することになる。全体として見ると，これは国民経済に関連して国家の政策的自由裁量権を最小化すると考えられる。

　こうした議論は全てかなり伝統的なもので，詳しく繰り返す必要はない。第1の要因によると，政策選択の幅は国際的に競争力を維持しようという必要性によって狭められている。このことによって今度は，公共政策支出への制約ばかりか政府借り入れのレヴェルを慎重にさせ，場合によっては低下させるのである。これは経済グローバリゼーションに関する全ての文献の特徴と言ってい

いが，それはサーニーによって特に十分例証されたテーマである。競争力の追求が，現代国家の政策の駆動力であるばかりか，「国家が競争力を求めて自己変革——自由市場化——しつつある」と彼は主張している（1996年b：124-5頁）。国家が自己認識する経済的環境に対応する政策は，抵抗を示す国家の消極的姿勢あるいは能力の無さが，自由市場というこの考えにはなんとなく込められている。そうするならば，中心的な経済セクターを競争できなくすることによって，経済的損失を招くことになる。その結果は，「低い賃金，低い税金，不十分な説明責任というボトムに向けての競争」（グレイダー，1997年：101頁）である。国家は，選択肢を持たないが，自らをこの競争に向かわせるのである。グローバリゼーションが，完全な「位置の代替性 (substitutability of locations)」——それ自体が経済的領域化の度合いが低下することに伴う現象だが——という仮定に基づいているので，生産と投資は，あちこち動き回るかもしれない，という恐れがある（ストーパー，1997年：31-4頁）。従って，国家の自由市場化の結果生まれる政策は，「国家は，万能のグローバル経済の助けとなるものでしかない」ように見えるのである（マッカーサー，ジョーンズ，1995年b：8頁）。国家の経済運営能力がこのように侵食されていると見る大まかな解釈を否定する人々でさえ，全ての国家は新しい競争相手——その政府は高いレヴェルの変容能力を有している——からの挑戦に直面していることを認めるのである。このように少し変わった見方をすると，競争的な挑戦の本質は異なるかもしれないが，それにもかかわらず競争は，現代の国際政治経済の主要なダイナミクスである（ワイス，1998年：143頁）。

　第2の要素は，第1の要素と密接に連携して作動する。この国際競争に勝ち残れなかった国家は，高いレヴェルの社会的支出によって重い負担を負わされるという危険を冒すことになる。同時に，悪循環で，高い社会的コストは競争力を減退させる。福祉国家が直面するジレンマは「正統性を維持しているかどうかは，国家が認めはするが，経済的競争力を侵食しかねない」（ヘイ，1996年：109頁）ということである。この悪循環から脱出するためには，政府は国際市場から健全とみなされる政策を追求していると評価されねばならない。サー

第5章 競争国家 165

ニーはこの点をあらためて強烈に指摘している。「政府は，金融市場に受け入れられる基準に沿って行動を評価されるようになる」というのがサーニーが熟慮した見方であり，その結果，「政府は国際金融市場の信用を保持しようとするならば，『強力』ないしは『健全』な政府と見られなければならない」(1996年c:87頁)。こうしたタイプの議論が特別な展開を見せると，国家は政府支出を賄うため，借入金にどんどん頼るようになり，その結果，国家は市場の圧力にますます脆弱になる(ジャーメイン，1997年:163-4頁)。

　もちろん赤字幅に注意する必要性は，第3の要素によって強く意識されることになる。資本市場が，その性格と運営がかなりナショナルである場合，政府は市場をあまり注視しない。しかしながら，少なくとも1980年代以降の時期を特徴づけてきたような高い移動性の見られる状況では，予算超過は今まで以上に罰を受けることになる。政府が「公共政策支出を抑制し，インフレ対策を優先し，民間セクターの力を高める」結果となる，「グローバルな資本移動が持つ統制的力」について，批評家達は語るのである(ウィルキン，1997年:24頁)。ミルナーとコヘインが，国家の予算政策の効きめが無くなってきているという議論を，国際資本移動と関連づけて論じている(1996年a:17頁)。別の言い方をすると，新古典派経済学によって提起された議論は，「各国政府は，国境を越える資本移動を統制できないし，統制すべきでなく，その結果，利率を規制することはでき，通貨価値を固定することもできず，市場の選好に一致しないマクロ経済政策を追求することもできない」(ショー，1992年:1頁)。

　この指摘はかなり陳腐である。グローバリゼーション分析の観点から見ると，この指摘から浮かび上がる主要なイシュは，すでに議論したように，こうした制約条件を，新しい種類の構造的制約条件として見るべきかどうかということである。そうではなくて，広い歴史的視野から見ると，1980年代以降の時期は，変化を受けやすい特定の段階に過ぎないと考えられるかもしれない。この点こそが，経済グローバリゼーションをめぐる多くの議論の中核にある問題である。ミルナーとコヘインの言葉を借りれば，「国家は市場に統制力を移譲するので，国家の政策的自律性が衰退していくのは，新しい形態の干渉が必

要とされて生み出されるまでの一時的な現象なのかもしれない」(ミルナー, コヘイン, 1996年b: 249頁)。もしこれが実現するならば, 国家が, かつて失っていた自律性を「取り戻す」ことを意味するのであろうか。それとも, そのような政治的発展について考察する別の望ましい方法があるのであろうか。議論はまもなくこの点に戻っていくであろう。その間に, 経済グローバリゼーションはただ単に国家の政策的自律性を減退させるばかりか, この減退させる証拠は国家行動がますます同じようになっていく事実に見られる, という主張を最初に検討することにする。ウォルツ的分析に見られるように, 我々は, エージェントの行動には規則性が見られることから, 構造的制約性があることが推測できるのである。

　国家の行動の類似性というテーマは, この文脈では際立っている。ウェブの主張では, 国家行動の類似性は, (同一) 構造がもたらす効果が存在するという彼の主張の基礎を明らかに形成している。「全ての政府は, 国際資本移動の変化に対して, 全く同一ではないが, 同じように対応する」と彼は断言する (1991年: 312-13頁)。そのように形式化された新構造主義的議論に依拠せずに同じような結論に達する者もいる。「国際政治経済が変化することによって, ほぼ同じような要求が全ての政府に突きつけられるということを, 新しい通説は示唆している」(ブロディー, 1996年: 385-6頁) と言われる。

　それ故に画一性は, 国家の無能力を最も明確に表現するものとなるのである。経験豊かな観察者でさえ, 劇的な結論に達することができる。「個々の国家の本質が変化を受けやすいのは, 何も新しいことでも珍しいことでもない」とストレンジは書いている。「新しくて珍しいことは, 全ての——ほとんど全ての——国家が, 同じ短い期間にほぼ同じような実質的変化を経験するということである」(1996年: 86-7頁)。このような分析を最もはっきりした形で体系化したのは, リチャード・フォークで, 新しい経済的通説に直面して, 慈悲深く思いやりのある国家が消えていくことを悼んだ。均一化と画一化への圧力があまりにも強いので「スウェーデンはもはやスウェーデンではなくなった」(1997年a: 130頁; ワイス, 1998年: 113頁を参照のこと)。個別の国家政策のアイ

デンティティは全て，グローバル経済が突きつける普遍化要求に屈服すると考えられる。

　この画一化を具体的に表現したものが，経済計画と社会計画の間の顕著な類似性である。こうした外部的諸力が働いた結果，「国家はもはや，一般的な福祉を，あたかもそれが国内的問題であるかのように実現することができなくなったのである」(サーニー，1990年：230頁)。その代わりに，「厳しい金融・財政政策」を押し付ける，全域にわたる試みが行われてきた(カプスタイン，1996年：21頁)。こうした影響力は，国家の採用する政策の細部にまで深く浸透し，柔軟性を非常に強調しながら第2次世界大戦後の慣行を侵食し，資本と労働の関係を再構築してきた。「コーポラティズム的な労使交渉や雇用政策は，賃金抑制と柔軟な労働慣行を求める国際的圧力によって，世界のあちこちで挑戦を受けている」とサーニーは書いている(1996年b：128頁)。「埋め込まれたリベラリズム」を補強する戦後の全ての労使交渉は，このようにして侵食されたのである(ティーブル，1995年：142頁)。経済システムが外部から決められ，個別の国家をシステムのグランド・デザインの単なる道具にしてしまう構造的決定論の世界に我々は生きているのである。「このようにして，世界経済のグローバリゼーションに伴って，国家は世界市場の圧力に自国経済を適応させる道具となる傾向がある。グローバルな競争力に対応できる力は，新しい政策的課題となった」(1997年：138頁)とフーグヴェルトは結論づけている。

　こうしたアウトサイド・イン的な解釈が認めていないことは，それらが有しているかも知れない有効性が，今度は，民主国家の発展可能性(第8章参照)という「内的」変容に左右されることになる，ということである。その決定論は，民主的手続きの崩壊に比例して作動する。なぜならば，これは国家を国内的選好と「切り離し」，グローバル経済の道具として国家を再生するものだからである。「国際経済に適応させることを，経済政策の固定的方向性とする」(ヘルト，1998年：18頁)のは，選挙されていない，説明責任の無い経済的権力である。もしそうだとすると，我々は経済がどのようにしてこの構造的権力を行使するのかを説明しなければならない。このように圧倒的影響力を有するグ

ローバルな経済構造を生み出しているのは,「国内」民主主義を十分に生産する力の欠如である,というのが答えでなければならない。従って競争国家の運命は,民主国家の変容と密接に関係しているのである。このことによって,我々は全ての効果を,グローバル経済という外部で生み出された要求のせいにすることに慎重になる。

　国家が今までに述べた政策を採用する一般的な傾向があることはほとんど否定できないが,もちろん細部をめぐっては論争がある。福祉国家に対してどんな圧力があろうとも,その圧力がグローバリゼーションだけから生じているのではないことを示す研究もある。一般的に言って,かなりの国家予算が,実際に削減を経験した福祉予算に割り当てられることはない（ホルトン,1998年：93頁）。こうした傾向は,その批判者達が推測するように,グローバル経済からの圧力によって引き起こされるのかどうか,あるいはこの傾向は他の要因の組み合わせによって説明できるものなのかどうかが,分析上,重要なイシュである。経済グローバリゼーション自体に対する関心は,国家政策の変更を引き起こすのは外部の経済的諸力であるという前提に左右される傾向がある。国際経済構造という考えが,この可能性に表現を与えるのである。社会政策が,経済的関心に根ざしていることは,広く認識されている。「社会的ニーズに基づく一国単位の再配分のための政治」を下支えするのは,グローバリゼーションに対応するためであると見る分析者も数多くいる（ホルトン,1998年：92頁）。そうでないなら,グローバリゼーションに対する学問的関心が大幅に低下するのは確実である。

　しかしながら,具体化したグローバルな経済システムの制約要因を乗り越えて,国家の社会政策に伴う最近の均一性を説明する他の方法がある（ワイス,1998年：90-110頁）。この視点によると,1980年代以降の福祉の規模縮小は,過去の政策ミスを認識したことによってか,あるいは将来における社会的コストの新しい現実によって,突き動かされてきた。そのような評価は,対外的制約要因よりも,主としてインフレが再燃する——それ自体,新しい経済行動の触媒なのだが——恐れに基づくものである（ノウターマンズ,1997年：205-7

頁)。このことは，経済理論の変化を反映するばかりか，福祉政策そのものによって引き起こされた必要な変化も反映したものである。ケインズ主義的福祉国家はそれ自体が失敗しつつあったのであり，ただ単に新しいグローバル経済に関する通説の受動的な犠牲者であったわけではない。

そこで，グローバリゼーションの役割は，好都合な言い訳，即ち，他の理由で引き起こされた一組の変化に口実を与えるイデオロギー的な根拠をただ単に提供することである。次の説明が暗に意味するのはこの分析である。

> グローバリゼーションは，外部から押し付けられた制約要因――政治的選択の問題では全く無く，むしろ経済的必要から生まれた問題――のように見える，その結果，国民国家は，規制緩和，社会政策費の削減，税金の軽減という下方スパイラルの状況の中で，気ままに動き回る資本の命令に従う以外にできることは少ない（ミシュラ，1996年：316-17頁）。

このような国家政策の凝集性について満足いく説明をする試みは，次の2つの要素を付け加えることによってますます複雑になる。国家政策が第1にグローバリゼーションに対応することを選択したという理由で，国家政策が今後も引き続き強力であると主張する程度が，第1の要素である。我々は国家無能化の理由としてグローバリゼーションをあげることはできない，なぜならグローバリゼーションは国家の政策選択によって引き起こされたものだからである（下線部，訳者）。この循環性は，フーグヴェルトによって指摘されている。「グローバリゼーション議論における懐疑論者は，国家が主権と規制を引き続き行使し，場合によっては明らかにその行使を強化することを強調している」という事実についてフーグヴェルトは言及している。「この規制のほとんどは，実際にはグローバリゼーションに**対応するための**規制でしかない」というのが彼女の結論である（1997年：131頁）。このことは，どの程度政策の自律性を明らかにしたのだろうか。第2に，国家の強靭性を測る真の目安は，国家がグローバリゼーションをさらに強化することを選択するかどうかではなく，ひとたび始動し始めたグローバリゼーションを逆転させるために多くの政策を採用できるかどうかである。ここで懐疑論者は，おそらく今まで以上に大声を上げるだろう（アンドリュー，1994年：214）。しかし，こうした主張の全て

は重要な点を見逃していないのか。

3. 国家の弾力性

　国家の能力が侵食されるという認識に反対する主張は，単純な否定によることがしばしばである。即ちグローバリゼーションは国家を縮小しはしない，なぜならばグローバリゼーションを促進してきたのは国家であり，グローバリゼーションを維持し続けるのも国家であるからである。この視点によると，国家とグローバリゼーションの関係にどんな対立があろうとも，決定要因は国家であり，グローバリゼーションはその結果ということになる。こうした主張は，満足できる理論的解答を導くための前提条件として再検討されるべきである。

　グローバリゼーションは国家政策によって始められたある状態であるという議論は，整然と発展してきた。この議論を最も強力に支持する擁護者の1人は，グローバリゼーションのダイナミクスを，1950年代末以降採用されてきた様々な政策決定に原因を求めているが，その原因の中でも最も重要なのは，市場を評価する自由化戦略，資本移動を統制することを慎むこと，大規模な金融危機を阻止すること，であった（ヘレイナー，1994年a:8頁）。こうした様々な決定，非決定によって，国家は国際金融統合の強化に貢献する経済的環境を作り出すのである。同じような状況は国際信用システム――そこでは，「国家の行動は不可欠の一部であった」（ジャーメイン，1997年:161頁）と主張されるのだが――の発展に関しても認識されてきた。

　このような反対論は，国家の能力が減少していくことを問題にするためのものであり，同時にそれとなくグローバリゼーションには可逆性があることを示すためのものである。グローバリゼーションは構造化したものであるという見方に対して，「国家間の資本移動の度合いは，国内金融市場を自由化しようとする国家の政策決定の結果に過ぎない」と主張する者もいるとアンドリューは認めている（1994年:197頁）。この視点からすると，国家の政策と切り離され

た一定の状態としてのグローバリゼーションという概念は，錯覚ということになる。「資本主義的グローバリゼーションが，国家の庇護の中で，庇護を通して，庇護の下で発生するプロセスであり，それは国家によって繰り返され，重要な点では国家によって始められるものである」という主張がなされるのは，この理由からである（パニッチ，1994年：64頁）。国家に対置され，国家の行動を制約するプロセスとしてのグローバリゼーションの概念は，全く誤りである。

　国家の規制能力が最終的に衰退しているという指摘も，同じように間違いである。この指摘は多くの研究者から挑戦を受けてきたが，市場そのものは自己規制の機構ではなく，慈悲深い公的制度によって設けられた政治的枠組みに左右されるものである，というのが中心的な主張である。政治的枠組みによる支持が無ければ，市場は自己を維持できない。1980年代の政策革新は，やがて新しい形の国家介入を再び主張することによって政治的に鍛えられ，その結果，政策は再び国家の政治的選好に埋め込まれることになった，と主張される（ボイヤー，1996年：110-11頁）。広く行き渡っているテーマは，国家退場という見方よりもむしろ，国家機能の再定義である（モラン，1994年：176頁）。「実際の行動で観察できるのは，民間の活動に残された分野を排除するように，公的分野を示す境界線を引き直すことであり，同時に，競争や環境保護，消費者保護のような他の分野における国家の規制的能力を強化し，さらには拡大することである」と国家の能力が変化していることについて，ある批評家はコメントしている（マジョネ，1994年：80頁）。

　しかし，こうした条件で議論に入るならば，前の方の章で検討したグレート・ディヴァイドを永続させることになる。グローバリゼーションと国家権能の間に二項対立を設定することは，人を騙すことになる。言い換えれば，こうした議論から得られる重要な認識点は，国家の能力は再定義されたとしても，グローバリゼーションのインパクトの下で持続できず，グローバリゼーションと国家の再定義は，本質的に互いを映し合うものである，ということである。そこで，グローバリゼーションについて語るならば，まさにこの行為によっ

て，国家再構築の証拠を明確に述べることになる。

　では，解釈の異なった分析者達によって引き出される全く首尾一貫しない結論を基に，我々はどうすればいいのか。例えば，パランは次のような判断を下している。「国家とグローバル経済の関係を研究することは，これらの間に本来的に存在する矛盾を前提に行われるべきではない」(1994年：47頁)。だが，これとは反対の立場を当然と考える者もあちこちにいる。「政治的，社会的管理の領域が，相変わらず国家の政治的境界によって限定されたままであるのに，生産の領域はますますグローバル化している」新しい状況から生まれた矛盾を，これらの論者は強調する (アミン, 1996年：249-50頁)。パランの論点は，グローバル経済そのものは，国家による政治的支持を必要としているということである。これに対し，アミンの論点は，グローバル経済の組織的基盤は，領域的，非領域的と異なるので，反対方向に引っ張られる，というものである。しかし，これこそがイシュの核心である。グローバリゼーションが，国家が自らの権力の正統性を主張することを否定すると考えられた場合，グローバリゼーションを維持するために不可欠な政治的・制度的支持体制はどうなるのであろうか。グローバリゼーションは国家の正統性を必要とするが，同時にそれへの最大の脅威でもある。しかしながら，問題をそのように設定することは，問題解決に向かうことにもなる。グローバリゼーションは，自己を破壊することなく，長きに渡って現在のような基盤を持たない形態をとり続けることは不可能であり，国家レヴェルで起こっている正当性の欠如の結果として大規模に再構築されることになるだろう。国家とグローバリゼーションは，矛盾もするが，矛盾もしない関係に巻き込まれているのである (バーナード, 1997年：87頁)。グローバリゼーションは，領域的に分割された政治的構造に基礎を置く正統性に疑問を投げかけると同時に，自己の保存のために，全面的にこの正統性に依存しているのである。

4. 経済グローバリゼーションと国際関係理論

　今までの議論は，国家の経済運営能力が（グローバリゼーションによって）侵食されていることについての論争によって展開されてきた。(しかし) すでに具体的に示したように，そのような論争はグローバリゼーションについての誤った概念に基づいている。「国家退場」論を詳しく検討する理由は，この論によって我々はグローバリゼーションを理解する際に問題となる深い現実に直面せざるを得ないということである。もし今まで行ってきた説明に意味があるとするなら，それは国家の経済運営能力を検討することのできる，代替的枠組みを提供してくれるばかりでなく，国際関係理論に関連したその他の分野にも可能性を開いてくれる。

　経済グローバリゼーションに関するこうしたイシュは，国際関係の理論家の抱える広い課題にどのように貢献するのであろうか。4つの分野で貢献することができる。第1に，グローバリゼーションと相互依存を区別する異なった方法を明らかにする。第2に，コンストラクティヴィズム理論が，このイシュにエネルギーを注いでいる分析枠組みの有効性を広く確認することができる。第3に，議論を正統性に関する中心的な問題と共同体の変化する本質に向けることができる。第4に，国際関係理論を，国家理論と効果的に統合することができる。

　本章で再検討された経済グローバリゼーションについての説明によると，グローバリゼーションは単に高度な相互依存関係ではない。ハーストとトンプソン（1996年）や，ショルテ（1997a 年）のような研究者によって下された区別によると，グローバリゼーションは個別の国民経済が水面下に潜み，経済組織において脱領域的形態が現れてきたことに注目させるものであると推測されている。対照的に，国際化とは，分離している別個の国民経済の間の相互連関性のレヴェルを示すものと理解される。第2章で確認したように，この種の絶対的な区別を指摘することには問題がある。しかしながら，上の分析に基づく

と，我々は今や，両者の間に，条件付ではあるが，批判に耐えられる区別を生み出すことができるのである。

このイシュに関して混乱を引き起こすのは，グローバリゼーションが伝統的に提起される不完全な方法である。相互依存関係は，国家政策の自然の成り行きに特有な特徴を持つもので，国内目標を追求することと密接な関係を持ったものである。これとは対照的に，グローバリゼーションは「国家の外で」起こっている現象で，国家目標と国家の大望とは全く矛盾するものである。従って，相互依存関係は，国家自体が作り出す状態――それによって国家は，相互依存関係が国益を達成する形式に一定の制約を課すとはいえ，一層巧みに国益を追求できる――であるかのように提起されるのである。相互依存関係は，その程度まで，国家活動の内発的部分なのである。他方，グローバリゼーションは，技術あるいは独自の論理によって作動する経済システムのダイナミクスによって自律的に課せられる状態として理解される傾向がある。グローバリゼーションは，この程度まで，国益に対する外発的な障害物として考えられることがしばしばある。このことは，領域化の度合いを基礎として，2つの間を区別する試みの言外の意味であり，その観点からすると，グローバリゼーションは，根源的な状態であると見られる。

事実，グローバリゼーションについての今までの説明がひとたび受け入れられるなら，現実にはこの種の分析が逆転していくことになる。逆説的だが，相互依存関係は，グローバリゼーションよりも「単なる対外的な」状態ということになる。相互依存関係は，どの説明を聞いても，**その国自体は必要な変化をすることなく**，国家が他国との対外関係を維持していく上で生じる変化とほぼ同じものである。そのような主張は，当面は歪んだ解釈のように見えるが，もちろん修正される必要がある。相互依存関係についての多くの文献が，「転換主義的」そのものであるということは，明らかな反対を受ける可能性がある。ネオ・リベラリストが，国家間協力が拡大していくと展望する主張に依拠しているのが，この基礎的見方である。しかしその主張を認めたとしても，それは相変わらず限定的なものである。国家の変容は**行動面に現れる**ので，相互依存

関係の**結果**である，という以上のことをこの主張は表すものではない。

グローバリゼーションでは，すでに述べたように，**国内的変容**はグローバリゼーションの本質的要素である。グローバリゼーションの下での国家の変容は，国家のアイデンティティの必要な変化を伴い，広いシステム変容の前提条件もしくは少なくとも付随物であって，その偶然の副産物として発生するものではない。グローバリゼーションが根源的な状態であるというのは，この意味においてであり，国家政策の変更はグローバリゼーションの一部として行われるとする論争が少ないのは，なぜなのかもこの意味においてである。多くの論者が，相互依存関係のインパクトについて懐疑的であるか，ほとんどの論者はグローバリゼーションによって引き起こされた変化が，広範にわたっていることに意見の一致を見ているように思われる。しかし，そのような合意は，間違った理由によって正しいとされるのである。どちらかと言えば，前者より後者においはるかに深刻に関わっているという理由で，国家の変容はグローバリゼーションよりも自律的な構造を表現している。国家の政策は，グローバリゼーションが展開している間に変化するか，偶発的結果として変化するのではない。逆に言えば，相互依存関係は「相互依存」国家が存在していない時に発展しうるのだが，一方，グローバリゼーションはグローバル化した国家に左右されうるのである。これは区別することができる説得力ある議論の基礎である。

第2に，一般的に言って，上で述べた分析はエージェントと構造についての議論にとって重要な意味合いを持っている。ウォルツ的構造概念を精緻化したものとして，またこの概念に代替するものとして経済グローバリゼーションを提起し，この基礎に立ってこの構造が国家行動に対する主要な——対外的な——制約要因であると結論づける傾向が文献に見られるので，このイシュが提起されることになるのである。外交政策同様，国内政策における国家政策の均一性は，国家が自己認識する経済的条件から「推論される」のである。資本移動と自由市場が必然的に競争国家間の関係を定義するという前提に基づいて，経済グローバリゼーションの構造は所与のものとなる。

しかしながら，すでに述べた全ての理由から，この概念は誤解を招くものである。1つにはグローバリゼーションの2つのイメージ——同時に訴えかけられるのだが——の間には明らかな矛盾があることである。他方，グローバリゼーションに関して特徴的なことは，グローバリゼーション推進の「エージェント」を組み込み，あまりにも大規模に組み込むのでエージェントは自己の別々のアイデンティティを失っていくものと主張される。同時に，グローバリゼーションは独立したアクターとしてのエージェントの行動を制約するものであると主張される。これらの主張の間には緊張が存在する。グローバリゼーションは，国民経済が消滅するように働くかもしれないし，(各国の) 国民経済が同じように行動するように仕向けるようになるかもしれないが，誰も同時に2つの見方に賛成できないのは当然である。

この場合，構造（＝グローバリゼーション）とエージェント（＝国家）は，全く分離したカテゴリーというわけではなく，お互いを本質的に構成する要素であるという事実を，この説明は認めていないので，混乱が大きくなってきているというのが本当のところである。経済グローバリゼーションを，単なる構造状態の変化として仮定するならば，この新しい「構造」が発展していく際に不可避的に付随するものとしての「エージェント」内部で生まれる根本的な変容を無視することになる。構造を，国家行動に独立的にインパクトを与える所与のものとして理解するならば，この本質的点を見逃すことになる。

同じ理由で，グローバル経済の制約要素は，自律的に存在する一連の制約要素ではなく，それ自体，かなりの程度，国家活動の延長であり，国家の新しいアイデンティティと利益を反映したものである。「規制的制度は，外部からの制約というよりもグローバル経済の構成的部分である」と指摘することは，同じ点を考察する際には役に立つであろう（ホルトン，1998年:68頁）。規制的制度とグローバル経済は，併せてみると，すでに進んでいる国家の変容の度合いを表す指標となっている。

第3に，グローバリゼーションについての論争で注目されていいのに，必ずしも注目を引かない正統性と共同体についての重要なイシュを，この議論は

指摘している。ここでは，効果は逆説的であるといえるかも知れない。グローバリゼーションは，正統性の要件を免除されないが，それ自身の政治的有権者を持たないので，正統性を供給するためには国家に頼らざるを得ないのである。「構造」としてのグローバリゼーションは，それが国家という単位を同時に非正統化するように見える時でさえ，国家という単位に埋め込まれているのである。これはすでに示したことだが，グローバリゼーションの将来的な展開軌道を推測する際の中核的なイシュは，正統性をめぐって展開していくであろう。正統性が，伝統的に領域的空間で構成されるならば，グローバリゼーションはそれ自体で正統性を生み出すことはできない。グローバリゼーションは，個別国家の政治的，社会的プロセスを必要とし（ハースト，トンプソン，1996年：190頁），このプロセスがあればこそ，国家の持つ機能を他の組織に移譲することが可能となるのである。

　何れにしても，これは今の所の状況である。もしグローバリゼーションが現在の共同体を解体するならば，新しい形態の共同体が，古い共同体に取って代わって現れることも，もちろんありうる。共同体という問題をはっきり表現することは現代国際関係論の中核にある問題であり（アーチブギ，ヘルド，コーラー：1998年；リンクレーター，1998年），現在の形態のグローバリゼーションが持続していくことに関しても，この形態のダイナミクスを理論的に理解するためにも，共同体という問題それ自体が緊急を要するイシュである。これに基づいて，我々は陰鬱な展望には異議を唱えることになる。グローバリゼーションがどう展開していくかを推測する多くの見解が，それは直線的に展開していくと想定するのに反対していたけれども，グレイは，グローバル経済が統制を失って螺旋状に展開していくというイメージに基づいてグローバリゼーションの直線的展開という見方に屈してしまった。自由市場は国家を含む保護のための社会的制度を破壊してきたという彼の恐れが，この見方の根底にある。「自由市場は，その目的を達成するために国家権力を利用してきたが，極めて重要な点では国家制度を弱体化してきた」とグレイは陰鬱に語っている（1998年：24頁）。グローバリゼーションを最終的状態と見る見方に不満を言いながらも，

その結果起こるグローバル資本主義によるアナーキー状態は，彼自身が同意するのを止めた（グローバリゼーションによる）最終状態に他ならない。彼は，「国民」共同体の復活による国家活動の再構築も考慮に入れていないし，トランスナショナルな形態のガヴァナンスを通じて作動する新しい形態の共同体の創設も考慮に入れてはいない。事実，彼は新しい形態の共同体という考えを即座に退けている（1998年：207頁）。単一のグローバル市場を「普遍的な文明のための啓蒙計画」（1998年：3頁）──グレイは当然のことだが却下しているが──として想像することが，共同体と社会的保護のための全ての形態が崩壊すると予測する最も説得的な理由である。両極論は政治的ダイナミクスについての感覚に欠けているように見えるし，政治的アイデンティティと何らかの形態の共同体が発展していく可能性を理解していない。要するに，グローバリゼーションが国際関係理論になしうる主要な貢献は，共同体という考え方を詳しく説明することにある。

　最後にしつこいようだが，グローバリゼーションをめぐる議論は，国家理論に戻ることになる。経済グローバリゼーションを，外部から国家に影響を与える外発的なプロセスとしてではなく，国家を再構築しつつ国家によって，国家を通じて形成されるものと表現することは，国家とグローバリゼーションの間の不可避的な結合を強調する。グローバリゼーションは，国家理論にとって付随的な意味合いを持つばかりでなく，それ自体がある種の国家理論なのである。もしこの両者を統合するプロジェクトが，それが何であるかに関して認識されるまでは，グローバリゼーションは国際関係の理論家を混乱させ続けるであろう。

　何れにせよ，すでに議論したように，グローバリゼーションは経済的現象として個別に見るべきではないことは重要である。グローバル経済の構造の中で起こった圧倒的な変化の結果，経済国家が終焉したと表現される説の多くは，競争国家そのものの本質において繰り返し起こる変化として容易に認識することができる，というのが本章の主旨である。もちろん国家は，決して経済活動を独占してはいないし，経済再編の唯一の源泉でもない。企業，市場，消費者

全てが，各自の役割を果たすのである。しかし，これら3者の間の相互作用は，ゆくゆくはある時点で国家を通じて行われ，それによってグローバリゼーションの構築に貢献するのである。反対方向への一方通行があると想像するのは，全く間違いである。

　この主張をさらに深めるためには，我々は広く情報を求める必要がある。経済以外に機能的分野で国家に何が起こっているのか。情け容赦ないグローバリゼーションに直面して語られる唯一のことは，国家の自律性の衰退なのか。解明されるべき複合的なプロセス——それによって，国家が今日，「財とサーヴィス」という形で提供しようとするものは，決定的なグローバルな諸力に直面して，無気力さばかりか，変容しつつある自己イメージと自己アイデンティティである——があるのか。次に我々は安全保障国家について議論することになる。現代における安全保障の生産は，冷戦後におけるグローバルな構造主義の単なる変種としてのみ理解すべきなのか。あるいは，我々は，安全保障国家が今や体験しつつある根深いアイデンティティ・クライシスを考慮に入れる必要があるのか。

第6章　安全保障国家

はじめに

　今まで考察してきた他の機能的な分野におけるのと同様に，グローバリゼーションと安全保障の実態／形式の間には関連性が認識される。こうした他の分野と同時に，この関係を最も一般的に表現すると，外部から国家に影響を与え，安全保障環境——その中で，国家は機能するのだが——を変容させるグローバリゼーションという表現になる。その結果，国家は，安全を生産する能力を低下させてきたものとして描かれる。安全保障のグローバル化は，すでに要塞化した国家にとってはもう1つの政策課題を提供することになる。そのような説明は，またまた極めて欠陥のある誤解を招くものである。この説明は，国家を超越して起こり，外部から新たに制約を加えるものとして国家に影響を与える実態から遊離したプロセスとしてのグローバリゼーションのイメージを想起させる。

　本章でこれから議論していくように，安全保障の実態の変化は，根深い「国内的な」変容を反映している。グローバリゼーションは，「単に『あそこにある』現象であるばかりでなく，『ここでの』事態の展開でもある」(ギデンス, 1998年: 331頁) という一般的な主張は，グローバル化した安全保障に特に適用可能である。これは，個々の国家内部で進んでいる社会的協定が改定されることを示しているが，「外部の」新しいシステム構造により引き起こされた国家活動の論理を示したものではない。しかしながら，これらの新しい社会的協定がいかに重要かを見誤ることはできない。すでに指摘したように，「個人と国

家の間の暗黙の契約では，購入される最も基本的なサーヴィスは安全保障である」(ホルスティ，1996年：108頁)。北の先進国が戦争に訴えることをはっきりと躊躇すると言われているように，「国民国家の当初のバックボーンが弱体化してきている」(マン，1997年：492頁)ことが本当ならば，この契約はどの程度持ちこたえるものなのか。「国家間の暴力の相対的減少とグローバルなプロセスにおける国家の役割の弱体化の間には，密接な関係がありそうである」(レイディ，1998年：94頁)という本質的イシュを，ある鋭い批評家が提起している。戦争遂行のための主要な単位としての国家アイデンティティが喪失したことは，色々な分野で一般的に見られる衰退と思われるものを示している。

　しかしながら，新しい安全保障秩序は，安全保障分野で行動実態が無いばかりでなく国家行動がある程度見られることに象徴される。本書で現在展開されている議論に合わせて，本章での分析は，国家とグローバル化した環境の間の二重性を否定しようとするものである。新しい安全保障上の課題は，ただ単に国家が伝統的に多様な安全保障を生産する能力が衰退しつつあることによって引き起こされたものではない。その代わり，新しい課題は，国家内部の変容しつつある社会契約を明らかにし，同時に，この課題はグローバル化した環境の中での国家機能の変化しつつある論理の一部である。どちらも，他者と分離して説明できるものではない。同じような見解を繰り返すならば，グローバリゼーションは，「国家が行動する対外環境」をただ単に変化させるばかりでなく，「国家の本質」における変化をも反映しているのである(グエヘノ，1998年及び1999年：7頁)。

　少なくとも過去数十年，分析者達は安全保障の類型の変容をぼんやりとではあるが描いてきた。新しい安全保障の課題を予感させたものは，冷戦終結とかなり結びついていたが，冷戦終結に関わる騒々しい出来事が始まる前にすでに存在していた，国際関係に見られた幅広い傾向を示すものと理解される。本章の目的は，安全保障上の実質的な変化と，国家が安全保障を生産する能力が表面的には減少してきた事実が，どの程度，グローバリゼーションのプロセスのためであるかを調べようとすることである。「国内の地方単位，国家単位，国

際地域単位の政治的利益が,グローバルな経済諸力との間で生じた衝突が,今後数十年の安全保障関係に対する深刻で極めて重要な課題の1つを提起しようとしている」(デウィット,1993年:5頁)という主張を,本書は検討するつもりである。「経済的,文化的,社会的グローバリゼーションによるよりもむしろ,国民国家自身の軍事力投射能力」に国家の自律性の危機を位置づけようとする解釈と,このことは対比されるのである。

グローバリゼーションが,安全保障のパタンを変化させる根源的理由であるならば,安全保障を維持していく上での国家の役割にとってグローバリゼーションの意味は何なのか。もっと一般的に言えば,安全保障を理論化しようとする最近の試みは,グローバリゼーション分析とどのように調和するのか,この試みのグレート・ディヴァイドにとっての意味は何なのか。この試みは,安全保障国家の後退について語ることを理解したものなのか,理論化しようという傾向をもっとよく説明できる代替的枠組みはあるのか。

グローバリゼーションについての可能性のある説明の中で,安全保障分野の説明は最も体系性がないものであった。グローバリゼーションは「戦略の世界にとってそれほど目新しいものとは思われていない」(グエヘノ,1998年及び1999年:5頁)ので,体系性に欠けていることそれ自体はおそらく驚きであろう。グローバリゼーションが安全保障に及ぼすインパクトについての主張の基礎は,以下で詳しく提起されるだろう。国際化への穏やかな動きによって生み出された効果と,グローバリゼーションの効果を区別する試みを,我々はまず最初に行う。一般的に,「軍事国家」という伝統主義者の概念の中ですら,安全保障の「国際化」へのこの傾向について広範な認識が存在する(ヘルド,マグルー,1993年:267頁)。この文脈で明らかであるが,「国際化」の意味はグローバリゼーションの意味と同じではなく,おそらくそれは多国間主義への示唆以上のものは意味していないであろう。国家は今や,単独主義的枠組みの中で自国の安全保障を追求しなくなって来ている。このため,分析者は「世界」という概念を「国家」安全保障に対置して発展させてきたのであり,安全保障はもはや「単独主義的手段では持続可能」(クレア,トーマス,1994年:3頁)ではなく

なったという理由で高度な相互依存関係に注目している。もしそうだとするならば，近年の歴史的段階における国家安全保障の特徴であった「単独主義的」メンタリティーが減少してきたことと，「合法的な暴力のトランスナショナル化」（カルドア，1998：103頁）と呼ばれてきたものへの，この減少と対応するような変化を我々は目撃している。もちろん，この傾向には多くの説明があるかもしれない——例えば，軍事技術のハイテク化とその結果もたらされる軍事費の変化，軍産複合体の再構築，ほとんどの国家が全てにわたる軍事能力を展開できない事実，軍事行動を集団的に合法化する傾向，などである。安全保障の「カルテル化」の動きに傾斜して，安全保障の独立的な生産者としての国家の役割が衰退していくこの傾向がますます示すようになった。安全保障の生産では，グローバリゼーションは，自由放任時代から寡占市場の時代への推移を示すものである。

　集団的安全保障に選択的に依存することそれ自体が，安全保障がグローバル化した証拠であることをこのことは意味している。集団安全保障をグローバリゼーションをめぐる議論と結びつけることが適切かどうかは，集団安全保障があまりにも国家中心的概念で，他の社会的勢力を包摂するには適していないという理由で問題にされてきた。「同じような単位からなる単一の構造としての国際的共同体という概念は問題視されるようになった」（レイサム，1996年：91-2頁）と主張される。この説明に関して，集団的安全保障は，非国家の安全保障アクターの台頭によって追い越されてきた。この点が力を持つのはもっともである。国家以外のアクターを集団安全保障構造に組み込むことが可能であったとしても，この傾向によって作り出される安全保障上の実質的変化は，グローバリゼーションによると思われる変化よりも秩序性が低い。この根本的な理由は，安全保障国家が自己認識する環境の性格ではなく，安全保障国家それ自体の性格が変わることを，グローバリゼーションが要求することである。これとは対照的に，すでに議論したように，このことは多国間主義あるいは国際主義の必要条件ではない。国家は，自己を根本的に変化させることなく，集団防衛や集団安全保障体制に加わることもできるし，離脱することもできる。こ

れと好対照に，グローバリゼーションをこうした他の傾向から引き立たせるのは，国家と環境が同時に変容する事実に焦点を当てることである。

1．現代における安全保障を分析する

しかしながら，グローバル化した安全保障についての議論は，それがどんどん広がっていく安全保障の課題についての幅広い主張の一部であるために，焦点が曖昧になっている。こうした傾向が認められるならば，変化には多様な原因が考えられるという主張も出てくるが，この主張はグローバリゼーションについて最も緩い概念によってすら合理的に説明できる領域をはるかに越えている。それにもかかわらず安全保障概念が拡大した部分——それは過去十年間の学問的研究の目立った特徴なのだが——は，グローバリゼーションの効果でもありうるし，グローバリゼーションの効果のためでもある。典型的には，リップシュッツ（1995年b：14-15頁）は，安全保障を再定義する努力を「経済グローバリゼーション」から派生した具体的なプロセスに位置づけている。本章でさらに議論を発展させていくが，外部からばかりか，国家それ自体の変容を通じて「内部」からも，これが安全保障にインパクトを与えていると，彼は印象的に主張している。実際には，国家は安全保障能力を減少させたわけではなく，安全保障上の任務の中の優先順位を変更したばかりでなく，任務の組み合わせを変更したのである。

この分析全体に行き渡っている2つの別個のイシュがある。第1のイシュは，すでに指摘したように，安全保障の性格には検知可能な変化があるのかどうか，もしあるなら，その変化はどの程度グローバリゼーションの効果なのか，ということである。第2のイシュは，そのようなインパクトは，肯定的なものなのか否定的なものなのか，ということである。グローバリゼーションの結果として，安全保障の展望は改善したのか，それとも悪化したのか。この議論はどちらの方向でも行われてきたし，あちこちで簡潔に要約されている。肯定的面に関しては，例えば，「経済グローバリゼーションと生態学上の相互

依存関係と結びついたグローバルな結合性が強化されれば，国家間の協力が今まで以上に必要となることが明らかになるであろう」(ブレザートン，1996：101-1頁及び150頁）と仮定されてきた。強化された多国間主義は「国家間でエリート・レヴェルの対話を促進し，厳密な意味でグローバルな安全保障のための意味ある利益を提供することは疑いない」(ローラー，1995年：56-7頁）ので，この強化された多国間主義から生まれるであろう進歩に感銘する者もいる。同時に，1990年代の安全保障状況が悪化していったという主張を証明するものは，厳密かつ懐疑的な再検討に晒されてきた（ブース，1998年b：41-5頁）。他方，「経済グローバリゼーションは，急速な社会的変化と拡大する経済的不平等と結びつく可能性があり，一方，思想のグローバリゼーションは文化的アイデンティティに重要な課題を突きつける」(ブレザートン，1996年：100-1頁）ので，陰鬱な予測は，緊張と紛争が増大するという推測を提起する。1つにはグローバリゼーションのためであるが，新世界無秩序というイメージがこの種の偏見に基づいて呼び覚まされた（ブース，1998年b：51頁）。グローバリゼーションの悪い面についての別の解釈がなされてきた。即ち，グローバルなコミュニケーションは緊張を緩和するよりもむしろ悪化させる可能性がある（ベル，1993：173頁）。いずれにせよ，グローバリゼーションの安全保障に与える相矛盾するインパクトは，「諸刃の剣」(ブース，1998年c：340頁及び342頁）と判断されてきた。

　安全保障の展望が良くなるか悪くなるかどうかについてのこの不安定さそれ自体が，冷戦後世界で，安全保障それ自体が何を意味するかをめぐる根本的な論争によって増幅されている。いくつかの懸念によって，冷戦期の戦略研究で発展してきた支配的な安全保障アプローチに疑問が投げかけられている。「新しい」安全保障の課題（ブース，1991年：318頁）の登場と同時に採用された，過度に軍事化した安全保障概念として色々な所で認識されてきたものから少し離れる必要性が，この分野の極めて重要なアプローチの出現に貢献してきた（クラウス，ウィリアムズ，1997年）。これは，「資源，環境問題，人口統計上の問題」(マシューズ，1996年：274頁）をそれに組み込むことによって，安全保障の

地平線を拡大すべきであるとの訴えとも結びつくのである。ブースも主張したように，この問題を超えて，伝統的なアプローチについて問題なのは，「世界の数百万，数千万の人々にとって，主要な安全保障上の脅威は『敵』ではなくて，自分自身の国なのだ」(1991年:318頁)ということである。国家安全保障の枠組みの中で行われる安全保障研究には限界があり，致命的なほどに歪曲していく可能性があることになる。誰のための安全保障が議論されているのか，安全保障はどのような形態をとるのかについての意見の一致が見られない時に，グローバリゼーションは事態を改善するのか悪化させるのかどうかについて合意がないということは少しも驚くに当らない。

そのような多くの議論は，インスピレーションか妥当性を求めてグローバリゼーションにあまり依存していない。冷戦期，安全保障研究は過度の国家主義的視点にハイジャックされ，この研究は全て放棄されるべきとは言わないまでも，調整される必要があると，これらの議論は主張しているだけである。しかし，本書に直接的に関わるイシュを直接的に提起している安全保障分析がある。安全保障に対する脅威は，伝統的な表現によれば，「具体的な方法で，外的アクターが脅威を受けている国家に浸透する」(リプシュッツ，1995年b:18-19頁)という形態をとる。しかしこのイメージそれ自体が問題となる。リプシュッツは次のように言う。「ミサイル，汚染物質，移民は皆『外部』からやって来て，内部に脅威を与える。しかしながら，秩序と無秩序が交じり合った世界は，いわば本体を奪って，すでに『内部』になっている」(1995年b:18-19頁)。このコメントが鋭く挑戦するのは，2つの分離した世界——そこでは国内の安全保障が外部の対照的な不安定性に対置されている——という概念である。こうした二極構造は常に人工的に作られるものであるが，グローバリゼーションが展開している状況では特にそうである。「暴力の解釈を生み出す，私的空間（犯罪）と公的空間（合法），あるいは対外的空間（国際）と対内的空間（民間）という2つの対立する関係は，困難を伴うが現代の状況にこそ当てはまるのである」(1998年:108頁)とカルドアが我々に警告するのは，こうした理由があるからである。グローバリゼーションの論理を想起させるの

は，そしてグローバリゼーションと安全保障の関係を理解する最初の分析点を提供してくれるのは，この外部と内部を分離している境界線がぼやけていることである（グエヘノ，1998年及び1999年：6頁）。

　安全保障分析をする場合に，今度は国家に焦点を当てると，以前ほかの状況で出てきた多くの相互連関性が浮かび上がる。即ち，対内的領域と対外的領域との間のグレート・ディヴァイド，強大な国家と脆弱な国家の役割，国家と社会的な安全保障の関係の焦点化などである。ブザンはこれらのうち最初の2つについて興味深い洞察を行い，グローバリゼーションが引き起こす安全保障の次元について我々が考察するのに役立つように2つを有効に結びつけている。彼は「国内レヴェル」と「システム・レヴェル」での二重の事態の発展に注目する。最初の事例に関して，「拡張し，強大化し，進化している『強大な国家』」——それは今まで以上に力強くなっているのだが——を指摘している。弁証法的な対立構造の中で，「国家を侵食あるいは解体しつつあるのではないかと思われるシステム・レヴェルの事態が展開している」（ブザン，1995年：194頁）。このことから引き出される結論は，特に重要な意味を持っている。国際システムからの効果は普遍的に認識されているので，この効果のインパクトは，当然，脆弱国家に顕著に表れる。「脆弱国家にとって，国際システムからの浸透効果は，国家が発展していく程度をはるかに凌ぐものである」（1995年：195頁）とブザンは書いている。

　この説明で問題なのは，ブザンが2つの事態を完全に分離していることである。国家の対内的強化と国家の変化しやすい対外的な弱体化の間に区別をするべきであると主張したいがために，脆弱国家は強大国家よりも浸透を受けてきたとブザンは結論づけるのである。だが，グローバリゼーションが展開している状況では，全く逆が本当であるのが当然である。即ち，<u>一番浸透を受けるのは強大国家なのである。強大国家の力の源泉となっているのは，グローバリゼーションの諸力によって浸透が全面的に行き渡ることである</u>（下線部，訳者）。脆弱国家と強大国家という概念の使い方と，対内領域と対外領域の分離を措定する度合いについて我々はもっと慎重であるべきだというのが，このこ

とが示唆する問題である。対内的領域と対外的領域の間に本当に分離が起こっていると主張することによって，対外的領域からの浸透に抵抗する能力こそが，力の目安であると自信を持って信じることになる。グローバリゼーションの時代では，国家は「浸透される」からこそ強大であることが可能ではないのか。あるいは，国家は（グローバリゼーションという）新しい条件——国家自体がこの条件の積極的な創始者であり，この条件の下では対内的領域と対外的領域という区別が以前よりもはるかに不適切となっている——に適応しているという点で，国家は強大であるといえるのかもしれない。最も脆弱な国家だけが，この分離状態が存在すると主張する必要性を感じるのである。<u>擬似国家は単にグローバリゼーションの客体でしかなく，一方，強大国家はグローバリゼーションの主体である</u>（下線部，訳者）。「国家間よりも国家内部に存在するアナーキー状態が，1945年以来発生した戦争の広がりを説明する根本的な条件である」（ホルスティ，1996年：82頁）という事実認定を，このことは説明しないのか。

　これは間接的には，第3のイシュ，即ち国家と社会的安全保障という問題にも注意を喚起する。前者は，「国家安全保障についての主張は，誰が安全にされるのか——もちろん国家の中の市民であるが——という問題に特定して理解する利点がある」（ウォーカー，1995年：32頁）という理由から，支配的な概念となりがちであるのは疑いないが，一方，安全保障の別のモデルはこのイシュについての正確さに欠けている。それにもかかわらず，最近では，グローバリゼーションに関する文献の中の重要なテーマ横断的論文は，国家以外の安全保障に関する問題に考慮すべきであると主張するようになってきている。「市場の諸力を導入することと結びついた最も不安定化させるような結果から，果たして社会は守られるのか」とポランニーが自問したように，社会的次元はすでに彼の分析には内在していたと，クロフォード（1995年：156頁）が認識していたのはその一例である。そのようにイシュの枠組みを設定すると，我々は「国家の安全保障と，社会の安全保障を区別する」必要に迫られる。ウィーヴァーは，異なった方向からアプローチしながら，同じ結論に達してい

る。国家の安全保障と社会の安全保障という枠組みを設定して,前者は究極の基準としての主権を有しているが,後者はアイデンティティをめぐるものであると結論している (1995年:67頁)。領域国家の弱体化は,アイデンティティを今まで以上にはっきりと露出させている,とウィーヴァーは考える。国家の弱体化は,戦争という状況——ここでは,社会が,そうでなければ軍事的に脆弱な交戦国が損害を与えると望むことのできる唯一の目標となることがしばしばである——ではっきり表れるように,社会を目に見える形で脆弱にするかもしれない (フリードマン,1998年:48頁)。

　我々が安全保障について考えるような形で生じる重要な変化があるかもしれないことを認めたとしても,こうした変化がグローバリゼーションによって自動的に引き起こされているということにはならない。スペクトラムの一方では軍事技術から,他方では社会的組織やアイデンティティの広範な変容まで,表面的には,こうした変化の原因は数多く存在しうる。初めの段階の説明のために,次の3つの要素をめぐって分析の枠組みが作られる。即ち,グローバリゼーションそのもののインパクト,冷戦終結の結果,国家の性格の変容の3つである。グローバリゼーションに特徴的な効果を区別しなければ,グローバリゼーションの安全保障にとっての意味を正確に評価することは不可能である。

　新しい安全保障の課題は,冷戦終結や国家機能の変容から生まれるが,グローバリゼーションの概念とはほとんど関係がない。安全保障の捉え方に新たな方向づけをすることによって,冷戦によって抑えられていた諸問題が解き放たれた様子——アイデンティティ,国民性,人権,民主化全てが冷戦終結によって解き放たれたという——を確認するというもっともらしい議論が次から次へと噴出するかもしれない。あるいは,安全保障というのは,国家機能の単なるバロメーターであるという立場をとる人もいるかもしれない。安全保障上の課題が「拡大」したのは,国家が執行する新しい任務によってである。「包括的な」安全保障上の課題を生み出す国内的な理由を挙げながら,ブザンはこの点を指摘している。「国家は今や,軍事力や支配層の安全ばかりか,経済的

競争力，文化の再生産，市民の福祉・健康・教育，生態系の安定化，知識や技術の統制に注意を払わなければならなくなった」（1995年：191頁）とブザンは指摘している。

　グローバリゼーションに直接訴えかけなくても，安全保障の本質が変化しつつあることを説明できると考えられるかもしれない。しかしながらそのようにグローバリゼーションを簡単に却下することは，重要な問題，特に冷戦終結と国家変容それ自体がグローバリゼーションによって引き起こされてきた度合いについて考察することを実際には回避してしまうことになる。冷戦終結とグローバリゼーションの関係が明らかになれば，グローバリゼーションと安全保障の間の関係も明らかになる。冷戦終結は，せいぜいのところ，戦後秩序の**部分的修正**を表しているに過ぎず，ほかのほとんどの点では戦後秩序の継続であるという主張に，この包括的な議論の基礎が置かれているのである。これはアイケンベリーが多大の努力をして発展させてきたテーマである。一方で，冷戦に特徴的な対立的要素——二極性と封じ込め——と，他方で自由民主主義陣営内部の統合的傾向を区別しながら，アイケンベリーは，後者を生き生きとした，今でも存在しているものとして描いている。事実，それは「今まで以上に強力に」（1996年：79頁）なっている。この視点から見ると，「冷戦終結後の秩序は，西欧的秩序が継続し拡張したもの」（1996年：90頁）であり，この秩序を構成する要素は持ちこたえて，今やもっとはっきりと現れている。同様に，異なった方向からではあるが，ショー（1997年a：36頁）は，核時代の初め頃に戻って，国家と軍部との関係における深い社会学的な変化を検討している。もしそれが本当なら，安全保障の枠組みの変化は，冷戦後の国際システムの断絶性と継続性によって引き起こされている。さらに言えば，グローバリゼーションのダイナミクスが疑いも無く認められるのは，統合力の強い西欧的システムの内部である（クラーク，1997年）。このような見方をすると，冷戦終結そのものは，変化に影響を与える単独の原因というより，ほかの変化が現れてきたことの兆候である。「安全保障の多次元性は，別に新しいものではなく，冷戦期に適切であった多次元にわたる要素は，1990年代に適切な要素とは異なる傾

向がある」(ボールドウィン，1997年：23頁) という見解の中に，このことは黙示的に認められる。

　同じことが，国家の変容にもいえるのである。国家機能の変容が「対内的に」進められるという現象がいかに魅力的で，その結果，新奇な安全保障上の要求が「対外的に」なされようとも，そのような分離は同様に単純である。いずれにしても，国家の対内的な行動が変化する場合には，他国のマネをする力が作用している。17，18世紀の軍事偏重国家が，競い合うように模倣することによってほとんどの国家が変容していったように (ティリー，1975年)，対外的適者生存の論理によってそうするように励まされるので，国家は競争，教育，知識の独占について関心を高めたのである。疑いも無く，グローバリゼーションのプロセスはこの論理の形成と，その論理の拡散に巻き込まれている。要するに，現代の安全保障は，冷戦終結と国家の根本的な変容の深い影響を受けており，グローバリゼーションの論理からは逃れているという言い訳をするのは，批判に耐えられるものではない。冷戦終結と国家変容は，この論理の一部であり，安全保障は疑いも無くこれら双方において取り上げられる問題である。

　安全保障は，グローバリゼーションのインパクトによって再構築されているという主張を支持する一連の根拠を我々は再検討することができる。具体的に示すために，この証拠を，4つの相互に関連し合った議論に分割することにする。これらは一般的には，次のように提起される。安全保障を領域から分離すること，グローバルなネットワークという形の安全保障の網状化が進むこと，グローバリゼーションによって新しい安全保障の課題が生み出されること，国家が市民のために安全保障を供給する能力が減少すること，の4つである。これら4つは，安全保障とグローバリゼーションがお互いに関係し合う主要な様態である。こうしたそれぞれの議論の効果を評価し，国際関係理論にとっての意味を検討するという作業が残っている。

2．安全保障のグローバル化

　国際関係論の伝統的な文献には，安全保障それ自体よりも領域性が強いと見られるテーマは少ない。安全保障は，通常，主権的空間内部のヴァイタル・インタレストを保護するものと定義されてきた。安全保障を「縛りつけ」，安全保障を享受するための伝統的に言及されるものを供給するのが領域である。領域がないと我々は，安全保障の主題を特定する場合，概念上の困難を抱えることになる。グローバリゼーションが問題になっているのは，まさにこの領域的次元なのである。グローバリゼーションはそうすることによって，安全保障を理解するための現在の枠組みに正面から挑戦しているのである。

　もしそうだとすると，ジョン・ヘルツ（1973年）がずっと前に指摘し，それ以来，他の論者もその論点を補強してきたように，安全保障のグローバル化を核兵器の登場にまで遡って追跡調査するべきであるという説得力ある議論がある。核兵器によって，実に大気圏爆発という形で最も直接的に挑戦を受けたのは領域的防衛能力であった。ハークネットがヘルツの議論を修正した論文の中で認めているように，「（敵の）攻撃を撃退する計画を予め準備することによって，自国民の保護が可能となる防衛のための固い殻としての領域について行われていた核時代以前の概念は，核兵器によって確実に侵食されてきた」（ハークネット，1996年：145-6頁）。ラギーは鋭く，もっと一般的な形で「領域の切り離し」と名づけたものに注意を払っている。領域を主権によって区分けする情け容赦ない傾向があるにもかかわらず，国際社会そのものがその例外を要求してきた。治外法権がその主たる事例だが，ラギーはもっと広くそのプロセスを特徴づけている。「国際レジーム，共同市場，政治共同体などによって，新たな制度が生み出され，この制度を通じて領域は切り離されていくのである」（1998年：190-1頁）。疑いもなく，グローバリゼーションは，この切り離しを説明するのに役立つか，あるいはもっと正確に言うとグローバリゼーションは国家以外のアクターによって始められる時ですら，この切り離しのプロセスなの

である。もしラギーの指摘する切り離しが、実際に稼動している国家間システムを求める国家によって進められるなら、成長していくであろう、行動のための非領域ネットワークを求め、不注意のためかもしれないが、グローバル社会の初期の段階を生み出す他の社会的アクターによって、より広範な切り離しが促進されてきた。

領域性を重視しない事例は数多くあり、詳しく触れる必要はない。この事例には新しい軍事的課題が含まれるが、厳密に解釈するならば、この課題の下で、今や国家領域を防衛するために必要なものによって軍事力が行使されることは少なくなっている。ソレンセンは、グローバリゼーションに関してお気に入りのモチーフである「国境の無意味化」を、安全保障をめぐる論争に位置づけている。「伝統的な意味での国防とは無関係な任務を、軍隊はますます与えられるようになる」と彼は指摘し、「国内紛争や基本的人権の保護に人道介入する」ことに関連して自分の主張を具体的に説明している（1997年：267頁）。もはや領域的には定義されない新しい安全保障共同体の出現を予想する者もいる。それは**認知領域**と表現され、そこでは戦争の脅威はほとんど消滅している（アドラー、1997年：254頁）。

これは何も、そのような全ての主張に異議を申し立てられる必要のある条件を否定するものではない。安全保障のグローバル化を示す証拠は、他の分野よりはるかに曖昧であり、安全保障のグローバル化の傾向がいかに重要であろうとも、安全保障を根本的に脱領域化したものとして提起する誘惑に惹かれることに、我々は警戒すべきである。この点に関して我々は3つの警告を心に留めるべきであるが、その1つ1つは、この議論全体に関わる深遠な理論的イシュに言及している。第1点目は、フリードマンの指摘に従う。若干異なる議論の一部として言及されているが、フリードマンの観察は現在の論点と関係がある。戦争の「ヴァーチャル」化になっていく——そこでは苦痛も不便さも極小化される——という展望を軍事革命が可能にするという考えとフリードマンの考えは異なっている。フリードマンが、「領域、繁栄、アイデンティティ、秩序、価値は今でも重要である」ということを我々に想起させるのは全

く正しい（1998年：78頁）。安全保障と，安全保障の中で力の果たす役割についての伝統的な概念は，たとえ新しい懸念が考慮されたとしても全く不適切なものではない。第2に，領域性の終焉という印象を訂正するものとして，領域性は相変わらず国際システムの中では強力な防衛形態であり，国際システム内の最も脆弱な国家ほど領域性が弱い所は無い，ということも想起すべきである。第3世界の研究者が西側世界の文献に見られる，焦点を明らかに国家から個人へ移行させつつ，新しい安全保障の課題を強調する傾向を問題にするのは，このことが基礎になっている。南では，強力な領域性を持った国家こそが，北からの浸透力に対する唯一の有効な防波堤である，という共通の見解をヤフーブは繰り返している（1997年：139-40頁）。最後に，過去10年間の安全保障をめぐる議論の展開の中心には相矛盾する要素が存在している。コックスはこれについて説得力ある説明を行っている。「アメリカは，これら2つの原則の間の矛盾の只中に立っている。アメリカはグローバリゼーションの擁護者であるが，その軍事的用心棒としての役割は，領域に基礎を置いている」とコックスは簡潔に指摘している（R. コックス，1996年c：292頁）。グローバリゼーション，領域性，安全保障の間の関係は，このように，このテーマについて書いた研究者が我々を説得させようとしたのよりはるかに複雑なのである。

　第2にカテゴリーは，単一の立場の表明というよりいくつかの議論の集積であるが，安全保障は，ますますグローバルなネットワークに構造的に組み込まれていくという中心的主張をめぐって統合される。こうしたネットワークの内容は，それぞれの説明によって異なるが，全体的に見れば，国家が自身の能力を追求しようとして自律的に行動する能力が減退していくということを前提とすると，こうしたネットワークは安全保障の新しい概念を構成するのに貢献できる。一般的な「主権喪失」理論か，強烈な資本移動に晒されるマクロ経済政策を国家が維持していくことができないという事実，のように，すでに上で述べた議論に全く直接的に対応するのが，この安全保障についての議論である。現在の状況では，グローバル化しつつあるネットワークは，安全保障国家を空洞化させてきたように見える。

こうしたネットワークはどのような形態をとるのか。ネットワークは，実際には，今まで述べてきたグローバリゼーションの一般的形態の特殊な事例である。その意味で，ネットワークは，生産と交換のグローバル化，グローバルなコミュニケーションのシステム，国家の自国民への責任体制の再確立へ向かう傾向——これらはすでに検討したが——から派生している。

こうした事態の発展を安全保障に適用することが，防衛機器や防衛技術の分野で，若干狭義にではあるが非常に便利に行われてきた。この場合，安全保障と関係したイシュは，生産のグローバル化という一般的な議論に包摂されるのである。軍事機器の供給は，交換ばかりか生産のグローバルなシステムの一部である。さらに言えば，供給者として消費者としての個別国家は，こうしたシステムのいずれかに対しては統制力を失ってきたのである。このような視点から見ると，冷戦期の国家安全保障概念の中心であった様々な考え——防衛産業基盤，各国産業界の主導的企業，軍事機器に必要な技術的スキルなどを保護するべきであるという考え——は挑戦を受けるようになったのである。展開されてきた民営化の度合い，軍事技術のコストが上昇してきた事実，防衛産業の相対的な国際化などを考慮すると，こうした（冷戦期の国家に担わされた）責務は，もはや同じような意味をなさなくなった。

クロフォードは，こうした分析の仕方を有効に発展させ，「軍事力に必要な財とサーヴィスを配分する市場が侵食され，その結果，こうした資源の配分を制御する国家の能力が少しずつ回復していくこと」に注意を引いている（1995年：159頁）。彼女がそれを歴史的分水嶺を画するものと見るこの移行は，極めて意義深いものがある。「19世紀末以降明らかになったのだが，国家のこうした資源に対する統制力が増大する傾向は，20世紀には逆転したように見える」ことを彼女は証明した（1995年；159頁）。軍事技術が民生用技術に副産物を供給するというよりも，軍事技術の方がますます依存するようになった民生技術に傾斜させながら，民生用技術と軍事技術の結合によって，この傾向の持つ重要性はますます大きくなっている（クロフォード，1995年：155頁）。

グローバリゼーションが安全保障に与えるインパクトは，はるかに広い枠組

みの中で認識され，システム化した安全保障——それによって安全保障は相互に連結したネットワークの一部であり，全体としてのネットワークが個々の部分にインパクトを与えるのだが——という概念の中で操作されるものと考えられる。「北の相対的な安全保障は，世界人口の圧倒的多数を占める人々の慢性的な不安定と交換することによって実現している」（ウィン・ジョーンズ，1996年：203頁）という見解の中で，そのような概念は訴えられるのである。国家はできるだけ安全保障を消費するが，システムは国家の安全保障へのアクセス——その度合いは変化するものであるが——を制限する。

いつもながら，そのような主張に対して提起される留保条件がある。いずれにせよ，冷戦終結以来，世界の安全保障システムはますます統合されるというのではなく，解体されてきたという尊重すべき解釈がある。米ソ両超大国が，それぞれのブロックの安全保障認識と政策を統合する上で指導力を発揮したのは冷戦中であった。また，冷戦の二極構造という性格のために，米ソ間の勢力均衡が機能したため，世界中の地域安全保障構造は機能しなかった。この経験と対比すると，冷戦終結は，その結果は必ずしも情け深いものではなかったが，解放と同じ効果を持つものであった。冷戦終結は，グローバルな競争という制約要因が除去されたことを意味したが（ウォーカー，1993年：7頁），その結果，「戦略そのものの切り離し」（グエヘノ，1998年及び1999年：8頁）がある程度生まれたのである。これにより，「リージョナルなサブ・システムを支配するリージョナル・パワーが出現する」（ホフマン，1995年及び1996年：32頁）可能性が生まれたのである。リージョナルな自律性が成長してきたという見方によって，現代の安全保障がグローバル化の度合いを強めているという安易な仮説が問題となるのである。いずれにせよ，そのような見方によって，我々は，グローバリゼーションが世界の様々な地域ごとに形を変えて表れているかもしれないことに気がつくのである。

グローバリゼーションについて可能性があるかもしれない第3の説明は，新しい安全保障の課題が生まれた背景と新しい安全保障に関わる諸問題の発生の中に見出される。特に排他的でないにしても，これらの課題や問題はアイデ

ンティティに関係している。要するに，非国家主体中心パラダイムを出現させ，安全保障に関する社会的次元を再導入するに至った複合的諸力の一部こそがグローバリゼーションなのである。一般的にこのことがいわゆる上と下からの国家への二重の攻撃——外部からのグローバリゼーションと内部からの分断化——という表現なのである。再度言うことだが，このような明確な反対は誤解されがちだが，一般的テーマを導入するには役立つものである。ある研究者の言葉を使えば，「技術，経済関係，社会的認識，制度における長期間続く変化が，上からも下からも国民国家を締め付けているグローバル化とローカル化の圧力を引き起こしているのである」（アドラー，1997年：250頁）。こうした相対立する傾向の結果，現在のアイデンティティが不安定化することになる。グローバリゼーションという条件の下で，こうした傾向は脅威感を生み出し，「自らの国民的アイデンティティを失うのではないかという恐れとない交ぜになった不安感を悪化させる同質化に対する『地方からの』反発」（ダイバーナウ，1996年：135頁）を惹起している。ブレザートンも同様にグローバリゼーションと文化的特殊主義の間の対立に言及し，後者を前者に対する防衛的反応として描いている（1996年：105頁）。

　こうした新しい安全保障に関わる課題の下で，我々は3つの事例を簡潔に述べることができ，一般的なプロセスを描くものとしてこれらの事例をグローバリゼーション論と結びつけることができる。これら3つの事例とは，エスニック・アイデンティティ，人口移動，新しい形態の経済的不安定の出現によって表現される課題である。最初のエスニック・アイデンティティは，すでに言及されており，あまりにもおなじみのテーマなので詳しく述べる必要はない。それは今でも論争があるものの，1990年代初頭の国際的安全保障の最もはっきりした側面を描いている。東欧・バルカン，旧ソ連，アフリカの一部を通じ「軍事的安全保障の多くの場面で中央に踊り出た」感のある「パロキアリズムの帝国主義」として表現される現象が拡大してきた。エスニック紛争というこの課題は，グローバルな圧力に根を持っているので，安全保障との関連は極めて直接的かつ騒々しく行われる。

第2に，グローバリゼーションの顕著な特徴は，かなりの人口が動き合い，それがさらに大規模になる可能性のある現実である。過去100年のいかなる時期よりも今日ほど，人間の移動に対して政治的，法律的規制が強まった時代はないし，もし人間の移動に関するグローバリゼーションがあるならば，それを表現することは極めて逆説的であることは事実である。だがそれにもかかわらず，難民が殺到するようになる短期的な緊急事態によって引き起こされる重要な動きがある——ルワンダの難民がザイールに溢れんばかりに流入し，アルバニア人がアドリア海を渡ってイタリアにまで漂流し，経済的機会を求めたり，生活向上を望む長期的な構造的要因である。「最終的にはナショナルな相違とエスニックな相違をぼかしてしまう可能性のあるグローバリゼーション論の重要な側面として認識されてきたグローバルな現象」(1996年：123頁)としての移民に，ブレザートンが言及する時，彼女は一般的な点を指摘しているのである。この長期にわたる可能性にもかかわらず，人口移動の圧力は，短期的緊張と不安定を生み出し，アイデンティティをめぐる政治を悪化させるのである。いくつかの事例では，人口移動の圧力は，市民権というものを狭く再定義するのに役立つことによって不安定を生み出したり，アイデンティティ政治を悪化させるのである。

　第3に，グローバリゼーションは，経済的課題を通じて新しい安全保障問題の出現と結びつくのである。グローバル経済の視点から見ると，生産組織は「場所無関係 (placeless)」かもしれないが，個々の国家の視点から見ると，滅多にそうではない。生産を容易にグローバルに移転できること，流動的な資本が粘り強く新しい投資市場を探し出すことによって，経済的不安定性が生まれるのである。「先進工業国家は，世界中のどこでもいいというわけではなく，自国領土内でこそ革新的な活動が生まれることを確実にする方法を探るので，すでに述べたように，これら先進工業国家間での経済競争が高まる恐れ」(クロフォード，1995年：158頁) が今や生じている。システム的に見ると，グローバルな生産は相対的には「場所無関係」かもしれないが，具体的な結果という観点から見ると，グローバルな生産といえども依然として明確な基盤を持って

いるのである。実際，競争に失敗した場合の国家レヴェルでの罰は，以前よりもはるかに厳しくなっている。これもまた，現代における不安定症候群の一部である。

最後に，この主題は，国家が安全保障の供給から後退するという枠組みの中で検討することができる。驚くべきことであろうが，グローバリゼーションに関する文献は，ほかの機能的分野に対してよりも国家の（グローバリゼーションへの対応）努力という側面にははるかに注意を向けていない。主権，経済，民主主義に関する文献には，国家退場という認識が広く認められるが，国際安全保障の文脈では，国家退場は相対的に未だ成熟した概念となっていない（ハークネット，1996年：139頁）。国家の歴史的発展と国家の軍事的機能の間の広く認識されている関連性を前提にしてみると，この概念そのものは，両者の関連性を全く無視したものである。

国家の安全保障提供能力が減退しつつあることに言及する場合，それは一定の幅を持つ異なった文脈の中でのことである。能力を減少させた安全保障国家は，軍需生産と軍事技術を統制する力を失ったものとして狭義に解釈できる。「軍事的資源，特にハイテク資源は，国家が統制力を持っていないグローバルな商業市場でますます見出されるようになった」（995年：150頁）というクロフォードの議論が，これである。このことを最も劇的に示したのが，ソ連の崩壊である。ソ連崩壊という出来事は，グローバリゼーションによって生じた壊滅的な国防上の失敗の事例として生き生きと描くことができる。「ソ連は，まず国際的技術拡散によって獲得される軍事技術を獲得することに失敗し，その結果，ソ連の防衛産業の基盤がグローバリゼーションの諸力に左右されるようになったため，ソ連が西側が握っている兵器市場に依存するようになった様子を示す事例の1つが，ソ連崩壊のストーリーである」（1995年：167頁）とクロフォードは書いている。この場合，防衛機器生産の深刻な変化に対応できないことが，安全保障能力の減少ばかりか国家そのものの失敗を引き起こした要因である。

国家の衰退を示すもう1つの事例は，現在進行している安全保障供給の民

営化によって実証できる。「安全保障の民営化が劇的に拡大したために,国家による統制は挑戦を受け,国家軍事主義よりも説明責任もなく,統制も利かない軍事力によって世界秩序は最終的に脅威に晒されることになるかもしれない」(ハウ,1998年:1頁)とある批評家は観察している。国家が社会・福祉サーヴィスから後退し,エネルギーや交通といったかつては中核的な産業と思われていた分野から国家が撤退するのに伴い,分析者達はまた安全保障の民営化に注目している(シーラー,1998年)。「戦争の民営化は,伝統的には国家と同一視されたり,国家によって供給される責任とサーヴィスを下請けに出す」(クリトゥシィオティス,1998年:11頁)もう1つの事例として言及されてきた。防衛産業又は防衛関連産業の中心的要素を民営化するとともに,囚人の管理・移送のような,国家の対内的安全保障機能の民営化という事実の中に,これに関してのありふれた平凡な事例がある。しかし,安全保障の民営化という概念は,グローバリゼーションという文脈で理解されるならば,このような事例をはるかに超えていくに違いない。傭兵の役割が適切な例であろう(クリトゥシィオティス,1998年)。もっと一般的には,現在の状況の下では,国家は「暴力を**合法化する**能力を独占しているが,暴力を独占する能力を保有していない」(デュードニー,1995年:97頁)という表現の中に,この議論が表れている。ミリタリー・プロフェショナル・リソース・インコーポレイティッド,エグゼキュティヴ・アウトカムズ,サンドラインというような,民間軍事会社の活動は,このような議論では大きな部分を占めるようになってきた(ハウ,1998年:2〜6頁)。この事実が示しているのは,安全保障が(国家外の)ほかの組織に漏れ出していることと,安全保障機能がある程度,民間会社に移転していることである。この意味において,経済分野で起こってきた規制緩和に対応するものとして,国際安全保障分野におけるこのような最近の傾向を概念化することは可能かもしれない。

　しかしながら,国家の能力に関して,そのような市場中心の分析を乗り越える根深い議論がある。この議論は国家と社会の間の新しい契約と国家が今や生産しなければならない安全保障の(新しい)タイプに関するものである。この

議論は，国家が自国社会を軍事動員することに明らかに依存できなくなってきている状況にも関係している。国家の無能力化というイメージに訴えかけることが皮相に見えるのは，国家を根本的に変革しようというこの文脈においてである。グローバリゼーションと安全保障の関係は，単純な説明によって我々が信じ込むよりはるかに複雑なものである。

　社会学的現実主義学派（ギデンズ，1985 年；ティリー，1985 年；ホール，1986 年；マン，1986 年及び 1993 年）によると，軍隊は，近代国家の形成に特徴的な痕跡を残してきた制度の 1 つである。戦争活動のための資源を引き出すことに大いに成功したかどうかという観点から，近代国家を定義する者すらいるのも事実である（ティリー，1985 年）。それは，そのような歴史的な説明から，対内的にも対外的にも暴力に合法的に訴える権利を独占してきた制度として国家を捉える古典的概念までのほんのわずかな一歩である。このように考えると，国家と国家による安全保障機能の関係は，本質主義的なものであり，後者におけるいかなる変化も前者に対して劇的な結果を持つものと推測できる。すでに示唆したように，「国家と国家システムは，長期的には安全保障の供給者として成長が可能か，あるいは機能を果たせるかどうかによって，台頭し，強靭に存続し，そして新たなものと入れ替わるものであると，安全保障について実利主義的立場に立つ人々のこの問題へのアプローチ」（デュードニー，1995 年；89 頁）は主張する。もしこれが本当ならば，安全保障のグローバル化は，国家権力と正統性という中心的問題に関わることになる。このように正統性はグローバリゼーションの存在を突き止めるための主要な場となってきたということである。

　正当性の欠如が拡大してきていると多くの分析者達が認めるのは，国家が伝統的な安全保障機能を果たす能力が欠如していることに基づいている。「国家機関の当然果たすべき約束と，市民社会の構成員の安全保障上の必要性に合致した実行可能性との間には，かなりのギャップが存在している状況の中に，正統性の欠如と正統性の危機が予測される」（1995 年：101–2 頁）とデュードニーは観察している。そのような欠如は，最初は核兵器が出現した結果もたらされ

たものと診断されていた。古典的な意味での「国防」は，最早，領土や市民を守れないので，核兵器は，自国領土や市民を国家が守る能力を侵食してきたとみなされたのである。核時代には，「市民社会を破壊から効果的に防衛するものとしての国家機関は，最早，市民社会とはなじまない」（デュードニー，1995年：99頁）。「核攻撃の脅威によって生じた脆弱性のレヴェルは，凄まじいものなので，領域性は再考されるべきである」（ハークネット，1996年：148頁）と，同じ文脈で主張する者もいる。そのような診断は，戦略理論から見ると，全く論争になるものではなく，国防体制から核抑止体制への核時代の動きについて標準的な特徴と一致したものである。この評価によると，国家は自国に対する物理的手段による損害を最早，阻止することはできないが，報復するぞと脅すことによって，損害を与えようとする国々に思い留まらせるのがせいぜいである。

しかしながら，核時代には，気づかれていない安全保障についての微妙な意味が存在する。これは，核技術によって国家が安全保障の手段としての社会に依存しなくなったという，特にマーチン・ショーが発展させた主張である。1950年代中葉以降ずっと，核兵器は戦争準備に加速的な影響を与えるようになった。核兵器の主要な効果は，社会を解体することであった。このことは，社会が有する人的，産業的可能性は，20世紀初頭の世界戦争の場合より，戦争の結果に与える影響がはるかに少ないかもしれないという意味である。ほかの形態の技術的革新に関してと同様，核兵器は防衛産業の構造的失業を生み出し，社会はますますレイ・オフされるようになった。

特に，核兵器が冷戦後の安全保障では重要な要素ではなくなったので，そのような主張は，多くの点で議論を引き起こすものである。そこで国家は，再び社会的資源にますます依存するようになると考えられるかもしれない。しかし，冷戦期の解釈としてさえ，この見方に反する歴史的証拠が数多く残っている。核時代の形成期と重なる冷戦期の要求があったため，主要な核の主唱者達は，以前にも増して社会を動員することによって，はるかに多くのことを実現したといえるだろう。ソ連に関しては，そのような事態はほとんど否定できな

いが，アメリカでは「安全保障国家」という表現で広く認識されていた。

核兵器の結果についての特定の説明として，ショーの指摘は，少なくとも短期的には疑問があるとはいえ，グローバリゼーションの時代の安全保障の枠組みが変化しつつある事実を一般的な形ではあるが説明するものとしてショーの指摘は説得力を持っているかもしれない。核革命の結果として1950年代以降，社会が直ちに（核戦争に対しての）警戒態勢を解除しなかったとはいえ，1990年代以降，社会がますます警戒態勢を解除するようになってきたという説得的な証拠は無いのか。このことに対応する論理は，核兵器が過剰に存在しているという論理ではなく，**ナショナルな**社会の全ての資源を動員することによって全面戦争を戦おうとする試みの無益さであり，全面戦争を戦うとしても，社会的資源は最早，認識可能な基礎に基づいて利用することはできない。20世紀の大戦争が，資源と生産の衝突として戦われ，勝利したとしても，グローバル化した生産という状況の下で全面戦争はどのように戦われるのであろうか。安全保障を生産するために，国家がナショナルな社会に依存する能力が減退してきたことの意味は何なのか。

少なくとも先進民主主義国の軍事政策の文脈の中で，近年になって顕著になってきた2つの傾向に焦点を当てることによって，この点をさらに検討することができる。第1の傾向は，先進軍事技術が登場するという見込みと結びついた一連の傾向であり，軍事革命（RMA）という一般的な表現の下で一緒くたにされることがしばしばである。フリーマンは，この問題を必死に調査研究し，その理論的根拠について簡潔に要約している。「軍事革命という命題の下で糾合された諸要素は，軍を民間から，戦闘要員を非戦闘要員から，軍事攻撃を社会から，組織暴力を日常生活から分離するという総合化のテーマを担っている」（1998年：17頁）とフリーマンは結論づけている。そのような傾向の背後にあるのは，単に軍事的論理と，ハイテク技術開発の可能性なのかどうか，あるいは根深いところで社会政治的，経済的な変容が進行中なのかどうかを，我々は必然的に考察するようになる。社会が全面戦争に今までよりも貢献できないので，もし全面戦争が最早可能でないならば，社会生活とできるだけ分離

した軍事活動の領域としての戦争を再定義することは意味あることである。

　同時に2つ目の同じように突出した傾向がある。湾岸戦争時に明確に示されたように，かなりのレヴェルの軍事的損害を招くことに対する広く認識されている感覚こそが，この2つ目の傾向である。このような躊躇は，アメリカで非常にはっきりと認められるが，現代の先進国の多くでも共通して見られる特徴である。そこで国家は，民間人の生命ばかりか，兵士の生命を犠牲にすることをますます躊躇するようになってきた。この傾向は矛盾する事態の展開なのか，それとも一貫した論理が2つの傾向をともに説明するものなのか。「核時代に，個々の兵士の安全を心配する傾向が新たに最高潮に達したことは，おそらく皮肉な現象であろう」(スパイビー，1996年：127頁)と述べる中で，ある研究者は簡潔に問題を提起している。「戦闘免除」の原則は発展すべきでないというのは皮肉なことなのか。今までは軍務に伴う不可避の危険な要素と思われていたかもしれないものを，兵士にとって最小化しようとする傾向もあるので，軍部を社会から分離しようとする傾向があるというのは逆説的なことなのか。もし安全保障が，再び専門の軍人によって担わされ，社会が解体されつつあるとするならば，軍部が受け入れると思われる専門的責任を同時に回避しようとすることは矛盾することではないか。

　2つの動きを同時に説明できる単一の論理が存在しないのかどうかを我々は考えざるを得ない。こうした事態の展開によって，問題となっているように思われることは，安全保障上の責任がどこまで及ぶかということである。従って，軍部を社会から切り離す傾向が生まれた理由は，実際には，軍部によって引き起こされる危険を低下させようとするのと全く同じ理由である，ということを指摘できる。そのような分析は，変化しつつある社会的協定あるいは契約という概念に焦点を当てねばならない。ショーが指摘しているように，国家の歴史的発展過程で，「労働者を議会制民主主義制度に組み込んだことそれ自体が，かなり国民皆兵制度との交換であった」(1994年：145頁)ことが，広い意味で本当ならば，国民皆兵制度の放棄は，新たな交換を意味することになる。今度はこのことによって，ショーが示唆するように，「政治的権利と軍事的義

務」との結合関係の中で，不一致が拡大していくかも知れない。政治的権利，さらには社会的，経済的権利は，市民が武器を持つことからさらに分離していくことになる。同時に，兵士が究極の犠牲を負う義務もまた減少していると考えられるかもしれない。国家は今や，以前よりも安全保障，福祉，経済的利益，主権を国民に供給していないために，国家は民間人にも兵士にも今までよりも要求できなくなっている。

「対外要因重視主義者」の視点から見ても，同じ結論に達するかもしれない。国家が自国社会に行いうる要求を伝統的に合法化していたものは，(国家と社会の間の) 協定であり，これによって国家は見返りに一定の幅の社会的財，とりわけこの社会的財を享受するための安全保障を供給するのである。全体的に判断すると，こうした対内的契約の条件が変更したことにより，暴力行使を正当化している基礎が問題視されることになる。実態を明らかにすると，分析者達は，特に冷戦終結以降，こうした性格の変化の原因を解明すべきであると主張する。安全保障に関して単独主義から多国間主義へ漂流してきたため，「軍事力の行使が，今まで以上に集団的合法化に左右される」(ラギー，1998年：197頁) 度合いが注目されることになる。国家は，極限状態では，最早単独では行動できず，今登場しつつある新しい規範によると，国家は明らかに実行力の問題にしても，政策選好の問題としても，(国際的) 連合体の一部として行動せざるをえないのである。国家が依然として暴力を正当化する権利を独占しているとしても，国家は今やその権利を多国間の文脈で表現せざるをえないのである。ラギーは，「領土の切り離し」——すでに述べたように，グローバリゼーションの本質を適切に表現しているように見えるが——についての議論の中で，こうした問題を位置づけている。社会的財の供給が，グローバル化しつつあるプロセスからますます派生してきていると考えられるので，暴力の合法化は個々の国家によって独占されなくなっている，というのがこのことが意味することである。

これは，実際の機能を伴う魅力的な形態のように見える。国家は最早，この供給を自らの功績に帰することができないので，社会的契約は多国間ないしは

超国家間の関係を基礎に再構築されつつあり，国家は国家自身のために暴力を合法化する資格を失いつつある。国家は国家の大義のために，市民に不当な犠牲を要求できなくなってきたということにもなる。19世紀の歴史を特徴づけていた特定の国家的契約から，安全保障は，これほどまでに，かつて安全保障を基礎づけていた基盤から分離してきているのである。もしこれが今や強大国家に当てはまるなら，ある意味でそれは常に弱小国家にも当てはまってきたはずであり，今度はこのことは，将来的にはどの国家もおしなべて安全保障を十分に生産できないということを暗示している。

3．安全保障，グローバリゼーション，国際関係理論

　本章の目的は，安全保障そのものの本質についての発想を明らかにすることだけではないので，国際関係理論にとって持つ一般的な意味合いに関して，この議論に含まれる諸要素を簡潔にまとめる作業が残っている。ここでは次の3つの重要な点を詳しく解説する。第1の点は，今までの分析がグレート・ディヴァイドについての発想にどのように影響を与えるのかということである。第2の点は，今までの分析が国家を理論化する上で行う貢献とは何かということである。第3の点は，国際関係論における「アクターという問題」をはっきりさせるための枠組みを提供する方法は何かということである。
　安全保障がグローバリゼーションという状況に位置づけられる場合，安全保障は，グレート・ディヴァイド（という発想）の人為性を示すもう1つの説得的な証拠を提供するものである，という認識は別に驚くべきことではない。すでに大々的に議論してきたように，対内的領域と対外的領域の間の労働分業についての分析は，アナーキー——これは国家内部に安全保障が孤立して存在している状況を定義し，その結果，国家間関係における安全保障の欠如が生まれる——という中核的概念をめぐって展開される。国家内と（国家と国家の間の）国家の存在しない状態との間ではおそらく条件が異なっているので，国内のアナロジーの論理を国家間の関係に適用できないので，伝統的に認識されてきた

ように，国際関係論の中心的課題は，根本的には安全保障問題である。

そのような分析枠組みは，グローバル化した安全保障の持つ意味に対して，どのように対応するのか。今までの検討からうまく行けば出てくるものは，国家による安全保障の追求は，対外的に構成される条件によって推進され，国家が同じように行動するように制約するという主張を持つ人を誤らせる偏見である。安全保障というものがどういうものとして理解され，誰によって追求されるべきか，という問題は，ある程度は国家内部から生み出され，かつ広く認められている社会契約との関連でも生み出される本質的な要因である。社会契約が変化するように，どんな価値が誰によって，どのくらいのコストを掛けて一番保護されるべきかという概念も変化するのである。イメージを構成する規範とは独立的に存在する構造についてのイメージは，それ故に，欺くに違いない。

第2に，安全保障に対するそのようなアプローチによって，我々は国際関係論における国家についての概念を最も精緻化するようになる。意味ある歴史的文脈から抽出されたが，未だ原始時代の利益を賦与されている具体化した永遠に続く国家は，アシュレー（1984年）が喜んで認めるように最も古典的なリアリストの描いたモデルというよりもネオ・リアリストの描いたモデルを下手に真似したものであろう。しかし歴史的国家ですら，不適切なほど構造中心の形態によってしばしば表現されてきた。暴力の合法的使用を独占していることに見られるように，国家を実質的で永遠に存続する性質を持つものとして定義しようとする試みは，今や限界があると考えられる。もし今までの議論が有効であるとするならば，国家の属性とは，歴史的状況の中で存在するという実質的状態ではなく，むしろ特定の諸条件の中で発展していく特性であるということが明らかとなる。この（国家の）機能を再定義することは，安全保障機能を他のアクターに委任したり，他のアクターによって安全保障機能を不正使用されるという事態を伴いながらも，国家終焉あるいは国家退場を意味するものではなく，ある歴史段階から次の歴史段階への移行を意味しているのである。軍事的安全保障の源泉を独占することは，経済への干渉あるいは特定レヴェルの

社会福祉の提供ほど国家機能にとって実質的なことではない。

　最後に，今まで検討した2つの論点を通して考えると，グローバル化した安全保障についての議論は，国際関係論におけるアクターという問題の一般的な複雑さを明確にしている。(国際関係論における)「アクター」を定義しようとするパラドクスを，安全保障分野ほど鋭く暴露する機能的分野はない。安全保障に「言及しているテーマ」を扱っている，批判力のある安全保障文献の多くを集中的に検討すると，このことが十二分に強調されていることが分かる。この文脈では，3つの主要なイメージが公開討論される。国家の安全保障，社会の安全保障，個人の安全保障である。これら3つのイメージのうち，第1のイメージは，「国家的な自助」という見方に沿ってずっと力を持っているが，「共同体と個人の安全保障に対する脅威がますます超国家的になってきている」ところでは，第1のイメージは，ほかの2つのイメージとは切り離されたものになっている，ということが主張されてきた（S. ブラウン，1994年：15頁）。

　いずれにせよ，第1のイメージは，2つの理由で特殊なものと見られることがしばしばである。第1に，第1のイメージは，単なる手段――目的そのものよりもむしろ，目的を達成する手段――として見られるべきである。第2に，国家は，安全保障の供給者であると同時に，安全保障の主たる脅威となる可能性があるので，国家は一般的には，他とは明確に区別できる安全保障が意味するものとして理解されている。主な代替案は，安全保障を社会的ニーズに関連づけて描くか，個人に焦点を合わせることである。社会的ニーズに関連づけて安全保障を捉える立場にとって主要な関心は，一定の文化的形態と慣行を保存していくことに集団的な関心があるので，最近の多くの文献に見られるアイデンティティ重視の立場は，社会的ニーズに関連づける方に傾きがちである。個人に焦点を合わせるという後者の立場では，個人に関心を集中させることが，個人の権利や価値観を防衛するものとしての安全保障の概念に傾斜しがちである。この複雑な分析枠組みを1つに焦点を合わせるようにする単純な方法などないし，そうする努力をしなければならない説得的な理由もない。

同質化は，社会的構造と政治的構造の間の重要性を縮小するという，グローバリゼーションに関する文献でそれとはなく示唆されることとは逆に，グローバリゼーションとは国際行動の複雑さを減少させる何らかの形態をとる裏口からのコスモポリタニズムではないことを，我々は確認しなければならない。一般的には，グローバル化した世界におけるのと同様，グローバル化した安全保障の枠組みの中で，以前と同じようなアクターの分裂が行われている。どちらかと言えば，(分裂しているアクターを示す) スペクトラムは拡大こそすれ，狭まりはしていない。グローバリゼーションは異質な形態をとるというしばしば繰り返される観察は，この文脈の中で心に銘記するべきである。要するに，グローバリゼーションは，安全保障のアクターの多様性を単純化するであろうということを期待する理由はないのであり，その逆をこそ期待する理由ばかりである。

4．結　　論

　現代における安全保障研究は，ある種の分裂状態にあり，2つの逆の方向に引っ張られ，研究の性格は半分に引き裂かれている。1つの方向に対しては，環境，経済，文化／文明，人の移動というような他の機能的な分野を植民地化することによって，安全保障の領域を拡大しようという圧力が一貫して作用している。これらの分野全ては，学問的体系としても政策立案の指針としても，安全保障化に対しては従順であると考えられてきた。同時に，安全保障研究は，かつての伝統的な課題を軍事的優先事項とする先入観が働いているという認識に対抗して，民族解放戦争を対象としてきた。軍事安全保障に焦点を当てることによって，安全保障研究の幅が狭くなり，国際関係論そのものの領域が限定されることになった。その結果，我々は，安全保障研究という網を他の機能的分野にまで広くかけることが必要となっており，同時に他の社会的分野を軍事化から解放することも必要とされている。

　安全保障研究の分野は，冷戦終結のずっと以前に当惑の兆候を示し始めてい

た。その時代の騒々しい出来事は，安全保障研究という学問分野に対する不満を高め，安全保障は軍事化した国家間関係という枠組みによってずっと制約を受けるべきかどうかについての議論を活発化させた。代替案として，安全保障研究は広範なプロジェクトとして人類解放という課題に取り組むべきであると主張する者もいた。冷戦終結後初期に，グローバリゼーションという言葉はほとんど聞かれず，グローバリゼーションについての議論はかなり限定されていた。それにもかかわらず，安全保障の分析者の関心によって共有されたテーマがどこかで見られるということは，グローバリゼーションについての一般的文献に慣れ親しんだ読者にとっては明らかである。グローバリゼーションが安全保障というテーマに注ぐことのできるものは，国家の機能を控えめに扱ったり，国家の機能が退化したと想定する必要を伴わない広く行き渡ったシステム的な関係が発展してきたという認識である。現代における安全保障の研究者が説明しなければならない問題は，国家の代替物としての個人あるいは社会をめぐる安全保障を再概念化すべきかどうかではなく，国家行動が人権と社会的アイデンティティへの新しい関心を考慮に入れるべきために，どのように再構成されつつあるかということである。このことは，国家が個人や社会より重要であるというある種の規範的な判断として意図されたものではなく，こうした変化の最良の証拠は，国家そのものの表面に刻み付けられるという認識として意図されたものである。本書で展開されてきたグローバリゼーションのモデルは，対内的領域での事態と対外的領域での事態の間に横たわるグレート・ディヴァイドをめぐって構築されてきた限定的な枠組みを乗り越えようとするものであるので，このモデルは現代における安全保障の統合された理論をうまく処理するものである。

　新しい社会契約は，国家機能の変化を明らかにする。国家は以前よりも市民を動員する必要が無くなり，その結果，市民に対する軍事的要求も少なくなる。同時に国家は，以前ほど市民に社会的サーヴィスを供給する必要のない政治戦略を追求している。こうした2つの傾向を並列すると，必然的に，結合，とりわけ因果関係が向かう方向を検討することになる。社会の広い局面から軍

事的機能を再分離しようとする試みが出てきたということを前提とすると，社会に対する軍事的要求が減少したのは，社会が以前ほど必要としなくなったという意味で「需要側の主導」によるのか，即ち社会の要求があったからなのか。それとも，国家が軍事的犠牲に対する「社会的賃金」を支払うことに消極的で，実際支払うことができないという意味で，軍事的要求が減少したのは「供給側の主導」によるものなのか。いずれにせよ，こうした問題点を踏まえて，国家退場という見方があまりにも単純過ぎるので，我々は安全保障の新しい概念を，この観点以外から捉える必要がある。明らかに国家の機能が減少している事実は，国家が自己認識する客観的な安全保障環境の変化を反映したものであるとともに，国家自体の主観的性格が変容していることを反映したものでもある。安全保障は，「権力欲に燃える国家の歴史的に凍結された分野」の構造ではなく，「個人，集団，国家，そして国際的制度——これらは全て，自己の利益という感覚を変えることができるのだが——の間で行われる相互作用のダイナミックなプロセス」の構造である（クレア，トーマス，1994年：3頁）。

　グローバリゼーションはアウトサイド・インからばかりか，インサイド・アウトから安全保障と衝突するのである。もしグローバリゼーションが安全保障を変化させる要因ならば，グローバリゼーションは，国家を再構築するとともに，新しい課題を単一の政治的プロセスの一部として設定しながら，対内的領域と対外的領域の双方で同時に作動するものである。我々は，グローバリゼーション**と**安全保障国家についてはあまり語るべきではなく，安全保障国家**の**グローバル化についてもっと考察すべきである。

第7章　規範国家

はじめに

　ある種の規範的説明によると，(現代国家としての) グローバル化した国家という見方は，言葉そのものが矛盾していると考えられると言う。もし国家が，特定の共同体を特徴づける価値を制度的に具体化した存在であり，その価値の保護者であるとするならば，定義上は，国家は，価値を共有している人間達からなる排他的な区域を包摂するものということになる。では特殊な基礎を持つ概念は，グローバリゼーションの持つ意味に対処するために，どのように調整することができるのだろうか。規範的な意味を持つグローバリゼーションという概念は，国家が象徴していると考えられる，特定の価値を共有する共同体のアイデンティティを侵食することによって，国家形態を内部から衰弱させるものなのか。「グローバリゼーションは，近代国家が具体化するのに成功しなかった最初の偉大な歴史的プロセス——それは，我々が言葉の意味の持つ危機を，国家の危機から分離することができないことを意味するが——であるように思える」(レイディ，1998年：7頁) という主張を生み出すのは，まさにこうした視点である。

　安全保障の場合と同じように，グローバリゼーションの理論家達は，規範国家にあまり注意を払ってこなかった。彼らは，国家が主権や経済運営のような「財」を十分生産してこなかったことよりも，国家が価値を十分生産してこなかったことに印象を受けていない。だがしかし，価値の生産者としての国家の成功は，色々な分野での実績全体に左右される。一定の公共財を提供する国家

の能力は，国家が支持される正統性の不可欠な要素であり，今度はそのことによって，市民が責務を国家に求め，市民が国家のために犠牲となる理論的根拠が生まれるのである。究極的には，共同体の「価値」を，共同体が求める目的から全く分離することは不可能である。最も原理主義的なコミュニタリアンでさえ，大いに困ってしまって，共同体とは自己充足的なもので，その唯一の目的は無限に自己を再生産していくことであると主張する。しかし，<u>国家の規範的目的の変容は，グローバリゼーションの引き起こす主要な兆候である</u>（下線部，訳者）。我々が努力すべきは，このことがなぜ起こっているのかを理解することである。

　本章では，我々は，グローバリゼーションが<u>価値の源泉としての国家</u>（下線部，訳者）に与えるインパクトを検証しようと思う。最初に，今までの章での検討結果に合わせて，グローバリゼーションの進展している状況の中で，国家の規範的能力が侵食されるという観点から問題を提起する。規範を生産する要因の流動性は，国家に道徳的行動の新しい形態を採用するようにする，ということが示されるであろう。確かに，その批判者によると，国家は最早，このような特定の任務に従事できずに，すでに国家の規範的な任務を民営化しようとしていると言う。こうしたイシュを説明しようとすると，世界の価値体系が領域性に基礎を置かなくなったことを示す証拠を評価することが必要となる。このことの重要性を判断するためには，国際関係論で伝統的に使われてきたように，グローバリゼーションが，もしあるとするならどんな違いをもたらすのかを確認するために一般的な規範理論の文脈の中にこの議論を位置づける必要があるだろう。本章がこれから展開するにつれて，議論は政治的共同体の本質を検討する方向に向かい，規範的な変化を説明する最も生産的な方法は，共同体についての色々な概念の間の関連と，国家機能の再構築の2つを通じてなされることであるということを示すことになる。要するに，グローバリゼーションの存在は，本書のどこか他の所でも採用されているのと同じ分析枠組みの中の規範的分野で扱うことができる。

1. 規範を生産する要因の流動性

　グローバリゼーションは，価値の源泉と実態を理解する上で，何を意味するのか。グローバリゼーションは，人類の大多数が共通の価値体系の下に集まってくるようにするための統合的で同質化を促すプロセスなのだろうか。そうではなくて，グローバリゼーションは，世界情勢を分断化させる新たに強力な源泉——そこでは多元的な価値を支持することが，グローバリゼーションそのものの侵入に対する文化的な防衛の本質的な一部となる——となるのであろうか。価値の源泉には単一の傾向があるのではなく，むしろ複合的で，しばしば外見上は矛盾するような多元化——一般的には価値を再構築するプロセス，個別的には国家が価値を「民営化」するプロセス——があるということを根拠に，この両極端の選択は，以下の部分で拒否されることになる。そこで我々は，「グローバリゼーションの一般的なプロセスは，グローバルな複数の倫理が発展していくことに貢献している」（ダワー，1998年：111頁）という象徴的な判断を受け入れるかもしれない。

　もしこのことがやや抽象的な問題設定だとすれば，この説明にはもっと現実的で差し迫った政策課題が潜んでいる。この認識は色々な所で巧みに表現されてきた。

　　例えば，世界共同体が，主権的権威によって権利を侵害されている少数民族をどのようにして救出できるのか，無秩序が悪化しているのを防止し，破綻国家において秩序を再建するために世界共同体はどんな責任を果たさなければならないのか，主権についての議論が尊重されるのはどういう時か，逆に疑惑を引き起こすのはどういう時か，についての極めて重要な道徳的問題を，グローバリゼーションと断片化は引き起こすのである（リンクレイター，マクミラン，1995年：13-14頁）。

　グローバリゼーションは，この種の新しい倫理的課題を生み出したことを認めながらも，グローバリゼーションが必然的にこの課題に対する普遍主義的反応を引き起こしたと最初から決めてかかるのは賢明ではない。このことは何も，以下で提起される普遍主義的議論を軽蔑するものではなく，むしろグロー

バリゼーションそのものの多面的な性格を示す方法である。グローバリゼーションの有する多次元性は，一般的にはグローバリゼーションの「単一の論理」に注意を喚起するものであるし，より個別的には「(グローバリゼーションの) 規範的性格をめぐる議論における同様の複雑性を我々に鋭く意識させる」(ホルトン, 1998年:197頁) という議論を我々は認めてもよい。

それ故，グローバリゼーションに関する文献に見られる2つの大きな立場を図式的に説明することは可能である。グローバリゼーションが実質的に社会的影響を与えているものならば，それは規範的な強化と普遍化という視点から測定可能である，というのが第1の立場である。グローバリゼーションはある程度の規範的収束性がないと無意味であろうが，しかし，その程度をめぐっては妥当な相違もありうる。もしこれが本当でないなら，グローバリゼーションの概念全体が，国際関係の理論家にとって説得的でもなく，興味深いものでもないとみなされるであろう。第2の立場は，グローバリゼーションは，本質的に不公平性を拡大し，紛争を引き起こしやすいものであるという理由で，それが規範に与えるインパクトを否定的にみなす。グローバリゼーションは不協和の新しい領域を生み出し，社会的価値が紛争の主要な場となることを確実にしてしまう。これら2つの立場は，グローバリゼーションと規範をめぐる状況の変化との間にあると想定される関係を広範囲に描き出すので，概略を要約することが可能である。

まず最初に，楽観主義者は，一般的にグローバリゼーションを，進歩とますます高次元にまで展開していく価値の統合として描く傾向がある。彼らはグローバリゼーションの中核に，道徳的解放というイメージを投影する。

> 世界秩序についての新しいイメージは，グローバル市民とグローバルな市民社会——移民とグローバルな規模でのコミュニケーションが，ナショナリズムとパロキアリズムを侵食していく効果を持つために——の出現について語るものである。グローバリゼーションについてのこうした全ての表現の基礎となっているのは，単一の世界又は単一の人間社会というキー概念である (ホルトン, 1998年:2頁)。

そのような主張を実質化するために提出される証拠は，今や台頭しつつある思いやりのあるガヴァナンスの形態——規範が同一化していくレヴェルが高

まっていることを反映し，かつその高まりを必要とする普遍的な形態であるのだが——に影響を受けることになる。特殊な事例ではあるが，ほとんどの批評家は，1945年以降に人権についてのドクトリンが発展・拡大してきたことに注目している。様々な声明や協定の中で人権ドクトリンが強化されたことは，この分野での成長の証である。進歩というのは，人権理論を承認することにあるのではない，なぜなら「人権の存在はグローバリゼーションの展開するプロセスに先立っており，どんなプロセスであろうがそのプロセスの発生に影響を受けるものではないからである」(ダワー，1998年：114頁)。そのことは，グローバリゼーションは人権にとって重要ではないということを意味するのである。人権の基礎を普遍主義的仮説に置く人々(ブース：1999年)は，人権についての主張は，時間を越えた永遠のものであるので，近年，規範概念が統合されつつあるという証拠を示している，ということを示唆しているのではない。人権ドクトリンに有効性があるとするならば，それはいつもそうである。しかし人権ドクトリンは，それを実現することが重要なのかもしれない。「グローバリゼーションは，原則としてではなく現実に，我々が人権に関するどんな義務を負っているのかに対して重要な意味を持っている」(ダワー，1998年：119頁)。それ故に，進歩が起こっているのは，こうした主張を実現する過程にではなく，むしろ人権を実際に執行する過程の中である。

　さらに，規範が広い範囲で統合に向かっていることを示すものとして，国際法の主要部分が変化しつつあることを強調したがる人もいる。国際法のjus cogensすなわち無視し得ない規範となっている国際法上の諸原則について議論するに当たって，この分野での大家は，「国際社会は，初めて，国益に勝るべき諸価値——人間の尊厳，人民の自決権，平和——を承認する決定をした」(カセッセ，1990年：168頁)ことが国際法が変化した重要性であると強調している。このことは，国際法の分野自体が，グローバルに形成されてきた中核的な価値を規定している，ということに違いない。

　同じ証拠に訴える場合ですら，そのような主張にはるかに批判的な論者もいる。過去数十年に人権をめぐりそれまで無かった国境を越えた対話が行われる

ようになったことは否定できないが，人権をめぐるこの発展の重要性はまだ疑問の余地がある（ダワー，1998年：120頁）。色々な立場の批評家達が，異なった視点から批判する場合ですら，新しい疑問点を打ち出すのである。ある著者（C. ブラウン 1999年）は，「権利というのは，存在論的には相互に分離した状態ではない」という本質的にコミュニタリアン的な立場を繰り返し，「社会的文脈を離れて個別に権利を強調し過ぎることは逆効果である」と当然の指摘をしている。このブラウンの指摘は，暗に，権利というものを社会的文脈を離れて普遍化する傾向を拒否するものである。このような指摘が生まれるのは，特に，こうした権利の実質をめぐり根深い不一致が存在するからである（ヘルド，1995年a：95頁）。このために，「グローバル政治の中に，ある種の普遍的な人権枠組みが登場したことに疑問が投げかけられている」（ホルトン，1998年：117頁）と主張されてきたのである。冷戦の余波の中で，効果的な人権の履行を同じように妨害したものが今でも残っている——それに対して，国家主義的課題から発せられる新しい脅威が付け加えられてきたのである——ということを，この問題の最も楽観的な論者の1人は認めている（ドネリー，1993年：138頁及び152頁）。「人権保護のための最近の歴史において，人権に関する意味ある合意が実際に存在していると信じる理由を与えてくれるものは何も無い」と，クリス・ブラウンは断定的に述べるようになった。

　いずれにせよ，実際に人権を実行していく機構は，グローバリゼーションのいかなるモデルにも届かないものである。人権の実現という「進歩的な」見解に賛同する人々でさえ，本質的には国家中心主義的な枠組み——この中で人権が実現するのだが——を適正に承認しながら賛同することがしばしばである。このことは，人権が脱国家的に発展していくという説明に対して大きな修正を行うものである。人権乱用に注意を引き付けるNGOの役割が何であろうとも，「国際的に承認された人権——人類によって平等に保有されているものだが——，主権的な領域国家に関連して保有され，この国家に対抗して実行される」（ドネリー，近刊）ことを我々は想起しなければならない。国家の行動の自由に対してますます対外的な制約が課せられる時ですら，国家は依然として人

権履行のための中心的制度である。このように人権は，密猟者が密漁監視員となるという皮肉な事例として見られるかもしれない。比較的楽観的な立場にもかかわらず，ドネリーは「人権履行義務の国家中心的概念は，コスモポリタン的な道徳重視の共同体が発展していない場合でも，しっかりと生き続けるであろう」と率直に認めている。しかし彼は，こうしたことが起こっている証拠は見つけていない（ドネリー 1999 年）。現実問題としての人権は，理論上のグローバリゼーションとは対応しないのである。

　人権についての言説をめぐる皮相な連帯感が，規範に関して意見の相違があるという現実を覆い隠しているばかりでなく，そのような相違を推進していく手段となっているのである。周知のように，サミュエル・ハンチントン将来の世界を評価するに際して，文明の衝突という古い見方をその判断の基礎とした。「非西洋人が世界を1つとみなすならば，彼らはそれを脅威と見るものだ」とハンチントンは書いている（1996 年：66 頁）。このような見方が出てくるのは，かなりの程度，グローバリゼーションによって特定のアイデンティティが再び現れるように刺激されたからである（ショルテ，1996 年 b：53 頁）。同時に「グローバリゼーションは，文化的相違を脅かす新しい形態の覇権的力を生み出すのである」（リンクレーター，1998 年：4 頁）。「人権を主張する基礎をグローバリゼーションのプロセスに求めることは，権利をめぐる文化的対立を冷戦期のイデオロギー対立にとって替える危険を冒すことになる」，と同じ文脈で主張する者もいる。グローバリゼーションは，不平等の拡大と密接に絡み合っており，普遍主義が理論上，要求するものを実際には否定するという理由で，グローバリゼーションと価値の普遍化との黙示的な結びつきを問題にする者もいる（ハレル，ウッズ，1995 年：447 頁）。こうした議論を全て見渡すと，グローバリゼーションと人権との間の関係は，全く単純なものではないことが明らかである。

　規範的なグローバリゼーションという見方には限界があることを示す証拠として引用されるかもしれないもう1つの事実は，国家が移民に対して行う統制という事実である。1951 年に約 150 万人と推定されていた移民は，1997 年

までには約1300万人に達したと推定されていた（チョーク，1998年：149頁）。こうした移民の扱いは，国際的協定に準拠しながら国家の自由裁量に任されており，人道的同情が国家のプラグマティックな利益に優先している証拠は少ない。一般的に言えば，人の動きはますます厳しく規制されるようになり，これは人的資本以外の資本に対する規制緩和とは好対照をなしている。「どうして人の（ある国家への）流入が，金融資本の流入とそれほど異なっているのか」（グッドイン，1992年：6頁）。おそらく，人間は金融的流入と異なり，国家がしばしば不便と感じる諸権利をたくさん抱えて（他国に）到着することが1つの答えであろう。

　しかし，規範的な連帯感を支持する圧倒的な証拠が無いとするならば，国民国家という共同体には道徳的価値が明確に根付いていないことになる。国家が価値を十分生産していないという議論がなされるのは，このような意味においてである。普遍的価値が国家による価値生産に取って代わるのは完全からは確かに程遠いが，「外」から挑戦を受けていることは明らかであるように見える。同時に，合意が解体したことによって――新しい，そしてしばしば多様なアイデンティティの結果生じるものだが――「内部」の規範的秩序が存続していく可能性にも疑問が生じている。グローバリゼーションの他の分野におけるのと同じように，国家は両面でグローバリゼーションを弱める挟撃戦に晒されているように見える。しかしながら，「対内的」にも「対外的」にも発生し，その結果，国家自体が社会的諸力の中で位置関係が変化するようになる，単一のプロセスの一部として，こうした挟撃戦を理解することは正しいことである。グローバリゼーションの偶発的結果としてではなく，グローバリゼーションのプロセスの中でこのグローバリゼーションを形成する1つの要素としての国家が再構築されることを同じように強調する限りにおいて，この描き方は，規範的分野からの国家の退場の描き方とは異なる。

　もし一般化することができるならば，最も安全なのは根本的に矛盾する変化が進行し，その変化が別々の方向に向かうというものである。これらが少なくとも2つの異なったレヴェルで起こるのである。第1に先進民主主義国内で

起こっていることが，他の場所で起こっていることの必ずしも正確な表現ではないということがしばしば指摘される。指摘されるイメージは，2つの異なった世界秩序観であり，1つは相対的に平和で豊かな世界についてのイメージであり，もう1つは混乱している世界についてのイメージである（シンガー，ウィルダフスキー，1993年）。後者のイメージにある国家は，新しいグローバルな状況に対応していくのが難しく，それらの国家の中には「すでにバラバラになっている」ものもある（ブザン，ヘルド，マグルー，1998年：397頁）。これが世界の多くの人々が直面している経験に基づく状況の説明として提出されたものならば，それはまた規範的な相関関係を持っている。「先進工業国の世界において共同体の意味が深化するにつれて，この新たに出現しつつある共同体と世界のそれ以外の地域との間の『システム』化する関係が高まっているように思われる」（C. ブラウン，1995年b：196頁）。規範が統合していく現象と，逆に解体していく現象は，同時に起こっているのである。

　第2に，曖昧性を明らかにするのは，たとえ国家が規範力を失ったとしても，国家が規範力をコスモポリタン的精神に引き渡したわけではないということである。このようにリンクレーターは，人権が普遍化することについての懐疑論を確認しているように見える。コスモポリタン的プロジェクトの効用と実現可能性について，彼自身十二分に説得されながらも，「社会的，経済的関係がグローバル化するのに反比例してコスモポリタン的思想が，西洋の社会理論，政治理論に与えたインパクトは衰退してきた」（1998年：62-3頁）事実を嘆いている。国家がその規範的活力源を急激に失いつつあるとしても，その活力源がグローバルな道徳的秩序に浸透しているわけではない。同時に，多くの分析者達は国家が担う規範力についての合意が減少し，国家による道徳力の独占が侵食されていることに注目している。リンクレーターは，それ自体がグローバリゼーションの原因であり結果である国際システムの中の先進工業国という中核で，和解のプロセスが進んでいることにその原因の1つを求めている。世界のこうした地域で，熱戦の脅威が減った結果，戦争は歴史的には社会内部の規範的一貫性の源泉として機能してきたので「ナショナルな結束を維持して

いくのがますます困難になってきている」(1998年：8頁及び，31頁) と彼は主張する。「国家と市民社会」の間の，さらに「文化的一体化と社会的結束」(フェリーチェ，1996年：183頁) の間に分裂があるという広く行き渡った概念の中にも，この傾向は暗示されている。政府がもはや介入の唯一の主体ではないと主張される国際的介入の分野からも，国家が道徳を独占できなくなってきているもう1つの証拠が示されている。「かつては政府だけが，公共財の提供に責任を持っていればよかったが，今や政府は国境内外の他の組織とこの責任を負うようになった」(オヌフ，1995年：44頁) ことが，このことの持つ意味である。これは，道徳のグローバリゼーション——地理的には不均等で，対立的で，深刻に相矛盾するものだが——の複雑な現実であり，道徳的アイデンティティが若干，流動性を増している。こうした変容を適切に理解することのできる理論的枠組みを練り上げる作業が残されている。

2．倫理体系，国際関係理論，グローバリゼーション

　上で言及した曖昧性は，グローバリゼーションという条件によって引き起こされていると考えるべきではない。実際，こうした曖昧性の多くは，国際関係を規範的に理論化することに固有のものである。グローバリゼーションの規範的インパクトについての議論を前進させ，そうすることによって，その特徴的な効果を際立たせるために，まず最初にこうしたイシュが伝統的に議論されてきた枠組みを再検討し，次にこうした枠組みが現在我々が考察している作業に今でも適切であるかどうかを評価することが必要である。

　最初に明らかにすべき点は，グローバリゼーションは決してかつて合意が成立していた分野での複雑さを生み出すものではない，ということである。国際関係について規範理論の理論家が書いた論文は，国際関係が作動すべき枠組みに関して，ずっと意見が対立してきたのであり，あまりにも対立していたので，倫理的熟慮のおおよそ12ぐらいの「伝統」を区別することは可能であった (ナーディン，マベル，1992年)。12近い別々の伝統を横断して行われる議論

は，騒々しいことがしばしばであり，確かに生産的ではなかった。とりわけ，道徳的カテゴリーが道徳的テーマをめぐっては意見の一致は少ない。我々が道徳について話す場合，国際社会とか人類といった他の集団的存在にも触れるべきなのだろうか。今まで指摘されてきたように，道徳的主張はアイデンティティについての問題を提起するので，そのような質問に答えるためには，我々は，道徳的テーマを「本質的に見極める」必要がある。しなければならないことは，結局は「自分は誰なのか」(C. ブラウン，1995年a：97頁) ということである。

　国際問題は，伝統的には様々な組み合わせの二項対立によって，倫理的観点から分析されてきた。第1章で概略したように，これらの組み合わせは，人民の道徳性と国家の道徳性，コスモポリタニズムとコミュニタリアニズム——リベラリズムとコミュニタリアニズムの間の同じような政治理論の分裂——，そして最近では濃密な道徳性と希薄な道徳性，である。これらは，議論の最初の出発点としては，役に立つカテゴリーである。しかしながら，これらはグレート・ディヴァイドという状態に依拠しており，本書では何回も繰り返しているように，このグレート・ディヴァイドによって，これらの二項対立的カテゴリーは，グローバリゼーションの効果を理解する規範的なツールとしては極めて問題の多いものとなっている。2つの方向——グローバルな共同体の中で共有される価値が拡大していく方向と，ナショナルな共同体の中で特徴的な価値が減少していく方向——に向けて作動しているグレート・ディヴァイドを侵食する道徳的プロセスについて我々は考えることもあるかもしれない。コスモポリタン的社会を構成する要素が活性化して，萌芽的ではあるが純粋な共同体に発展し始めるのが，最初の方向である。ナショナルな共同体の側では，その特殊な結束と価値の「特殊な」組み合わせが失われることによって，グレート・ディヴァイドという分離状態が徐々に消滅していく方向かもしれない。グローバリゼーションの道徳的結果についての標準的な説明は，後者を誘発するのは前者であるということを示す傾向がある。もう一度言うが，これは誤解を招く一方的な見方である。我々は規範的グローバリゼーションを二組のプロセ

スの相互作用とみなし，規範的国家の本質が変容することは，その中における主要な要素と認めるべきである。

規範的カテゴリーのこうした標準的組み合わせの実質に関しての詳細を十分に繰り返し説明する必要はない。この詳細な説明には，抽象的な形で特殊性と普遍性を結びつけた対照的な主張が含まれている。前者の説明によると，リアリズムに体現されるように，抽象的な意味で「正しい行動にではなく，所与の共同体の利益に」焦点が当てられている（ナーディン，1992年：271頁）。これに対抗するように，「主権国家の原則を人権の承認と尊重に従属させる」（M. スミス，1998年：76頁）リベラルな倫理が存在する。これら2つの立場には，道徳的義務についての「対内的」「対外的」説明と言われてきたものの下に，それぞれが包摂されてきた。「いかなる契約も，人類一般と結んだものではないので，市民は政治的・道徳的義務を自分達の属する集団以外の集団に負ってはいない」（チョーク，1998年：150頁）という基礎に基づいて第1の立場が展開される。これとは対照的に，「インサイダーを取り巻く道徳的枠組みを超越する普遍的な道徳的枠組み——アウトサイダーとの関係では単純にプラグマティックに対応するのとは対照的に大変倫理的なものなのだが——があるのだという確信」（チョーク，1998年：151頁）によって後者は区別される。後者の立場は，前者の集団主義，特殊性，特異性に対抗して，個人主義，普遍性，一般性という3つの要素（ポギー，1992年：48）によって定義される。

こうした議論を「対内的」「対外的」という言葉に訳し替えると，グローバリゼーションについての一貫した規範的説明を行うための枠組みが不適切であることに注目することになる。<u>グローバリゼーションが最も破壊しようとしているのが，内外の分離状態であるために</u>（下線部，訳者），この分離状態は我々に何も教えるものは無いのである。内外という二項対立を保つ道徳的意義は，いかなる場合にも「個々の共同体内部」に「多元的」で「多文化型の」社会が出現することによって圧力を受けていることは確かである。トンプソンも指摘しているように，「重要なことは，個々人がアイデンティティとの関係で，いかに緊密に結びついているかということである」というのが，コミュニタリア

ン的立場の本質である。この基礎の上に，コミュニタリアニズムは，「正義は多元的な近代社会でいかにして可能か」（トンプソン，1998年：187-8頁）という一貫した説明を行うことが難しくなっている。コミュニタリアンがコスモポリタンの説明の中の欠陥と理解しているのがこの「アイデンティティ」の欠落であるので，こうした不満は一般的な形で規範的ディヴァイドの有効性に疑問を呈することになる。

　それにもかかわらず，コミュニタリアンの立場とリベラルな立場についての以前の議論（第1章）は，現存するものであれ，そうでないものであれ，道徳的共同体の基礎を理解するのに重要である。これから検討するように，グローバル化した世界秩序の中での規範的経験についての意見が最も異なっているのは，萌芽的ではあるがグローバルな道徳的共同体が出現しつつあると考えられるのかどうか，あるいはこれが重要であるかどうか，という問題である。コスモポリタニストは，成長し，発展し，変容するものとして共同体というものを捉える「進化論者」の見解に拘る傾向がある。コミュニタリアンは，共同体を「変化する」ものとしてではなく，「すでに存在している」ものとして見る「万物創造主義者」の見解に傾きがちである。しかしながら，相変わらず重要なイシュは議論されている共同体の規範的状態である。多くのコミュニタリアンにとって，社会がいかに物質的にも形式的にも統合されていようとも，見逃すとのできない質的な境界線が存在する。もし「善なるものについての先在的な考えが真のコミュニティにとって必要ならば」，これは発展しうるものではない。このため，真の共同体と，単なる相互依存のための共同体との間には，常に規範的なギャップが存在することになり，その結果「正義についての一般原則は，共同体の善なるものについての考え方に勝るべきではない」（トンプソン，1998年：188頁）。

　道徳的共同体の基礎について慎重に評価することは，グローバリゼーションの意味について現在行われている分析にとっては不可欠なことである。この評価は，グローバリゼーションは道徳的同質化をもたらすものなのかどうか，そして我々に評価には十分に慎重になるべきであると忠告しているのかどうか，

についての皮相なコメントと食い違いを見せている。ウォルツァー (1994年) の濃密な道徳コード (特定の共同体) 分析と希薄な道徳コード (抽象的な普遍的共同体) 分析が, その適例である。もし我々がウォルツァーの議論を認めるとすると, 普遍性とは同一であることを意味せず, グローバリゼーションは高レヴェルの規範的異質性とは矛盾しないことになる。これに反するように, 彼の分析は道徳的グローバリズムのある解釈にとっては困難を生む可能性がある。もしその結果が, ウォルツァーが概略述べているようなものなら, 濃密性は希薄性にポスト・ホック的な増大ではなく, 希薄性と共存するものであり, 単に「独立した」道徳的コードなのである。もしこれが正しいなら, グローバリゼーションは外部からこの濃密性をどのようにして不安定化するのであろうか。本書のテーマを繰り返すならば, <u>グローバリゼーションは外部から作動するばかりでなく,「内部的現象」としても作動するものである, というのが要約的な答えである</u> (下線部, 訳者)。それで, 規範的グローバリゼーションというのは, グローバル化しつつある希薄性が濃密性と協力する程度についてのものではない。規範的グローバリゼーションというのは, 共同体内部の変容が, 濃密性についての新しい解釈を生み出し, 同時に希薄性内部に反映する可能性のある程度についてのものである。国際関係についての規範的言説を, グローバリゼーションという文脈に位置づける作業がいかに複雑なものであるかを, 再度我々は認識することができる。我々は, 道徳的価値の起源に当惑するばかりでなく, 異なったカテゴリーの共同体――そのうちには, おそらく他の共同体より道徳的であるものもあるであろうが――を区別する必要がある。<u>我々はおそらく, 道徳的共同体と相互依存共同体を区別する必要がある。我々は, 正義の共同体と善の共同体の間の微妙な区別を説明する必要がある</u> (下線部, 訳者)。特に我々は, 道徳的変化のメカニズムについて留意する必要がある。こうした複雑な組み合わせのカテゴリーは, グローバリゼーションという主題にどのような利点を提供できるのであろうか。

こうした二項対立は, そうでなければ皮相な議論を引き起こしがちなことを問題化するので, グローバリゼーションについての最初の議論には役に立つの

である。しかしながら，既述した二元性はグレート・ディヴァイド——現在の議論はこれに対抗しているが——の解釈を再度取り入れようとする傾向があるので，否定的な側面もある。グローバリゼーションの時代に「対内的分野と対外的分野を分離することは，もはや神聖にして侵すべからざるものではないように思えるかどうか」という議論を吹き掛けられて，ヘルドは「『両者の分離』には，確かに異議を差し挟むことができる」(ブザン，ヘルド，マグルー，1998年：388頁) と即座に認めている。なぜそうなのか。

　第1章では，構造的リアリズムについてのケネス・ウォルツの解釈の中で表現されたグレート・ディヴァイドに焦点が当てられた。このことは，規範的イシュを分析することとどのような関係があるのか。ウォルツの議論は，単に分析的カテゴリーについての方法論的議論に過ぎないのか。不幸なことに，問題はそれほど明確ではない。表面的には積極主義の言葉で表現されているが，ウォルツが採用した枠組みの中では，深遠な道徳的分析が行われていることは疑いない。経済合理主義，国益についての抽象的な定義，国内的領域と国際的領域の間のカテゴリー上の相違，についての仮定によって補強されているとはいえ，ネオ・リアリズムはコード化された規範的メッセージに満ち溢れている。これらは，現在の議論にとって極めて示唆的な言葉で力強く詳細に分析されている。

　　公共圏を具体化するということは，自己中心主義を制度化することに他ならない。ある社会の公共圏は，人々の善き生活の可能性を普遍化することによって人々の自己利益を社会化する。国家として具体化した公共圏は，社会の自己利益を制度化するのである。国家の対外的側面は，個々の社会の個性を容認することによって社会の普遍性を否定するものである。いわゆる国家なるものの対外的な反社会性は，対内的社会性の不可欠な一部である（アロット，1997年：352頁）。

　アロットやその他の研究者が再確認していることは，還元主義的・システム的な分析上の分離は，ヒエラルキーとアナーキーという別個の政治的分野に関するものばかりでなく，国際的領域の持つ道徳的限界についての議論でもある，ということである。しかしながら，ネオ・リアリストは（国家の）利己的行動は，（国際）協力を押し付けてくる外部からの構造的制約から生まれる1

つの機能なのであると主張するが、彼らのアナーキーについてのイメージは、インサイド・アウトの規範的な構築物であり、一組の「外部化された」仮説と見せかけて騙すものであるというのが、深刻な現実なのである。そのような論理は、常に疑わしいとはいえ、グローバリゼーションという文脈において見ると、今や完全に擁護できないものとなった。このことが明らかにするのは、上で述べた二元性——人々の道徳性と国家の道徳性、コスモポリタニズムとコミュニタリアニズム、希薄性と濃密性——は、グローバリゼーションが要求する分析的アプローチには不利に作用するということである。グローバリゼーションが、その擁護者が理解しているようなものならば、国際関係論における規範的議論は、対内的なものと対外的なもの、国家と共同体の間のますます人為的になる分離状態をめぐり構築される、固定的で不変的なカテゴリーによっては前進しない。我々は、そのような道徳的カテゴリーを、唯一のものとしてではなく、変化し、重複し、相互に変容し合うものとして見る必要がある。

このようにグレート・ディヴァイドを乗り越えるべきであるという勢いのいい呼びかけが行われてきたが、それらは規範的な疑問点を提起しつつ全く異なった関心からなされたものである。その呼びかけの全てが全て明確にグローバリゼーションのダイナミックな効果を想起させるものではなく、グローバリゼーションは多くの分析に潜在的に内在しているのである。アイデンティティを不安定化させる条件と共同体を再建する可能性——これらは最近の多くの研究で目立つテーマであるが——について検討することが、分析の焦点となっている。例えば、グットマンは、こうした二項対立によって我々が「道徳的世界を二元論的に」（1992年：130頁）見ざるを得なくなるので、二項対立が我々の思考を制約することになると不満を述べている。同様に「倫理論の議論は、特殊性と普遍性を相互に排除する論理によって特徴づけられてきた」（ハンチングス, 1996年：129頁）と不満を述べる者もいる。「国内—国際という亀裂」に対応して「正統性」という考え自体が分断化するしがちな基本的な問題を見抜く者もいる（ウィリアムズ, 1996年：40-1頁）。

こうした不満をまとめてみると、グローバリゼーションの存在を定義するア

イデンティティと共同体の条件が変化しつつあるという認識が広まってきている。こうした規範的議論で，単に国家の能力が侵食されているものとしてグローバリゼーションのプロセスを表現するならば，相変わらずグレート・ディヴァイドという領域に留まることになる。従って我々は，現在起こっている変化を描出するためにはもっと適切な言葉と枠組みを発見しなければならない。このようにグローバリゼーションという現象の不明確さは，多くの懸念を示す次のような説明を貫いている。

　我々は，以前よりも自分たち自身の公的生活にますます関与するようになってきたが，愛着は持たなくなってきている。それはまるで，リベラルな倫理が想定している何の悩みもない自己なるものが実現し始めたかのようである。……社会的組織，政治的組織が広範囲なものになるにつれ，我々の集団的アイデンティティの状態は分断的となり，政治生活の形態は，このアイデンティティの状態を維持していくのに必要な共通の目的から外れていく（サンデル，1992年：28頁）。

これら2つは問題点を雄弁に物語っており，現在のカテゴリーがグローバリゼーションの本質を把握するのにいかに不適切かを具体的に示している。サンデルの指摘は，倫理分析にはグレート・ディヴァイドを否定しなければならないものと理解できる。もしこの主張が，外部に妨害物を抱えていない共同体内部の道徳的自律性に対するものならば，この主張はもはや有効ではない。グローバリゼーションは，国内，国際双方の領域における今までの道徳的形態を覆しているのである。

3．規範国家の後退か？

　グローバリゼーションの規範的結果を「国家衰退」論の別の解釈として描くことは非常に一般的であり，グローバリゼーションのロジックから自然に出てくるものである。それはグローバリゼーションの実態であるとともにグローバリゼーションが及ぼすものであるので，これこそがグローバリゼーションの効果なのである。「資本，労働力，技術，情報の流動的力は，政治的，文化的境界を容赦なくあちこちを動き回り，（その結果）国民国家とナショナルな文化の

一体性を脅かすものとして表現される」(ホルトン, 1998 年 : 108 頁) とある理論家は要約している。同時に，表面的には逆説的に見えるのだが，立法国家は，かつては私的空間，家族のための空間，道徳的空間として外部に対して防御されてきた領域に浸透する権限を与えられてきたのである (マン, 1997 年 : 491-2 頁)。それでは規範を生産する要素が流動的である結果，どうなるのであろうか。その結果，規範国家の後退が起こるのか，起こらないのか。

この疑問は肯定されることがしばしばであり，現代国家の危機は政策の自律性についてばかりでなく，価値についても言われるのである。「グローバリゼーションは，国民国家が唯一の意味ある道徳的共同体であるという仮説に深刻な疑問を投げかけている」(1998 年 : 216 頁) とリンクレーターははっきりと述べている。(グローバリゼーションによる) この国民国家への侵食は，具体的にはどのような現象か。具体的な現象とは，市民権を国内的に定義するという特異性が喪失し，かつこれと関連して，国家が「善き生活」という独自の概念を追求する自由が衰退することであると言われている。サッセンは，前者について簡潔に要約している。「新しい国際人権レジームの形成という大きな政治的展開を認める研究者にとって，市民と外国人との間の区別が侵食されることによって，市民権という制度の価値が減少していくようになる」(1996 年 a : 96-7 頁)。人権が国際的に制度化され個々の国家の境界を越えて保護されるようになればなるほど，特定の国家の市民権を持つ特権は少なくなっていく。人権はある種の国際的公共財となり，その意味で，人権を享受する場合にただ乗りも起こる。それにもかかわらず，この傾向は**積極的な**侵食の形態とみなされるかもしれない。特定の国家の市民権を享受することはなくならないが，それはもはや特定の国家によって排他的に提供されるものではなくなっている。

しかし，国家の自律性が侵食された結果，特定の国家の市民権を保有しているという特権の意味が薄れさせるグローバリゼーションについての**消極的な**説明もある。国家の外部から作動する制約条件に直面して，特定の善のために国家が行うプロジェクトが今や持続できなくなっていると，この見解は断言するのである。善き生活の限界は，グローバリゼーションという構造によって外部

第7章 規範国家　231

から設定されるのであり，それによって規範的生活は必要な領域に限定されることになる。皮肉なことに，これは，もし正しいなら，政治理論と国際関係思想の間のマーチン・ワイト（1966 年）の古典的な区別を最終的に純化したものであろう。「生産のグローバル化は，経済的，社会的，文化的権利を実現するための国家中心の計画を弱体化しつつある」とドネリー（1999 年）は必死になって証明している。これは，福祉主義に対してグローバリゼーションが猛攻撃を仕掛けているイメージであり，それによって「社会的要求に従って再配分する国内政治の形態が，市場主導の資本蓄積命題によって侵食されているのである」（ホルトン，1998 年：92 頁）。

　これまでに提起してきた全ての理由によって，これは制度についての不適切な説明である。国家から権力が奪われることに焦点を当てることは，歴史に無知であることを示しており，それはまた，国家とは何であるか，国家が最も適切に実行できることは何であるかという静的な概念にあまりにも頼り過ぎである。国家と国家内部の共同体の関わり方が，実際には，常に変化しており，グローバリゼーションは最も最近のこの変化の組み合わせであると理解するならば最も適切である時，国家から権力が奪われることに焦点を当てることは，国家と共同体の抽象的な関係に根拠を置いているのである。グローバリゼーションそれ自体が持続的でなくなるということはないのでこのことは国家を出し抜くというよりも国家を再構築することを意味する。

　議論がこのように展開していくと，共同体の現代における形態や概念を再検討する必要が出てくる。特にこの再検討をするには，共同体はどのようになるのか，共同体はどんな共通の目的を共有すると考えるべきかを理解しなければならない。

　国際関係理論では，国家と共同体は，問題があるにしても，一般的には相互互換的に使われる。コミュニタリアニズムは，そのように言い換えるならば，道徳的所属を示す限定された領域としての国家を指し示すものであり，こうした関連性のためにコミュニタリアニズムは固定的な実体とみなされる。コミュニタリアニズムは，いわば，領域にしっかりと結びつけられており，もし仮に

あるとしても，国境が変化する場合にのみ変化するのである。離散した移住者——そのような主張を誤って伝えたと思われるかもしれないが——の場合ですら，共同体は，現実にはそうでないにしても希望に満ちて打ち立てられるのである。国家と共同体のこうした合成は決して意図されたものではなく，道徳的生活は主権的権威が行き渡っているところで初めて可能であるという，表面的にはホッブスから引き出された概念で常に繰り返されるものである。極端なことを言えば，リアリズムがコミュニタリアニズムと出会う場合には，道徳的共同体と領域的に定義された威圧的権威は，互いに同一視されるようになる。しかしながら，グローバリゼーションに関する文献は，両者の連関を断って，空間的な定義から共同体を解放する傾向がある。ひとたび連関が断たれると，共同体を，一定不変の完全なものとしてではなく，絶えず作り変えられるものとして考えることが可能となるのである（リンクレーター，1998 年：2 頁）。

共同体はナショナルではない基礎の上に作り変えられるというこの主張と，冷戦終結以来，表面的には最近ナショナルな政治が復権してきたという見方の間には，必然的な矛盾は存在しない。実際，この2つは因果関係的に結びついている。「国民国家レヴェルで個々人が政治参加する度合いが一様に減少してきている傾向は，ナショナルな政治の外で定義される価値の重みの増大と結びついて」，「ナショナルなアイデンティティに象徴的に訴えかける」（1996 年：181 頁）ことによって再国民化という防御的な戦略を活性化させる効果を持った。ナショナリスト的規範を再確認することは，このように価値の代替的源泉から生まれる脅威の目安を示すものかもしれない。

しかし，以前にも議論したように規範国家を簒奪しているのがコスモポリタン的道徳性でないとするならば，我々は起こっていることを最も適切に表現するにはどうしたらいいのだろうか。そのためには共同体の基礎について行った以前の議論に戻ることになる。なぜなら，出現しつつあるか，すでに出現していると考えられるかもしれないような道徳共同体は，それがどう理解されているかに左右されるからである。共同体は——歴史的に言って——「所与のもの」なのか，それとも共同体は「（常に）成長している」ものなのか。このこ

とは，発展しつつある状態としての物質的相互依存関係と，それに付随していると考えられるかもしれない規範的意味を区別する試みにとって重要である。例えばセヨム・ブラウンは，ベイツ（1979年）によって初めて提起された議論に共鳴しつつ，物質的グローバリゼーションはアイデンティティの共同体のようなものを生み出すのだという立場に同意している。「経済的な財とサーヴィスがますます流動化することによって，物質的相互依存関係によって結ばれた社会以上のものが生まれつつある。同時に，超国家的な国境を越えた共同体アイデンティティと政治的忠誠心も生まれつつある」（S. ブラウン，1992年：126頁）と彼は主張する。

　これとは対照的に，クリス・ブラウンは「1つの世界」を目指す物質的傾向と共同体の形成を明確に区別するべきであると主張している。「ますます結合されていく世界についての本質的に経験的な説明が，世界共同体の出現についての本質的に規範的な説明を伴うことになるならば，さらに別の説明要因が必要となる」（C. ブラウン，1995年a：94頁）と彼は断言している。結合されていく世界というのは必要条件かもしれないが，世界共同体を創出するにはそれだけでは十分ではない。確かに彼は，両者の間の因果関係について懐疑的である。グローバリゼーションが引き起こす経済的不平等が生まれるために，「複雑な相互依存の世界に向かう傾向は，ひとりでに共同体を生み出す」（C. ブラウン，1995年a：93頁）のかどうかは疑問である。彼は他のところで，共同体はさらに「共通利益という概念，少なくとも共通のアイデンティティが生まれてきているという概念を暗に意味している」（C. ブラウン，1995年b：185頁）と彼は書いている。彼の議論は，相互依存関係がそのような展開を生み出さないかもしれない――むしろ阻害するかもしれない――ことを証明している。

　しかしそのような概念は，周知のようにナショナルな共同体内部かこれを越えたところに縛り付けるのは困難である。「想像の共同体」（アンダーソン，1983年）が主張され，同じような概念がグローバルに拡大される可能性があるのは，ナショナルなアイデンティティが物質的には文字どおり共同体を生み出さないからである。ロバートソンの研究（1992年）を精緻化する中でこの作業が

なされてきた。「想像の共同体」と「グローバリゼーション」はともに「人々——そのほとんどは直接顔を合わせることが全くなく,それにもかかわらず共通の絆という感覚を共有している——からなる共同体というイメージ」(ホルトン, 1998年:33-4頁)を伴っているので,「想像の共同体」という概念は「グローバリゼーションにも同じように適用可能である」, というのがその主張である。物質的要因と概念的な要因の間の相互作用が, ここでは問題になっていることが明らかである。物質的な支持基盤が相対的に欠如しているところで, 本当に共同体は存在できるのであろうか。道徳的な「想像力」の許される限界はどのあたりか。利益, 絆, アイデンティティに訴えかけても——それらは確かに必要ではあるが——こうした面倒な問題を解決するには役に立たない。

　グローバリゼーション論の一例として, 生態系の脅威が生じたと仮定してみる。グローバルな環境悪化を回避することは, 我々全てからなる共同体を構成する共有利益なのか。人類は, これに関連したアイデンティティを持っているのか。その答えは極めて懐疑論的であるとはいえ, 最終的には結論が出ないほど微妙なものである。現時点で図式的に示すために3つの解釈を再検討する。第1の解釈は, クリス・ブラウン自身のものである。「しっかりと共通の利益に基礎を置き, 共通のアイデンティティを提供するグローバルな力」がこれであると, 彼は大胆にも断言する。しかし, それが促進するアイデンティティは本質的には「生物学的なもの」であり, 文化的, 社会的, 政治的な条件に読み替えることはできないと彼が付け加える時, 彼は実質的にはこのことの意味を修正しているのである (C. ブラウン, 1995年a:100頁)。我々は多分, 彼のリストに「道徳的」という言葉を付け加えることを許されるであろう。第2の立場はリンクレーターのものであり, 彼は, 環境悪化からくる脅威のような共通の脅威に直面した場合の, 運命共同体を強調する。彼は自分の概念を精緻化して, こうした状況では人々は「同じような感情を共有しない」かもしれないが,「災難に直面して」一致協力する知恵を見つけるかもしれないと具体的に述べている。このように見ると, 彼は人々の結びつきと共同体の区別を我々に

想起させ，ヘーゲル的な言葉で，環境危機に直面している人々を「倫理的国家の」市民としてよりも，「市民社会」に属するものとして描いている（リンクレーター，1998年：1頁）。第3の解釈はアンドリュー・ハレルのもので，彼は環境問題と，これが国際関係に持つ意味を我々が理解する上で多大な貢献をしてきた。「環境問題に関する政治理論は『善き生活』という考えと関係があるばかりでなく，人類の生き残りを最も保障してくれる手段とも関係しているのである」（ハレル，1995年b：130頁）という魅力的な考えを披瀝している。ハレルのこの見方も，国際関係理論と政治理論を区別するワイトの見方を否定するものであるが，予期せざる方向で否定しているのである。ハレルの見方は，「善き生活」を環境に関する国際関係の中に位置づけるのではなく，人類の生き残りのための手段を環境に関する国際政策と関連づけているのである。

　こうした思慮深い確かな観察から，我々は何を結論として引き出すことができるであろうか。彼ら3人は同じことを異なった言い方で話しているのであろうか，それとも根本的に異なることを言っているのであろうか。おそらく彼ら3人の違いがあるとしても，3人の議論に共通しているのは，環境悪化が道徳的共同体を生み出すという議論の持つ力を排除するとは言わないまでも，減少させるのだという方向に向かっているように見えることが，今後はっきりしてくる点であろう。ブラウンにとって，環境悪化は利益とアイデンティティを共有しているという感覚を生み出すが，もっと綿密に検討すると，この共有感は生物学的な必要性を超えるものではない。リンクレーターにとっては，環境悪化は道徳的共同体よりも「セカンド・ベスト」的な人と人との結びつきを生み出すものである。同様に，ハレルの場合には，彼の議論は極端に言えば，環境悪化を，自由に道徳的に選択できる領域というよりも必要に駆られる領域に還元することによって規範的議論からこの問題を排除しようとしている。これら3人の議論を通じてみると，我々は環境問題解決の緊急性を理由にグローバルな道徳的共同体を生み出すことはできないようである。

4. グローバリゼーションと規範国家の構成

しかし上述した理由を併せて考えてみると，これはおそらくどんな場合でもそこからアプローチするには間違がった方向であった。我々が求めているタイプの共同体に多くの考察が依存しているのである。すでに再検討した区別のいくつかを見直してみると，協力のためのアソシエーションと共同体との間の関係と何の問題も抱えていない個人と構成されていく共同体との間の相対的関係についての未解決のイシュに，我々は未だに直面しているのである。これと同じ見方は，市民のアソシエーションと企業のアソシエーションを初めて区別したオークショット（1975年）の立場に立つものであり，その後ほかの研究者によって修正されてきた。例えばオークショットの見方は，彼のカテゴリー化を機能的で特定の目的を持つアソシエーションに当てはめたナーディン（1983年）によって精緻化された。そのようなカテゴリーの間には系統的関連性があり，それらは国際社会理論——そこでは関連性は「多元主義的」で「連帯主義的」な雛形として新たな装いで立ち現れるのだが——が組み込まれている（ブル，1966年；ダン，ウィーラー，1996年）。これらの関連性の中には，社会と共同体の間の区別に基づいていると思われるものもあるし，異なった形態の共同体を区別しているようなものもある。もし後者が適切な考えとするなら，規範的なグローバリゼーションが起こっているかもしれないという議論を，どんな種類の共同体が意味あるものにするのに十分なのか。

国際社会の本質，国際社会の発展の仕方，国際社会とより広い世界社会との関係についての同じようなイシュに焦点を当てることによって，その問題を明確にすることができる。「英国学派」の理論家にとって，国際社会は国家がその中で行動する予め定められている構造ではなく，そのもの自体が社会的に構成されていくものであるということが，もっともらしく示されてきた。国際社会は，国家が恒常的に取る行動によって形成されるが，同時に国家が恒常的に取る行動を強化するのである（ダン，1995年）。ウェントの見方を適用したダン

の表現に従えば，国際社会は「国家が国際社会を利用して作り出すもの」なのである。社会的再生産にとっての制約条件がいかに強くても，国家の恒常的な行動と国際社会双方が展開していく可能性が，この議論の中に暗示されている。

同時に，国際社会と世界社会の間のダイナミックな——そして建設的な——関係を認める理論家もいる。

> 世界社会と国際社会は密接に関連しながら初めて発展していくのだという，妥当な主張がある。国際社会は，「世界」文化……という要素の発展によって支えられないと，かなり原始的なレヴェルから脱却して発展することができない。逆に，世界社会は，安定的な政治的枠組みによって支えられないと出現しえないし，国家システムは世界社会の予備軍のままである（ブザン，1993年：340頁）。

このようにしてグローバリゼーションとの関係が生まれる。国際社会それ自体は順応性のあるものであり，変化して，国家間社会とは異なり世界文化に基礎を置く「人類」社会の出現を促進することができるのである。国家，国際社会，世界社会は，こうした手段によって複雑なダイナミクスの中で互いを相互構成していると見ることができる。こうした見方を意識していると，我々は国家内部の規範的な機能が再構成されていくことが，国際社会や出現するかもしれないグローバル共同体にとってどのような意味を持っているかを検討できるかもしれない。

国家が規範を十分に保有しているという考えとは逆に，国家の道徳的基礎は変容しつつあるのかもしれない。このことは様々に表現できる。グローバリゼーションが展開している状況の中で，国家は——サンデルの言葉によれば——構成的共同体から協力的共同体へ変容しつつあるといえるのか。国家の領域を超えて展開する状況の絡み合いを考慮に入れながらも，国家内部で依然として発生している大掛かりな「絡み合い」を，この概念は認識している。同時に，そのような枠組みは，アイデンティティという扱いにくい概念にも対応するものである。というのは，これは外部からインパクトを受けた方向性の定まらないグローバリゼーションの結果というよりも国家の再定義の機能だからである。それは国家が道徳的性格を喪失したからではなく，国家が道徳的性格

を変容させるプロセスにあるからである。グローバリゼーションは，国家に起こっていることの原因であるとともに結果でもある。

リンクレーターの議論を援用すると，我々は，国家が編入と排除という新しい言葉によって絶えず共同体の基盤を再定義していることが分かる。国家は以前は，階級対立を国民全体に潜ますことによって緩和させるため「純粋にナショナル」となったように，最近では社会的基軸に沿って内部から分断化されてきた（アルブロー，1996年：169-70頁）。しかしながら我々は，古い形態の国家コーポラティズム（とこれを支えるための規範的呼びかけ）の終焉を，国家の道徳的主張全体の最終的放棄と混同しないように注意すべきである。歴史的に見ると，我々は，国家が道徳を独占していた時代は，排他的なナショナル共同体と密接に結びつき，最近ではコーポラティズム的な取引と福祉重視主義による妥協により，支配が例外であったというよりもむしろ極めて例外的な時代であったことに気がつくのである。いずれにしろ，国家の規範性が後退してきたという議論は，グローバリゼーションに直面して予め定められていた歴史の流れを余りにも安直に受け入れ，議論の政治的現実性——そこでは再定義された国家が主要な主人公として再登場するかもしれない——を十分には認めないのである（マン，1997年：491-2頁）。これは単に，「国内的領域」と「国際的領域」の間の相互作用が存在することを明らかに証明していることを認めたことに過ぎない。国家の再構成は，20世紀前半に見られるように，以前には国際関係に否定的な効果を与えた様子を，リンクレーターは具体的に説明している。「排外的な主権国家間の対立関係の高まりは，包摂的なナショナル共同体の発展の1つの結果であった。なぜなら市民権の拡張は，ナショナルな忠誠心を他者の排除にまで高めたからである」（1998年：189頁）と彼は述べている。もし我々がある歴史的時代にこのプロセスを認識できるならば，我々は常に同じ方向に作動しているわけではないが，そのプロセスの存在を一般的に想定するかもしれない。「国際システムは排外的な政治共同体を再構成することによって変容しうることを認めなかった」（リンクレーター，1998年：14頁）といってネオ・リアリズムは激しく批判されてきた。これは確かにそうである

が，同時に，国際的領域の再構成は個別の政治共同体に，とりわけ自己認識に変容を促す効果をもたらしうるということを，この批判を精緻化する中で付け加えるべきである。サッセンはこのバランスを逆の方向に傾け過ぎているが，それにもかかわらず意義深い観察を行っている。「グローバル経済が新たな条件を生み出すので，市民権に関する制度はまたしても展開し始めるかもしれない」(1996年a：XIII頁) と彼女は述べている。これら2つの観察は正しいが，一面的である。国内，国際2つの領域が相互に変容し合うというのが現実であり，これが正しいならば，国家は他の分野ばかりでなく規範的分野においても相変わらず重要であり続ける。

グローバリゼーションを，明らかに抵抗しなければならない受け入れがたい規範的傾向として理解する立場が，グローバリゼーションに対抗しようという議論の中で明らかに出てきている。こうした文献の多くは，新しい社会運動の役割に焦点を当て，その性格ゆえに国家権力に不信感を抱いている。確かにこうした運動の多くの機能は，国家という媒介を通して作動するというより，直接市民の行動主義を動因する1つの機能であるように思える。国家の役割と新しい社会運動の役割がゼロ・サム的であるというのが典型的な例である。

　近年，グローバルな視点から新しい規範的枠組みを定義しようとしている強力な下位集団や社会運動がグローバルな規模で出現してきている。主権国家システムが直面する権威をめぐる危機を考えると，こうした小集団や社会運動の重要性は今後も大きくなっていくだろう。現在の経済的，政治的システムが弱まるにつれて，個人は自らのアイデンティティや支持を求めて国民国家を当てにするようになるばかりか，あらゆる種類のローカルな集団や国際的な集団も当てにするようになるのである（フェリーチェ，1996年：103-4頁）。

こうした傾向にもかかわらず，グローバリゼーションに対抗する国家の役割は，軽く見過ごされてはならず（フォーク，1994年：138頁），国家の役割を通じて，再定義された規範的プロジェクトは保持されるのかもしれない。この見方は，多くの文脈の中で受け入れられている。国家はグローバリゼーションの否定的特徴を効果的に阻止する唯一のものであると考えて，国家の役割を南北問題の文脈で特に重要であるとみなす者もいる。「(世界の) ある地域での腐敗し

た，野蛮で抑圧的な政権という『悪』を保持していくことは，文化的多様性という『善』を保持し促進していくために支払われるべき代価なのかもしれない」(J. ウィリアムズ，1996年：61頁) というやや極端な主張の中に，このような感情を認めることができるのである。

　一般的に他の文脈も考慮すると，国家は果たすべき役割を保持していると同じように言われてきた。「反国家主義的」である社会運動の広く行き渡った傾向に注目して，グローバリゼーションとの対決を例外的なものになるかもしれないとみなす者もいる。「しかし，グローバリゼーションという問題に関しては，国家に対決するという立場は議論の対象となり，国家への回帰は，全体としてみると，現代グローバリゼーションによって引き起こされた混乱と貧困に対応するのに必要な蓋然性のあることである」(リンチ，1998年：163-4頁) と鋭く指摘されてきた。もう一度言うが，この指摘は魅惑的であるが，1つの重要な点を見逃している。この重要な点が意味することは，国家は「国家の外にある」グローバリゼーションという問題に対する解決策であるということである。国家は，すでにグローバリゼーションという問題の一部である，ということを我々はもう一度再確認する必要がある。

5．我々は規範国家に生きている

　国際関係理論においてリアリズムが圧倒的な存在感を示していた長い時期に，規範的イシュは，この学問分野の課題の中に安全な場所を必死になって模索していた。それにもかかわらず規範的イシュは，グローバリゼーションをめぐる議論が流行するずっと以前に元の位置に戻ってきて，長い時間にわたって復活を享受してきたのである。戦争の倫理，人権，配分的正義，そして最近では人道的介入をめぐる議論は，これらのテーマが主流の国際関係理論の中ではいかに居心地が悪くとも，規範的関心が一定の影響力を持っていたことを保証している (S. スミス，1992年)。その復活はグローバリゼーション分析によってさらに刺激を受けることになるかもしれないが，多分それは間違った理由に

よってであろう。グローバリゼーションが規範的な熟慮に与えた激励は，伝統的にグローバリゼーションを追い詰めて逃さなかった極めて知的なバリアーを，規範的な熟慮が一層破壊しているという認識からきている。もちろん国際関係理論は「国境を越えた義務」（ホフマン，1981年）という観念を認める準備はしてきたが，国際関係理論は常にそうすることについて隠し立てをし，この義務は実際の行動においては，未だ重要な道徳的境界を越えた第一歩を伴うことを認識していた。グローバリゼーションによって我々は領域と国境に拘らなくなるので，グローバリゼーションによって寛容な知的雰囲気が生まれ，その中で規範的なプロジェクトが推進されるのである。グローバリゼーションが単一化によってそうするのは不幸なことである。伝統的な論理によると，グローバリゼーションは国家が後退する限りにおいて進行すると言う。これは他の分野と同様に規範的分野でも言えることである。特別な道徳的地位──今までは国家がこの地位の保有権を主張してきたのだが──の持つ不便さによって負担を感じない倫理理論に我々は今や関与することができるのだ。グローバリゼーションは規範理論を促進し，その結果，グローバリゼーションが国家の地位を後退させるのでこの議論が行われるのである。

　この見方はせいぜいのところ皮相であり，深刻な言い方をすれば人を誤らせるものである。我々は「国家の終焉を予期すべきではないが，国家の再構成は想像すべきである」（リンクレーター，1998年：44頁）というのが現在の議論への鋭い批判である。以前に考察した政策領域でもこのことがいえるなら，それは規範的国家の説明とし同様にもっともらしいものである。国家は疑いなく，最近の歴史で国家が享受していた道徳的能力を失いつつある。国家が道徳的能力を享受すべきであるということは，十分に理解できることである。というのはこれはが国家と市民の間に打ち込まれつつある修正された協定を反映しているからである。国家は政策領域で以前ほどいい結果を上げられなくなってきたし，特定の共同体の特徴的な権利の点でも以前ほどいい結果を上げられなくなってきた。同じように，国家は国家安全保障のような分野で以前ほど市民に要求できなくなってきた。

十分に構成された道徳的共同体から離れ，手段として協力するための，あるいは実際的なタイプのアソシエーションに少し変化したものとして，上で考察した言葉で，このことを表現することは，誤りではないかもしれない。レイディ（1998年：62-3頁）の言葉によれば，アイデンティティとアイデンティティの供給の間には不均衡が存在し，国民国家はその欠陥を埋め合わすことができない。もしこの動きが許されるならば，我々は，超国家社会が部分的には連帯主義的になっていく——同時に個々の国家は多元主義的になっていくのだが——のを想像することも許されるかもしれない。しかしこうした変化は，本質的に絶対的な変化としてよりもむしろ，それらの間の相対的均衡が徐々に変化していくものとして見られるべきである。しかしながら，繰り返し言えば，国家に起こっていることを，単に外部からの変化の副産物として考えることは誤りである。かつては目的を持っていた国内社会の多元化と，かつては実際的であった国際社会の連帯主義化は，ともに根本的なところで相互連関しているのである。この意味でリアリズムのための弁明書はその点を見逃しているのである。ブザンはこの見解に共鳴して，リアリズムの表面的な欠陥を，「リアリストの理論は国家に焦点を当て，それ以外の全てのことは，いわばどこにでも起こっている」（ブザン，ヘルド，マグルー，1998年：390頁）という事実のせいにしている。このことこそが，リアリズムの最も深刻な誤りである。グローバリゼーションによって引き起こされた変化は，実際には国家の外部ばかりでなく国家の内部でも起こっている時に，リアリズムはこうした事態の展開が「どこでも起こっている」というのである。

　国家から道徳が流出し，具体的形をとって再活性化してきたコスモポリタニズムに滲み出ているという軽率な推測にも注意すべきである。国家とコスモポリタニズムの間にはあまりにも多くの新しいタイプの共同体があるのであり，ある時点で出現しつつあると思われる何か1つの特徴があるとするならば，それはアイデンティティと出現する可能性のある道徳共同体の多元性であることは確かである。このことの多くはグローバリゼーションと結びついており，道徳的アクターとしての国家と，国家がその一部を構成しているより広いシス

テムとの間で再びバランスを取っていることを示している。我々は，更新された，そしておそらく強烈な，道徳的遭遇と再調整の時期を目撃しているのである。他の分野と同様に，この道徳的遭遇と再調整は，痛みを伴わないものでもなく，コストがかからないものでもないし，当面の間，混乱のほとんどは，最も圧力を受けている国民国家という共同体内部で経験されている。しかしこれは歴史の終わりではないようで，国家はまたしても，グローバリゼーションに対抗して社会的保護を提供する主要な装置であると規範的な主張をするのかもしれない。アイデンティティと共同体が現在，不安定な条件にある中では，道徳的バランスが異なった方向に再度傾き始めるかもしれないことを，我々が否定することはおこがましいであろう。国家を道徳的に全く新たに作り直そうという国家の弾力性は，過小評価すべきではない。

　規範理論にこのように簡潔に取り組むことは，国際関係理論におけるグローバリゼーション研究にとってどういう意味を持っているのか。国際関係理論がグローバリゼーションについて伝統的に考察してきた確立されたカテゴリーの多くは，もはやこの作業には十分には適応していないと再確認することは有益である。道徳と政治に関する多くの理論化の作業は，道徳共同体の本質と，それが発展していく可能性について鋭い疑問を投げかけるので，グローバリゼーションの検討にとっては極めて関連性が強いものである。グローバルなテクノロジーとインフラをグローバルな道徳秩序と同一視する気の抜けた一般化に対してこの理論化の作業は警戒している。これとは反対に，国際関係論における規範的分析の伝統的体系は，グローバリゼーションが展開している状況ではもはや批判に耐えられない（国内的領域と国際的領域との間の）明確な区別を強化しがちであるので，欠陥のあるものである。とりわけグローバリゼーションがそのような（伝統的な）二元論的なスキームに基づいて考察される時，グローバリゼーションはこのスキームに対応させられざるを得ない。その結果，2つの歪んだスタイルの議論のいずれかが生まれることになる。グローバリゼーションは，共同体は共同体であり，共同体の周りの不安定になりつつある状況に免疫を持っているので，国際関係論の規範理論にとってほとんど，あるいは

全く意味を持っていない，というのが第1の議論である。グローバリゼーションは国家の道徳的空洞化に影響を与えている，というのがもう1つの，おそらく支配的な議論である。2つの評価は，国家（と共同体）とグローバリゼーションという具体的な二項対立に基づいている。他の分野と同様に規範的分野においても，こうした主張は皮相である。こうした議論は，国家は規範的グローバリゼーションの受動的な犠牲者ではなく，国家自体がグローバリゼーションの創始者の1つであるという深遠な——より複雑な——現実を無視している。同時に，グローバルな共同体は，国家の以前の世襲財産の争う余地のない相続人では決してなく，現状がいかに初期的なものでも，国家内部ですでに進行中の規範的契約を再交渉する場なのである。

　グローバリゼーションに関する文献が，国際関係論の規範理論の新しい波を生み出すべきであるという主張は，大いに歓迎されるべきである。しかしながら，その作業は誤った基礎に立って進められるべきではない。国境を横断する，グローバルな意味を持つ可能性の高い共同体を含め，新しい形態の共同体を規範的に検討する作業は，国家が道徳を豊富に独占しているという仮説に基づくべきではなく，改定された国家の道徳理論を作業の知的中核に組み込むべきである。そうしなければ，まずグローバリゼーションに関して興味深いのは何なのかを捉らえることができない。

第 *8* 章　民 主 国 家

はじめに

　一般的に，国際関係理論は，民主主義に対する関心によってあまり影響を受けてこなかった。例えばウィルソン主義におけるように，国際関係理論と民主主義が相互作用することは極めてまれなことであった。外交政策は他の政策と同じようには民主化されてこなかったし，ウィルソン主義はリベラルな政治を実現するためのこれから始まる偉大な挑戦である，という見解をウィルソン主義は支持している。秘密外交，同盟，勢力均衡，軍拡競争などのウッドロー・ウィルソンがしばしば非難した国際関係の局面は，民主的プロセスの不完全さを表すものでしかなかった。こうした世界観を広めることは，世論に対する明確な信頼と，世論が国家の政策に有益で制約を課する効果を持っていることへの明確な信頼を表すものであった。世界世論の法廷として機能するのは，こうした分析から，国際連盟などの制度を採用することへのほんの小さな一歩であった。しかしながら，国際連盟が個々の加盟国に対して制約を課する上で効果的になるためには，加盟国自体が本当に民主的でなければならなかった。そのため国際連盟は，民主国家の連合でなければならなかったが，道徳的圧力が不適切であることが分かった場合に限り，(連盟の) 義務不履行国に対し集団的な軍事行動に訴えることが必要になるかもしれない連盟であった。

　ウィルソン主義は別として，国際関係理論が民主主義を無視した状態は，中心的な仮定として長いこと続いた。一般的に国家の終焉を悼まないような人々は，それにもかかわらず，「近代の民主政治にとっての領域的な支柱としての

役割」(ロー, 1997年:242頁) が (国家には) あるために, グローバリゼーションが国家に対してどういう影響を与えているかについて関心を持っているに違いない。なぜならば, 政治理論は伝統的に, 民主主義と政体としての国民国家を深く結びつけてきたからである。グレート・ディヴァイドという観点から見ると, 民主主義は完全に国内事項である。民主主義が国内事項であるという両者の結びつきは, 国際関係理論にも反映してきた。ホールデンが簡潔に指摘しているように, 「民主主義は, 国家間の相互作用ではない行動に対して」(1996年b:137-8頁) だけ適用されるように思われるという効果を国際関係理論は持っている。このことが本当であると考えられる間は, アクターの属性の1つとしての民主主義が, 国際関係の結果に影響を与える以外, 国際関係論は民主主義にあまり配慮しなくてよいという立場をとるかもしれない。同じように, そして同じ理由から, 国際法も「民主主義理論と行動にとってグローバリゼーションが持つ意味をはっきり説明してこなかった」(クロフォード, マークス, 1998年:82-3頁)。

1. 民主主義は重要か?

しかしながら最近, 民主主義と国際関係理論は3つの重要な接合点——これら3つともグローバリゼーションの陰の影響を受けているのだが——で互いに接触するようになった。第1の接合点は, 民主化の一層の広がりと, このプロセスを促進するグローバルな諸力をめぐる議論である。慈悲深くも民主国家が核分裂するように増大したことによって, グローバリゼーションについて愉悦的展望が強まって, その展望を具現化していた1990年代初頭, この議論は勝利主義の色彩を帯びていた。相変わらずあちこちで行われている議論ではあるが, その議論は最近では抑制されている。

第2の接合点は, 国家が現在, 民主主義を十分生産していないという見解である。他の機能的分野におけるのと同様に, グローバリゼーションは国家の民主的能力を侵食してきたように思える。説明能力と責任に関わる制度は, こ

第 *8* 章 民主国家　247

の制度が管轄している管轄事項とはもはや同じ広がりを持っておらず，民主主義の赤字は今やグローバルな形態となっている。グローバリゼーションの展開によって，かつての民主主義「黄金時代」についての幻想が時として強まることがあるにしても，その後には傷ついた国家の軌跡が残されているのである。「ナショナルな形態の民主主義が，振り返ってみると国家がまず第1に保有している権力——それは不明確なのだが——を与えられている」（ロー，1997年：245頁）ということは，グローバリゼーション論の文献の危険な要素である。

　自由主義国家間の紛争を軍事的に解決することを回避することと，民主主義の形態を結びつけるリベラル・ピースあるいはデモクラティック・ピースについての膨大な文献が，第3の接合点である。このロジックを延長すると，上で述べたグローバリゼーションの勢いの下で，リベラル・デモクラシーがその範囲を拡大し，それによってリベラル・ピースを拡大する展望が非常に高まるという期待が生まれるのである。こうした3つの主張は相互に関連しているが，これら3つの中に内部矛盾を抱えており，これら3つがいかにして同時に有効なものとなるかを見極めることはかなり困難である。

　逆説的なこともあるとはいえ，3つの相互関連は極めて際立っており，民主主義論の文献の中でも必ずしも共通して焦点が当てられているわけではない。「民主主義と国民国家が以前ほど意味するものがなくなってきた時でさえ，民主主義と国民国家は規範を政治の中で定義するようになった」（クローニン，1996年：280-1頁，ヘルド，マグルー，1993年：261頁）という事実の中に皮肉な要素を認める者もいる。グローバリゼーションは「我々自身の身近な共同体を超越して考える条件を与える」が，同時に「リベラル・デモクラシーのための伝統的制度の効率性を弱める」（T. エヴァンス，1997年：145-6頁）という点で，「グローバリゼーションの中心的な逆説」を指摘する者もいる。民主主義のグローバル化によって何が含意されているかについては，純粋に意味論的には根深い曖昧さが存在する。ナショナル・レヴェル，ローカル・レヴェルばかりでなく，グローバル・レヴェル，リージョナル・レヴェルで作動する純粋に超国家的ないしはコスモポリタン的な構造を持った民主主義が出現してきたことを，

このことは意味するのであろうか（ヘルド，1998年：24頁）。「グローバル・ガヴァナンスの源泉」（ローズノウ，1998年：42頁）とみなされるトランスナショナルな社会運動のような脱領域的アクターに，それは焦点を当てることを要求しているのであろうか。あるいは，それは多くの，しかし未だ分離したままのナショナルな環境の中での民主化を意味しているに過ぎないのか。あるいは，それはこれら全ての結合を意味しているのか。

さらに綿密に検討すると，こうした議論の間には緊張関係が存在し，その論法は循環的なものかも知れないというヒント以上のものがある。民主主義への過渡期と結びついた不安定性について，警告が発せられてきたとしても，民主化政策の問題として奨励しようとするモーメントと「デモクラティック・ピース」論との間に関連性を見出すことは極めて容易である。典型的には，この議論の主唱者の1人は，「民主主義国同士が戦うことはめったに無いという理解は，民主主義の出現と強化を助ける平和的努力を奨励するものである」（ラセット，1993年：135頁）——この理論の批判者ですら喜んで認める主張であるが（コーエン，1994年：223頁）——と観察している。

しかしグローバリゼーションの結果，民主主義が拡大すると同時に弱体化したことによって，国際関係理論の視点から見るとデモクラティック・ピース論をめぐる議論にとって明らかに重要な意味があるに違いない。民主主義をめぐっては色々なことが起こるにしても「あまり影響が無い」ならば，民主主義は将来の平和的な国家関係にいかなる影響を与えるのか。もし民主主義の「構造主義者」が，一国単位の民主主義が空洞化してきたと主張するのが正しいならば，民主主義が過去において平和を維持する上で果たした役割がどんなものであっても，民主主義は未来においてはもはや同じように平和をもたらす効果を持たないであろうと予期する多くの理由がある。他方，もし民主主義が平和のための力となり続けるならば，民主主義は，民主主義の効果を中傷する人々が，我々を信じ込ませようとするよりも強靭であることを，おそらくこのことは示しているだろう。

いかなる場合でも，以前に議論したように安全保障のアクターとしての国家

がグローバル化した状況の下で変容を遂げようとしているならば，民主的であろうが無かろうが，国家が「平和」を生産する能力は必ずしも以前より低下したとはいえないまでも，本質的には異なったものになるように思われる。議論を逆転させてみると，さらなる民主化それ自体は，すでに確立されたリベラルな平和にどの程度，寄生するのであろうか。もしこのことがかなり事実ならば，民主主義への展望は民主主義への展望に左右され，平和への展望は平和への展望に左右されるという空疎なトートロジーをどうやって回避することができるのか。これらは，本章の中核にある複雑な問題のいくつかである。

　これらは，共同体の本質と，それが変化する可能性についての，以前の議論に直接的につながるものである。規範的国家という文脈から見ると，コミュニタリアンは共同体を所与のものと見る傾向があり，他方，コスモポリタンは現存する全ての共同体を，全人類の壮大な共同体の初期的表現とみなすと指摘される。前者，即ちコミュニタリアンは真の共同体は善を実現でき，真の共同体はこのことにより国際社会が課そうとするかもしれない正義の要求を免れるのだと信じている。こうした議論は，民主主義の機能についてのコミュニタリアンとコスモポリタンの間の，鋭く対立した見解の中に反映している。コミュニタリアンにとって，民主主義はすでに目的なのであり，共同体と共同体の集合的に構成された諸価値を十分に表現している（ベラミー，カスティグリオン，1998年：160頁）。これとは対照的に，コスモポリタンは民主主義を「コミュニティのアイデンティティを構成する手段として」見る傾向がある（トンプソン，1998年：193頁）。要するに，民主主義は，それを維持するためにそれに先立って存在する共同体を必要とするのかどうか，それとも民主主義それ自体は，新しい共同体を創り出す手段となりうるかどうか，をめぐって議論がなされるのである。規範的国家が意味するものは，民主主義国家の現在の条件を精査する際に再生するのである。

　こうした意味合いは，本書の関心にとっては根本的なものである。例えば，これらの意味合いには，還元主義的，システミック理論と，グレート・ディヴァイドについて関連した表現の間の分析上の分離状態を含んでいる。デモク

ラティック・ピース論の文献の中に見られる特定の文脈では，その関連性は単純なものである。政府の民主的形態が国際的にどういう効果，即ち平和に対してどういう効果を持つかという問題が，構造的リアリストの理論に正面から挑戦を突きつけている——それは広く認識されていることだが——という見方を受け入れると，「国内的特徴ではなく，システムの構成要因が国際政治を形作るというリアリストの見解をその見方は明らかに否定している」(1994年：207頁)とコーエンは述べている。おそらくこういうわけで，今度はネオ・リアリストがこうした理論的主張に非常に批判的になってきたのである(レイン，1994年)。しかしデモクラティック・ピースが，システミック理論より還元主義理論を採用していると認識することは極めて単純であるが，それはここで提起されるべき議論ではないのである。グローバリゼーションは再度，この二項対立を問題にする。そこでポイントは，還元主義に特権を与えるのではなく，グローバリゼーションが展開している状況で，どのような真の意味が還元主義に付け加わるのかを調べることである。もし民主化が対外的な，おそらくシステム的要因に左右されるものであるならば，「対外的」行動が「対内的」条件に左右される場合のポイントは何であるのか。

そこで我々は，議論となっているポイントを拡大することができる。還元主義の問題は，デモクラティック・ピースという特定の文脈においてばかりか，より一般的に民主的国家それ自体を理解するという視点においても生じるものである。リベラルな民主国家についての多くの理論は，この国家が内部から自己発生したと信じられるものである限りにおいて，還元主義的であるという感覚がある。しかしながら，多くの研究者——そのうちの誰もデイヴィッド・ヘルドほど強力な研究者ではないが——によって指摘された点は，そのような理解は今や全く不適切であるということである。リベラル・デモクラシーは，国内的条件ばかりでなく国際的条件によっても構成され，その将来的可能性は，実際的には内外を分離するこうした分断線を明確に克服することに左右される。グローバリゼーションの下では，独立したリベラルな民主国家などは幻想に過ぎない。

第8章　民主国家　251

　単純に言えば，グローバルなシステムを検討しないでリベラルな民主国家について説明することはもはやできないし，（逆に）リベラルな民主国家を説明せずにグローバルなシステムを検討することはできない。国家理論と国際関係理論それぞれの内発的かつ外発的な枠組みを乗り越えることが，発展への道である（ヘルド，マグルー，1993年:282頁）。

　もしこれが本当なら，それによって我々は，民主国家が外部からも後退を強制されるプロセスでも圧倒されるというイメージをもう一度捨て去らなければならない。「国外で」発生していることは，国家が対内的に再構築されている反映であり，「国内で」発生していることは，国際的条件が再構築されている反映である，というのがこのイメージを捨て去らねばならない理由である。グローバリゼーションが民主国家の終焉を引き起こしているというのではなく，むしろ民主国家の本質が変容していること自体が，グローバリゼーションを推進している一部なのである（下線部，訳者）。コスモポリタン・デモクラシー学派の多くの研究者が主張しているように思えることは，現在の民主的慣行は，それが国家内部に限定されていて十分拡大していないという限りで十分ではないということである。しかしグローバリゼーションが，痛切に民主主義の欠陥を示す尺度であるという議論が許されるなら，グローバリゼーション分析は，さらに憂鬱なものとなる。

　それにもかかわらず，民主主義と国際関係をめぐるほとんど全ての議論ではグレート・ディヴァイドが前提となっている。それは，「厄介で，明らかに不都合な」遭遇（ウォーカー，1993年:150頁）というラベルの貼られてきた（両者の）関係を検討する避けられない出発点であり，あまりにもそうであるので，民主主義の理論家の中には，そうした両者の遭遇を設定することを依然として受け入れない者もいる（バーチ，1993年）。それでいて一方では，「リベラル・デモクラシーの国際的拡散」こそが，現実に作動しているグローバリゼーションの明確な表現であり，その結果としてこの拡散は，政治理論と国際関係論の学問的境界線を横断しようとする場合の主要な原動力の1つであると積極的に評価する者もいる（マグルー，1997年c:231-2頁）。

　そのような「横断」はどのようなものか。その中心的な主唱者であるデー

ヴィッド・ヘルドは，次のような幅広い言葉を使って「横断」を素描している。「民主主義的諸制度と慣行は，国内政治と国際政治が複雑に交じり合う領域によって明確にされなければならないし，国内的領域と国際的領域の相互浸透が具体的に調査されねばならない」(1992年b:11-12頁) とヘルドは書いている。この主張の意味と効果は，本章の残りの部分で考察される。しかし繰り返し言えば，額面的には，このことは，デモクラティック・ピース論の現在の解釈にとっては重要な問題を提起している。この理論が，「国内的」条件から発生するものとしての「国際的な」効果を前提としている限りにおいて，上述した循環する論理展開に知らず知らずのうちに陥ることなく，相互浸透というヘルドの考えにどうしたら適用できるのかということは明らかでない。

2．グローバリゼーションなくして民主化なし

民主化は，グローバリゼーションの進行を示す主要な証拠であり，同時にグローバリゼーションは，民主化拡大の主要な源泉である (下線部，訳者) という一対の主張を行い，それを精緻化することが本節の目的である。文献が両者の間の関連を指摘する場合，その関連はたいていはこうした形態のいずれか一方にある。しかしながら，一方が問題なくても，他方は再定義する必要も出てくる。民主化は，グローバリゼーションに付随する副産物に過ぎないが，一方，正確に言えば，両者には根本的な関連性がある，というのがその意味するところである。グローバリゼーションが民主化を促進したとしても，それはグローバリゼーションが引き起こしたことによるのではなく，グローバリゼーションそれ自体のためなのである。

民主化を理解する場合，海のうねりのような変化があった。民主化は，かつては，個別国家の政治システムとそれを取り巻く環境に特有の特徴によって促進されたり抑制されたりする，固有の発展形態として見られていたし，事実，そのような観点に拘わり続けた者もいる (レイ，1995年:81頁)。これとは反対に，ハンチントン (1991年) のような研究者は，対外的要因に注目する傾向が

ある。特に冷戦後の状況は，民主化の「波」を例証したように思えるのであり，このことによって，より一般的でシステミックな要因が働いているに違いないという考えが喚起された（マンニン，1996 年：232-3 頁；アーチブギ，1998 年）。

「外部」から働きかける最も可能性の高い要因のリストを作成することは困難である。こうした要因を詳しく述べる必要は無いが，特に優先順位をつけずに言えば次のようなものが含まれる。個人の自立性を尊重する政治過程を奨励するような人権のグローバリゼーションと，このプロセスは疑いなく結びついている。こうしたことが，いわば自然な発展として生じない所では，援助とローンのような財と結びついた，コンディショナリティーという能動主義的な政策によって外部から，この発展が促進させられてきた。グローバルなコミュニケーションが展開し，アムネスティ・インターナショナルのような NGO のグローバルな活動が行われている時代には，人権侵害を監視し，公表することははるかに容易になったと議論されるかもしれない。マルコスのような，チャウシェスクのような，あるいはスハルトのような独裁者による政治的悪行について，世界の人々は常に知りうるようになっている。以前の南アフリカの政権の根本的に非民主的性格は，その政権が崩壊する前の 20 年にわたって世界の世論の前で維持されたのだ。

特定の対外的影響は，冷戦終結と結びついている。中東欧の古い権威主義的秩序の崩壊——人々が権威主義体制に反対する能力を無力化してきた，包囲された独裁体制の失敗であるが——には，明らかにドミノ効果があったのである。西側における政策の変更の意味に焦点を当てながら，「東側からの解放」ばかりでなく「西側からの解放」に注目する批評家もいる。この視点からすると，冷戦後には，西側諸国が単に現実政治の利益と引き換えるためにだけ，不道徳な政権を支持する今までと同じような戦略的必要性はもはや存在していなかったのである。この文脈からすると，解放とは経済発展と経済的成功への道に乗り出すことを意味するように受け取られることがしばしばであったのであり，政治的実践家達ばかりか学者達も必死になって，民主主義と資本主義をつ

なぎ合わせようとする誘惑にしばしば駆られたのである。特定の動機が何であれ，ある程度の国際的社会化，即ちそうすることの報償を競い合い，求める圧力があったことは疑いない。順応しようとする必要性そのものが，経済グローバリゼーションの最近の段階を特徴づけてきたネオ・リベラルなプロジェクトの不可欠な一部であるという議論がある。南の国々に関しては，「身を引きことは，要するに（国際社会から）出て行くことである」（ストレンジ，1995年：299頁）という認識は，新たに（国際社会に）関与するための政治的条件を設定する場合の北の国々の途方もない影響力につながっているのである。もし南の国々がグローバル経済の受益者となるとするならば——どんな国が受益者になる余裕が無いのか？——，それならば民主化は（国際社会へ）入場するための代価である。

　緩やかにグローバリゼーションと結びついた，こうした幅を持ったグローバルな対外要因は，より本格的な民主化に向かうように必然的に圧力を受けてきたことを，こうした議論は示しているのかもしれない。これは明らかに事実ではない。批評家達は，異口同音に民主化へのかなり多くの障害物に注意を喚起してきたが，こうした障害物は，今度は，グローバリゼーションとも関係がある可能性が出てきた。例えば，グローバル・デモクラシーへの展望は，次のような要因が結びつくことによって抑制されていると言われている。即ち，不平等な経済発展，多様な政治的伝統，文化的・倫理的アイデンティティ，基本的にはローカル又はナショナルな性格の連帯感である（レズニック，1998年：129頁）。以前の議論から見ると，こうした特徴の多くは，グローバリゼーションの属性か，又はグローバリゼーションによって少なくとも悪化させられてきたと，容易に理解されるのである。グローバリゼーションと民主化の関係は，必ずしも明確なものではない。「自動的に民主主義を引き起こしたりあるいは民主主義を支持するマクドナルド的世界には何も無い」というのが1つの結論的な判断である（バーバー，1996年：153頁）。

　しかしながら，主たる批評は，グローバリゼーションの光と影を詳しく説明しないで，グローバリゼーションが奨励した民主化によってもたらされた**政治**

の形態に集中しがちである。これを南の国々に適用してみると，この分析は通常は，「低レヴェルの民主主義 (low intensity democracy)」（ギル，ロカモラ，1992年）——それ自体が国際的資本の利益に叶うものであるが——というテーマについての解釈を発展させることになる。要するに，問題は，グローバリゼーションは民主主義を促進するかどうかではなく，もし促進するとするならどんな民主主義かということである。「今現在展開している自由化のプロセスあるいはグローバリゼーションのプロセスの本質は，**形式的な**民主的慣行の拡大を刺激するが」，世界経済の構造そのものによって，「**実質的な**民主化」（ギル，1997年a：60-1頁）の発展が阻害される，というのが共通の判断である。南の国々に住む市民は，自分たちに押し付けられた偽の民主主義によって，「『埋め込まれたリベラリズム』という妥協から排除されることになり」（カムラック，1996年：47頁），そのために実質的な社会的保護も否定されるのである。

そのような構造的議論を乗り越えて，文化的相対主義——これはそれにもかかわらず，上で述べたものといくつかの関心を共有しているのだが——に基づくより一般的な批評がある。そのいい例がパレックによって提起されている。彼は，リベラルな民主主義は個人の自立性を強調し，個人は「概念的にも形而上学的にも社会に先行する存在である」（1992年：160-1頁）という仮定から出発しているという点で，「リベラル・デモクラシーは歴史的に見て特異な民主主義の形態である」と主張する。グローバリゼーションが民主主義を促進してきたとするならば，奨励されてきたのはリベラルな民主主義である。このようにグローバリゼーションの中核にある民主化というプロジェクトは，文化的に見ると特殊な変種であり，南に位置する国家と市民社会が，グローバリゼーションの経済的論理に抵抗する能力を侵食するのに最もうまく計画されたものである。

そこで，グローバリゼーションと民主化の間に，いくつかの関連性を認めることは可能である。こうした議論の細部を検討せずに，グローバリゼーションは一般的に言えば，民主化を促進する圧力を生み出すが，同時に，グローバリゼーションそれ自体が民主化を妨害することに責任を負っていると結論づける

こともある。しかし，とりわけそれはある種の民主化と結びついている。もしそうであるなら，グローバリゼーションは民主化を偶発的な副作用としてではなく，グローバリゼーションそのものの本質的表現として奨励していることになる。両者を根本的に相互に分離することはできないのである。南と東における民主主義へ向かう傾向が，北の民主主義に関わる現在の経験に背反するとき，このことは特に重要な意味を持つことになる。

3．代表なくしてグローバリゼーションなし

　南と東におけるグローバリゼーションと民主化の関係がいかに複雑であろうとも，北におけるグローバリゼーションが民主化に与えるインパクトは，一般的には否定的に受け取られる。その上，「民主主義の生産不足」(サーニー，1996年c：97頁）という因習的な概念が，最も賢明なアピールを享受するのは，この文脈においてである。本節は，次の問題を検討対象とする。グローバリゼーションが民主主義に突きつけている諸問題の証拠，どうしてこのような問題が生じたかについての診断法，最後にそれらに対する解決法である。これらの問題の検討の締めくくりとして，こうしたイシュが持つ意義について幅広く考察することになる。

　国家と民主的政体との間には緊密なアイデンティティがあるとすると，国家が後退する前兆が民主主義の終焉を嘆き悲しむことと結びつくことになるのは驚くべきことではない。典型的に言えば，また国家それ自体の運命の反響としてみると，「民主主義は，空洞化しつつある」(ギャンブル，1996年：126-7頁）と宣告されてきた。コックスも全く同じ主張をしている。「経済グローバリゼーションの結果は，ナショナル・レヴェルの政治をマネージメントに変容させることであった」(R. コックス，1997年：63頁）と彼は不満を述べている。もし政府が諸問題を解決せずに，ただ単にマネージするだけなら，民主的な説明責任の必要性と範囲は，それだけ少なくなる。

　この問題を認識することは，グローバリゼーションについての急所を突いた

真実と考えられてきたものを繰り返すに過ぎないのである，即ち，その認識によって国民国家は効果的な統治にとって大き過ぎるものにもなり，小さ過ぎるものにもなる。一般論としてこのことが正しいなら，それは特に国家の民主的能力にも当てはまるものである。民主主義は，グローバルな諸力に直面すると無力であり，しかもローカルな問題にはあまりにも遠く隔たった存在である（レズニック，1998年：127-8頁）。民主主義は，どちらの問題に関しても「グローカリゼーション」の試験に失敗しているのである。別の見方をすると，民主主義は人々の生活のあまり重要でない側面を扱い，人々の生活環境を形成している大きな力を「ほとんど摑んでない」のである（アルブロー，1996年：181-2頁）。

　ある者にとって，このことはグローバリゼーションの単なる偶発的な効果なのであり，グローバリゼーションが引き起こす社会的・政治的再構築に伴う多くの犠牲の1つなのである。国民国家内部の民主主義は，根本的に異なった状況——ここで民主主義が自己認識するのだが——に，今のところすばやく適応できていない。民主主義は，広く行き渡っている歴史的に形成されてきた諸条件から分離してきているのである（マグルー，1997年b：13頁）。ある分析者の言葉によると，「民主主義を国民国家内部にこのように『ぴたりと収める』ことが，今や問題化してきているのである」（アクストマン，1998年b：10頁）。「統治する能力とガヴァナンスに対する要求」との間のギャップが拡大していくような「グローバリゼーションが加速しつつあること」を問題にする者もいる（デュルン，1995年：150頁）。要するに，こうした主張が強調するのは，人々の生活を形成する諸力と，この諸力を政治的にコントロールする手段との間の裂け目が拡大しつつあるということである。前者，即ち諸力はますますグローバルになり，一方，後者，即ち手段は相変わらず実質的にはナショナルなままである。こうした状況で，危機が迫っている。代表なくしてグローバリゼーションを進めてはならない。

　しかしながら，グローバリゼーションは民主主義に対する偶発的な挑戦と結びついているというこの見方は，もっと陰険な目論見が働いていると見る人々

によって拒否される。南の世界の事例に見られるように，民主主義の侵食はグローバリゼーションの偶発的な副産物ではなく，グローバリゼーション内部の作用の一部なのである。ネオ・リベラルなグローバリゼーションは，市場が一番よく知っていて，市場自身の正当性を主張する資格があるという明確な信念に基づいている。政治的干渉という領域は，このことを認識して，制限を受けるべきである。従って，民主主義の起源に制限を課することは，まさにグローバリゼーションが行っていることなのであり，このことは国内的にも国際的にも適用されるべきことなのである。

ある批評家によると，「民主政治を支えていた連帯，共同体，市民的伝統，国家主権は，市場秩序の現実と両立させられる必要があったのである」（ギャンブル，1996年：127-8頁）。民主主義の空洞化は，このようにして，グローバリゼーションの偶然の副産物というより，グローバリゼーションの中核的特徴となっているのである。

十分詳しく見ると，この状況の診断法はどういうものか。なぜ民主主義はグローバリゼーションの犠牲者として提起されねばならないのか。実際には重複することもしばしばあるものの，グローバル化した民主主義の赤字にそれぞれが責任があると考えられる3つの主要な要素が認識できる。即ち，民主主義への「適合性」という問題，政策の漏洩，そして国際的ガヴァナンスの非民主主義的な性格である。

第1の問題は，比較的簡単な問題である。この問題は，政策の供給とそれを政治的に管理することとの間に分離状態があるという見方にも関連するし，後者が前者に「追いつかない」という事実にも関係する（ヘルド，1992年b：22頁）。この適合性の欠如は，合意，正統性，有権者，代表性，参加というような民主主義の多くの側面にとって深い意味を持っていることをヘルドは詳しく検討している。これら全ては，グローバリゼーションのプロセスによって，相互の調整が取れなくなっている。

第2に，この適合性の欠如は，それ自体，政策の漏洩の度合いを測る目安である。もちろんこの問題は，国家が自国経済を管理する能力が侵食されてい

ることについて以前展開した議論に関わるものである。このように研究者達の種々雑多な見解は，国家が「その領域内で統治する権限の独占権を失いつつある」（ハースト，1996年：98頁）ことに言及したり，あるいは，「ガヴァナンスのプロセスは，国民国家の範囲を避けることができる」（ヘルド，1992年b：21頁）と指摘している。政策課題はその本質によって，本来的にグローバルな性質を持つイシュで満ち溢れているならば，「ナショナルな民主主義の制度だけでは，人々が問題解決を求める枠組みを提供することは期待できない」（T.エヴァンス，1997年：123頁）。こうした表面的な状況によって，それぞれの国の政治家が全ての責任を放棄する都合のいい口実を手に入れてしまうことは不幸なことである。このことは，民主主義の本質を深刻に破壊するものである。有権者達は，自分達の手を握り締めて，国内の経済問題を自分達ではコントロールできないグローバルな経済的困難のせいにする自分達の代表者達を，どの程度まで観察する用意ができているかについては限界があるのだろうか（パーリー，1994年b：8頁）。民主主義が無力であるというイメージは，論理の陰に隠れてしまう政治家によって実質的に証明されてしまうのである。

　第3に，政策が漏れていく環境，即ち国際的ガヴァナンスの領域，についての問題が認められる。民主主義は伝統的には個別国家の政治システムの中に閉じ込められているので，これは伝統的な用語法に従えば，非民主的な領域である。「外部の」機関を民主的にコントロールするという明らかな問題が存在する。「市民が，なしうるとしても最低限のコントロールしかなしえない機関，組織，アソシエーション，企業によって構築される」国際秩序の本質に，ヘルドはこの問題を位置づけている（1995年a：135頁）。国際的ガヴァナンスが国際レジームという手段によって実践され，今度は国際レジームが自らを最初に創出した諸政府からある程度独立していく限りでは，「国際的な特殊法人制度」（サーニー，1996年b：133頁）が出現する余分な危険性がある。このことはグローバリゼーションの否定的なインパクトによって組み立てられるのである。「民主主義は，理論的には統治される人々に対する説明責任を意味するが，実際には，指導者は市場の諸力に対して説明するのである」（ミッテルマン，

1996年b:9頁)とある観察者は述べている。

　これらが問題の診断結果であるとするならば，その解決方法はいかなるものか。細部では異なるものの，一定の基礎的条件を共有している，広範な問題を扱っている文献が今までに出てきている。とりわけ，これらは民主主義の適合性は回復されるべきであり，政策漏洩は修復されるべきであり，国際的ガヴァナンスは何らかの方法できちっと説明されるべきであるという想定である。要するに，解決方法は，いずれの事例でも同じである。「国家を超越したり，国民によるコントロールを必要とするような出来事，プロセス，問題があるとするならば，国家を超越する国民のコントロールを実現するための手段が無ければならない」（ホールデン，1996年b:144頁）ことになると推定されてきた。これは，コスモポリタン・デモクラシーのためのプロジェクトの核心である。それは「国境を越えた民主主義」（マグルー，1997年c:241頁）という姿を期待している。それは世界政府を樹立すべきであるという訴えには達してはいないが（パーリー，1994年b:11頁），「もし民主主義が，地理的に限定された領域と広い国際的共同体の双方で可能となるならば，民主主義はトランスナショナルな問題となる」（ヘルド，1992年b:33頁）ことを要求している。

　ここには議論の核心が横たわっている。トランスナショナルな民主主義は，ナショナルな民主主義の代替物とは考えられず，部分的にそれを保護するものとして考えるべきである。1つのレヴェルで機能するには，複数のレヴェルで機能するものでなければならない。ここにも困難がある。政策が，国家の効果的なコントロールの境界を越えて波及していくと考えられるように，民主的手続きも，追いかけようとして，国家の境界を越えて動き回るに違いない。国家の領域内でもはや民主化しえないものは，国家の境界を越えた領域で民主化されざるをえない。しかしこれはおそらく間違った診断に依存したものではないのか。民主的な説明責任という問題は「向こうで」起こっているのであり，国内的な不安感は，対外的な条件の兆候に過ぎないということは，こうした説明からきているのであろう。もしトランスナショナルな問題が解決されるならば，民主国家も正しい方向に向かうだろう。ここでの危険は，グローバリゼー

ションの論理それ自体が，根強く複製されて機能することである。民主主義を管理することは，もはやナショナルな国家内部では不可能であり，民主主義を保護する手立ては国境を越えた領域で見出さなければならない。グローバリゼーションが国民経済の死滅に繋がったように，後者，即ち国民経済がグローバル・システムの一部として再建される場合を除いて，グローバリゼーションは民主主義のナショナルな形態の死滅を伴うのである。コスモポリタン・デモクラシーの主唱者達は例外なく「ネオ・リベラルなプロジェクト」の強烈な批判者であるが，彼らの解決法を見ると，ネオリベラルなプロジェクトの論理に屈服しているのは皮肉なことではないか。

状況についての異なった評価は，問題に対する解決法はかなり痛いところを突いているということである。問題を，外部から押し付けるもの，あるいは民主主義をトランスナショナルに再構築することを要求するものとして見るよりも，国内的に厄介な問題を解決するのに躊躇する人々によって問題が，部分的には外部に投げ捨てられたものではないのか。このように見ると，グローバリゼーションは民主主義が侵食される原因であるとともに，グローバリゼーションを支えているのは「国内」民主主義の失敗であるという代わりの申し立てをすることができる。これとは異なった口実を使うならば，グローバリゼーションは国家とは関係なく発生し，今度は国家が意識してはいないがグローバリゼーションの犠牲となるという誤った考え方にそそのかされることになる。

そこで，民主主義の失敗の原因として，経済，コミュニケーション，安全保障などの分野に対して国家が機能的なコントロールを行うことができなくなったと考えないことが，提案されているアプローチである。そうではなくて，失敗の原因とされているものは，失敗の兆候でしかない。民主主義の欠陥とグローバリゼーションはともにお互いに依存し合っており，前者は後者から独立して説明することはできない。これが正しいならば，民主主義の欠陥を修正するコスモポリタン的な手段である優先順位には何の強制的な論理も無い。このことを認めることは，異なる出発点からなされるにもかかわらず，パニッチの願いに似ている。「グローバリゼーションによって無視されてきたと言われて

いる国民国家の後にトランスナショナルな民主主義を据えたがっている人々は，国家の国際化が実際に行っているものを誤解しているだけだ」(1996年：109頁) と，パニッチは痛烈に批判している。我々は「国家を超越する方向にではなく，国家を民主的に変容させる方向に戦略的議論を変えて」いかねばならないというのが，彼の結論である (1996年：109頁)。民主主義への過渡期にある国家の中心的役割と，民主主義の持続可能性を認めるべきであると主張する者もいる (プゼワルスキー，1995年：11-12頁)。

それではグローバリゼーションはどこに行くのか。(非) 民主的国家はグローバリゼーションを生み出すのか。それとも我々は，民主主義の国内的形態を保護するために，個々の国家の境界を越えなければならないのか。おそらくこの選択は，民主主義が基礎としている前提同様に人工的である。我々は次の問題に戻ろう。第1に，我々は，民主主義と国際関係論の間の遭遇の第3番目のもの，即ちデモクラティック・ピースにとってのグローバリゼーションの意味についてじっくり考えねばならない。

4．グローバリゼーションとデモクラティック・ピース

一般的に言えば，デモクラティック・ピース論の文献でなされる主張は，民主主義国家は全ての敵対国に対して本来的に平和的であるということではなくて，民主主義国はお互いに戦わない傾向があるということである (ドイル，1983年及び1986年；ラセット，1993年；レイ，1995年)。この議論の要素は，共和国の持つ効力についてのカントの議論とされるものを適用したと言われている。

　要するに，民主主義が平和に結びつくというカントの主張には3つの要素がある。第1に，平和的に紛争を解決する文化を持つ，民主主義国が存在することである。第2に，民主主義国は共通の道徳的価値を共有し，この価値があるために民主主義国が生み出す紐帯が平和同盟の形成に繋がる。最後に，この平和同盟は，経済的協力と相互依存関係によって強化される (ソレンセン，1993年：94頁)。

民主主義の定義，統計的基礎，この理論のために行われてきた主張の歴史的

正確さをめぐり激しく行われてきた悩ましい議論の内容をここで繰り返す必要は無いだろう。ここでの議論のためには，デモクラティック・ピース論をグローバリゼーションの文脈において見た場合，標準的な議論がどの程度効果的に持ちこたえるかを検討すればよい。グローバリゼーションと結びついた民主主義という上で検討した問題に焦点を当てた時，民主主義は果たして平和にとって力になるのであろうか。

この疑問に答えるためには。リベラルな平和の主唱者達が，この平和が機能すると考える理由をもっと詳しく見なければならない。特に民主主義国に関して，互いに相対的な平和状態を説明するのは何なのか。ここにおいて，民主的規範の持つ役割と民主的構造の持つ役割を区別することは，ありふれたことである（ラセット，1993年：30頁）。民主的規範の持つ役割という観点からすると，他のリベラルな国家との戦争を回避することは，「紛争の平和的解決に賛成する」規範，あるいは，どんなことがあっても「血と金で戦争の代価を支払う」ことを国民が躊躇していることを表現する規範から生じている（ラセット，1993年：30頁）。民主的構造の役割では，民主主義が戦争の開始を阻止する障害物としての制度的な要因に焦点が当てられる。「様々な政治制度で明らかにされていることだが，広範な国民の支持を確実にする必要によって，民主主義国は戦争を開始するのを制約されている」（ラセット，1993年：38頁）と主張される。

こうした議論がいかに説得力があり，あるいはいかに魅力的なものであるかについては合意が成立しているわけではない。しかしながら少し考えれば，グローバリゼーションについての文献で展開されている主張は，こうした諸説の全てあるいは一部にとって極めて問題の多いものであるに違いないことが分かる。今まで議論してきたように，グローバリゼーションは伝統的に考えられているように，国家が国家安全保障を追求するという本質的側面を問題にしている。もしそうであるなら，グローバリゼーションは国家の戦争遂行能力にも影響を及ぼしていることになる。これはさておくとしても，一般的に言って，グローバリゼーションは一定範囲の機能的分野で国家の政策能力を侵食していると考えられる。グローバリゼーションは民主主義の操作的概念全体を不安定化

させているとも言われる。もし政策プロセスと民主的共同体との間に，もはや適合性がないなら，また全ての国家が政策の漏洩を蒙っているなら民主的プロセスはリベラルな理論家が想定する，国家が戦争を開始するのを阻止する抑止力としてどのように役立つのであろうか。最後にネオ・リベラリズムの批評家が言うように，もし民主主義という条件が「外部」から設定されるならば，国家の属性はいかにして国際的な結果の源泉となりうるのか。民主主義の国際化あるいは超国家化は，逆の方向に向かっているように思えるのである。コスモポリタン民主主義者によると，民主主義を国際的領域に拡大することは民主国家の救出に必要であり，同時に我々は国際秩序の救済者として民主国家を注視するように要請されているのである。ここでは深刻で，多くの混乱が支配しているようである。

　こうした問題を明らかにする方法があるかもしれない。デモクラティック・ピース論をめぐる議論で争われているイシュの1つは，深いレヴェルの因果関係と説明がなされているかどうか，なされているとするならばどの程度なのか，即ち民主主義それ自体は，その他の要因と相互関係にあるということである。例えば，民主主義と平和的決着の結びつきを問題にする者もいる。「紛争の平和的解決を欲する共通の文化的選好は，民主主義の登場と平和同盟の出現に先行していたかもしれないという点で，両者の関係は誤りかもしれない」(コーエン，1994年：222頁)。このアプローチを強く拒否して，リベラルな平和は，「民主主義と関連する経済的，地政学的な特徴によって引き起こされるというよりも，民主主義のいくつかの特徴」(ラセット，1993年：111頁) であると主張する者もいる。我々はどうやってこの循環論法に入り込むことができるのだろうか，また現在の議論の潜在的意義は何であろうか。

　民主主義それ自体というより，「民主主義と相関関係にあるもの」が平和の源泉である可能性があるように，それは，この文脈では精査しなければならない「グローバル化した民主主義と相関関係にあるもの」かもしれない，というのが類似点である。繰り返されるプロセスは，以下で見るように明らかに作動しているのである。リベラルな平和を主張する理論家への信頼感は，ラセット

の議論で強力に描かれている。

　しかし1990年代に，十分な数の国家が安定的な民主国家になるならば，国際秩序のための規範とルールを再建する好機が現れる。何世紀も前に独裁制によって生まれたシステムは，今や，民主国家の批判力のある大衆によって生み出されるかもしれない（1993年：138頁）。

リベラルな平和の擁護者にふさわしく，この分析に貫徹している前提は，国際秩序は国内的領域から国際的領域へと展開していくものであるということである。しかしながらこの指摘には2つの問題がある。まず1つは，民主国家という概念自体が，まるで重要な歴史的過渡期は独裁制から民主制へのものしかないかのように「時間の要素を無視し」「動きの無い静的なもの」であることを前提としていること。この見方は，民主国家それ自体の大きな変容の可能性を認めていない。2つ目には，そしてこちらの方が問題が多いのだが，この見方自体が，国際秩序から離れた——国内的な——何かであるというよりも，国際秩序内部の要素であるということを認めないことによって，この見方は民主化のプロセスをより広い文脈から分離してしまっているのである。その特殊性は，民主国家が国際秩序における平和の達成と因果関係があることを認めているという意味で，ラセットのイメージは，この両者が明確に分離しているという前提に基づいている。（変化しつつある）民主国家と国際秩序は，実際には，互いにとって不可欠な部分であるという見方を具体化するための理論には自由な部分が無い。グローバリゼーションという概念が捉えようとしているのは，この統一性である。このことは，グローバリゼーションが単独で民主主義の現在の状態を生み出したとか，平和の展望を確立したと言っているのでもない。それは，グローバリゼーションが3者の間の不可欠な関係を描いているということを再確認させるものである。その意味において，互いの共時的関係を超えて，全てが「相関関係にある」「根本的な」力は他には存在しない。

　グローバリゼーションはある種の国家を複写したものであると理解すると一番よく理解できるのと同様に，ある形態の国家の構築も「国際秩序」——この中で，ある種の国家形態が見出されるのだが——を複写したものである。民主

国家は，非権威主義的方針に沿って具体化された国際秩序を再構成できる外発的な社会的アクターではなく，もっと詳しく言えば，民主国家はリベラルな平和を打ち立てることはできないのである。もしリベラルな平和が存在するならば，国際秩序が民主国家の一部であるように，民主国家は平和の一部である。もしグローバリゼーションが民主主義を不安定化させているとしても，それは外部から不安定化させているのではなく，民主国家そのものの形態が変化していることの表現なのである。

5．民主主義と平和を構築する

　経済的に言えば，グローバリゼーションは，1945 年以降の時代に，民主国家の中核から発展してきた。グローバリゼーションが発生したことを説明する説得的な戦略的理由が存在し，それが発生してきたプロセスは，コーポラティズム的福祉国家——それは発生する可能性のあった経済グローバリゼーションの広がりに対して国家を保護するための制約的措置を講じたが——を通じてもたらされた。1970 年代までに経済グローバリゼーションの新たな段階が始動し始めたが，それ自体は 20 世紀中葉のコーポラティズムと福祉重視主義の中心的前提から国内的に遊離していくことを反映していた。上で述べたように，民主主義が今日抱えている病理は，こうした変化の結果ではなく，単なるその説明である。デモクラティック・ピースがこの変化に耐えるならば，そのことは，デモクラティック・ピースがどの程度「埋め込まれたリベラリズム」と「ネオ・リベラリズム」の一部であるかを示すに違いない。これは驚くべきことなのか，またそれはもっと一般的な理論的関心である何を我々に伝えているのか。

　おそらくこの結果に驚くべき理由は無いであろう。埋め込まれたリベラルな国家は，国内的安定が，実際に安定した国際的秩序を構成する要素になるように，国内的必要と国際的必要を均衡させた。戦間期に見られた各国の過剰な自己主張を抑制するという妥協によって，社会的に保護された国家は，妥協に基

第*8*章　民主国家　267

づいて発展した国際関係が拡大していくネットワークの中にきっちりと納まっていったのである。過去20年間，この取り決めは安定的に展開し，両者の間のバランスは，国内的調和より国際的必要性に重きを置くように変化していった。グローバリゼーションは社会的保護に勝る特権を与えられ，国家もこの基礎に立って再構築されてきたということである。リベラルな平和が最もよく理解できるのは，このような枠組みの中である。それは国家の変容の度合いを反映しているが，それは，いわば外発的要因によって民主主義へ突進したことによって引き起こされたものではない。民主主義と平和は，今度は自分達を構成することになる国際秩序に参加することになる。このように，自己循環的な関係に立ち入って，他の全てを決定するのは民主主義であると宣言するのは単純なことである。ひとたびこのことが認識されれば，それは，デモクラティック・ピース論の文献と，一般的にではあるが，民主国家の抱える問題「解決法」のための重要な枠組みを確立するのである。本章が最終的に，国際関係理論の幅広いイシュを検討する前に，こうした問題を順に検討することができる。

　すでに問題設定したように，グローバリゼーションの下でのデモクラティック・ピースをめぐる議論は，リベラルな平和についての理論家の展開する標準的議論に対して，恐ろしいほどの困難を突きつけるように見える。民主的規範と民主的構造——それぞれ個別にせよ，両者が結びつく形にせよ——を操作することによってリベラルな国家間の平和は維持されるという基礎に基づいて，この議論は展開されている。これら2つが，説得力ある理論を支えることになるはるかに問題の多い基礎であるように見える。まず初めに，民主的規範に基づいている事例を取り上げよう。これらはあらゆる状態の下にある民主主義の普遍的な様相を表しているというのが，その前提であるはずである。しかし問題はそう単純でないことは明らかである。ある研究者は強烈な議論を展開して，リベラリズムは民主的国家間では効果がある，即ちリベラリズムは，ある意味で相互作用としては機能するという考えに挑戦した。リベラリズムのインパクトは広範囲にわたり，「リベラルな政治的プロジェクトの本質に」（マクミ

ラン,1996年:299頁)存在する,というのがこの研究者の反論である。マクミランは,ドイルとラセットの主張に反対して,リベラルな平和は**分離した個別**の平和ではありえないと主張する。民主的規範がもし作動しているものなら,「その抑制的可能性は,敵対国の政治的性格とは関係が無いので,本質的に他者との関係に左右されるものではない」。そのようなリベラルな規範は「相互に影響し合うというよりも,構成的」(マクミラン,1996年:287頁)であるというのが,その結論である。この指摘は巧みになされており,文脈によってはかなりの効果がある。しかしそれは,民主的規範が構成的なものであるなら,本質的に付与されているというよりも実際には変化可能でなければならないという広い意味合いを含んでいる。それでは,民主的規範は,現在構成されているように,昔も同じようなものであったと想定できるのであろうか。いずれにしてもそのような概念は,民主的規範の持つ潜在的な多様性をどのように扱うのか。上述したように,西側の人々によって好まれる民主的理念が,リベラルな個人主義に不可避的に根付いたものであるならば,これはあらゆる民主的規範の不可欠な部分なのだろうか。「ナショナルなレヴェルでかなり共通の民主的伝統が無いのに,グローバルなレヴェルで共通の民主的空間を想定することは難しい」(レズニック,1998年:132頁)という見解を伝えるのが,この種の反対論である。要するに,時間の流れのある時点で多様であるばかりでなく,時間を超越して当然変化する民主的規範のインパクトについて一貫した結論を引き出すという問題に我々は直面しているのである。低レヴェルの民主主義における規範は,十分に民主化した文化を持つ市民社会の規範と同じものなのか。ネオ・リベラルな国家における民主的規範は,社会民主主義を基礎としている国家のそれと同じなのか。

　第2に,民主主義は,共通の規範によってとは言わないにしても,持久力のある構造と制度によって平和を維持しているのであろうか。これは一連のさらなる疑問を提起するものである。民主的制度は,グローバル化した分裂状態という問題ある環境の中でどれだけうまく機能するのであろうか。政体と社会的フローとの間の適合性が欠如していることと,この状況を特徴づけている政

策が漏洩しているということを考えてみると，民主主義はいかに効果的に制約機能を発揮できるのか。一般的に民主主義の有効性が問題である——それはすでに「空洞化」してきている——としても，民主主義が未だ影響力があると考えられる1つの残された分野が平和を維持することであるならば，それは注目に値する偶然の一致であろう。民主主義は利子率をコントロールできなくなったといえるのだろうか，しかし未だ世界平和をしっかりと握り締めているのだろうか。この考えは，ひとたびこのように明確にされると，（民主主義に対する）信仰心を無力化してしまう。民主主義の無能力についての指摘が損なわれるのか，それともデモクラティック・ピース論の前提それ自体がかなり疑わしいのかのどちらかである。

　これによって議論は，民主主義の赤字をどのように解決するかということに向かうのである。国内的に民主主義が生産不足であるという状態は，民主主義そのものの生産をグローバル化することによって初めて是正されるのであるという提案が，その解決法の中核である。ネオ・リベラルなグローバリゼーションを支持する主流的立場——民主主義国は，民主主義をめぐるグローバル市場で今までよりも効果的に競争するために自己変革「するしかない」という考え方——に，この提案があまりにもうまい具合に当てはまっていると指摘されてきた。国家レヴェルの内部化された民主主義秩序と，これから離れて存在していると想定されている外部化された国際秩序の間に，人工的に分離状態を作り——両者の間の関係を構築しようとする議論をしている同じ時にさえ——この分離状態に議論の基礎を置いているのである。その上，国際秩序が国内民主主義秩序を救う可能性のあるものとして提起される時，この分離状態はさらに強固に確認されてしまうのである。分離状態と（国内民主主義の）救済というイメージは，コスモポリタン民主主義者によって使用される表現が意味する以上のものである。国内民主主義秩序と国際秩序は，互いに**結びつけられる**必要がある独立した存在であるという前提に，このイメージは基づいている。「民主主義のコスモポリタン的モデルを構築することは，地域的・国際的機関のネットワークを通じて『外部』から民主主義を精緻化し強化することにより，共同

体と市民による諸団体『内部』の民主主義を強化する方法なのである」(1995年a:237頁)とヘルドは主張する。内部から崩壊しつつあると思われる民主主義諸国からなる共同体が、これらを横断する実現可能な民主的構造を構築する能力を持つべきであるとしても、その能力をどうやって持つべきかについて、ヘルドは具体的に説明していない。この問題の診断法は、なんとなく提案されている解決法と矛盾していると指摘しても許されるであろう。ヘルドの議論は、実質的には正しいが、その根拠は間違っていると指摘する者もいる。国際秩序が民主国家の諸問題を是正することができるからではなく、民主国家がすでに見分けがつかないくらい国際秩序の一部となっているので、民主国家の運命は国際秩序と結びついているのである。

　もしそうなら、民主国家と国際秩序は新たな相互構成の段階に入りつつあると考えるべきである。このことは実際には何を意味するのか。いずれにせよ、それは極めて困難な、多分コストのかかる政治的再調整のプロセスを始動させることを意味する。最近のネオ・リベラルなグローバリゼーションが、国内の民主主義秩序を犠牲にして国際秩序に特権を与えていた間に、国内で大混乱が発生し、これが民主主義の明らかな危機の理由となったのである。しかし、これは「孤立した」国内的危機であるという見方は、全く錯覚である、というのは、グローバル化した民主国家はより広い国際秩序の一部としてグローバル化しているからである。同じ理由で、ナショナルな民主的慣行が、国内で表面化した民主主義の欠陥とは別物であるかのごとく、この慣行を国際的領域に拡大するだけでは問題は解決しないのである。民主主義の危機は、もしそれが民主主義の現在の姿であるとするならば、国家という媒介を通じて現在行われている、国内的諸力と国際的諸力のバランスが再調整されていることの兆候である。

　このことを考えると、議論は国家の規範的基礎と共同体の再構築に関する第7章で考察したイシュに戻るのである。ここでは明らかに大きな移行プロセスが進行している。第7章で提起された概念に有効性があるならば、それは本章でも同様に密接な関係がある。ナショナルな共同体の本質が、おそらく構成

的アソシエーションから協力的アソシエーションへ変化しつつあると前章で指摘した。同時に，程度の問題として，規範的構造としての国家が，より多元的な本質を発展させている証拠があるかもしれないとの仮説を提起した。(国家による国民への) サーヴィスの生産が減少した見返りとして (国民に対する) 義務の要求も少なくなったという点で，こうした議論は国家行動の実情に基づいたものである。民主的移行を説明するには，おそらく同じ一般的枠組みが必要であろう。今までよりも少ないサーヴィスしか提供しない——少ない生産しか行わない——国家は，今までよりも少ない民主主義の配当を受けることに満足する国民に対し，今までよりも説明責任も少なくなる。民主主義が侵食されるという現象は，外部から作用する外発的力の結果としてではなく，民主国家それ自体の中核で起こっている国家-社会関係の変化の兆候として捉えることができるのである。

　解決策を求めて，コスモポリタン民主主義者は，相関関係にある現象の一方の側に過剰な注意を払っているのである。実際に相互依存関係にあるグローバルなコミュニティと民主的ガヴァナンスのためのナショナルなシステムの間で引き起こされている混乱——ヘルドによると，これら2つはもはや「対称的」でもなければ「調和的」でもないので——に対する解決法はコスモポリタン民主主義者によると，領域国家から国際秩序に漏れ出したこれらの問題を急いで民主化しようとすることであるに違いない。しかしもう1つの側からの問題，即ちこの政策の漏洩の源泉とその原因について説明する必要がある。現在進行中のグローバルなプロセスを支えているのは，かなりの程度，国家をこのように再構築している事実であり，世界的規模で展開するコスモポリタン民主主義は，それだけではプロセスの進行を遅らせるために多くのことはなしえない。民主主義は，他国に輸出する前に十分に正しく理解されねばならないのであって，その逆ではない。ある批評家の言葉によると，「民主主義は，グローバル化して初めて深まるのであり，民主主義が深まって初めてグローバル化するのである」(坂本，1991年:122頁)。

6．民主主義と国際関係理論

　民主主義は，国際関係理論では2つの点でその存在意義を主張しているように見える。第1の点は，民主主義国家間のアナーキー状態を緩和する可能性があるということである。その結果，第2の点は，民主主義の拡大に貢献する要因を分析することができるということである。第1，第2の点はそれぞれ，カント的次元とヘーゲル的次元と呼ばれてきた。

　民主主義との関わり合いは，国際関係理論の主たる関心にとっては伝統的に周辺的なものであると冒頭で指摘した。「主権に対するウェストファリア的アプローチのために，民主主義理論家と国際関係の理論家は互いに無視することができたので，この両者の分離が起こったのである」（ウェント，1996年：61頁）。冷戦終結によってヘーゲル的発想が強固な生命力を持っていることが認識され，カント的主張を研究するのに貢献したため，もはや両者が無視し合うということはなくなったのである。「国際政治の分析者は，今まで残されてきたテーマ，多くは地域研究者と比較政治の分析者にもっと注意を向けるべきである」（レイ，1995年：204頁）という提案が，これを基礎になされてきた。国際関係理論は，民主化の国際的側面やリベラルな平和だけではなく，グローバリゼーションが進行している状況の下で，民主主義の有効性にも関心を持つべきであるといわざるを得ない。この最後の問題，即ち民主主義の有効性は，重要ではあるが無視されてきた視点を，前の2点に注ぐことになる。

　もし国家論が研究の中心に戻りつつあるのが本当ならば，民主国家を理論化することが今や研究の中核的関心となっていることを付け加えねばならない。この主張を論証するのに役立つ，上の分析から引き出された，いくつかの提案をすることによって本章を締めくくることにする。

　第1点目は，グローバリゼーション，民主化，リベラルな平和に関する議論に直接関係するものである。上で検討した問題点をおおよそ要約すると，グローバリゼーションはこれら3つのテーマの下でなされる，悩ましい，しば

しば矛盾する主張を解きほぐす効果があるといえるかもしれない。冷戦後世界において現れる可能性のある国際関係について——楽観的なものにせよ，悲観的なものにせよ——1990年代初頭に行われた特定のプロジェクトを通じて，この問題に一番適切にアクセスすることができるのである。悲観主義者にとっては，冷戦終結は，すでに高いレヴェルの国際統合を引き起こしていた特定の地政学的状況の終焉を表すものと理解された。分裂，新たな紛争，一国主義への回帰によって特徴づけられる時代がやって来るという，陰鬱な予測が現れた。これに対して，楽観主義者は，冷戦によって促進されてきた統合を促した諸力は，最終的には冷戦を終結させるのに貢献したのだと主張する。このことは，こうした傾向を基本的には継続させるであろう。これはジャーヴィスが力強く明確に述べている議論であった。

> 過去からのこうした断絶と西側社会の一般的な平和状態は，戦争コストの上昇，戦争による利益の減少，そしてこのことと関連するが，国内体制と価値の変化によって説明できる。先進国におけるこうした変化は，大変深く，強力で，相互に入り組んでいるので，これら諸国は，今後予見できる出来事によって直ぐには逆方向に進むことは無い（1991年及び1992年：47頁）。

冷戦が平和的に終結したことは，すでに根深く変容が起こっていたことを明確に示す証拠である。もしそうでなかったら，我々は，冷戦終結を特徴づけるグローバルな戦争を予期したかもしれない。ジャーヴィスの指摘は，厳密に言えばデモクラティック・ピース論の事例ではないが，少なくともその理論にはかなり似ている。冷戦後に悲観主義者が代替的見解を提起したのは，この根本的な変容が起こっているという見解に反対だからであった（ミヤシャイマー，1990年，1994年及び1995年）。1990年代中葉までに，悲観主義は民主主義の拡大についてのヘーゲル的予想にも影響を与えていた。「要するに，世界の民主化に向けた『第3の波』は，現在のところ後退しているように見えるのである」とレイは指摘している（1995年：49頁）。

グローバリゼーションと民主化というイシュに深く巻き込まれ続けているのは，冷戦後秩序の根本的な性格をめぐる議論である。すでに指摘したように，両者の関係は悩ましく，堂々めぐりになることもしばしばである。この関係は

簡潔に説明できる。平和を説明する場合，当該国の民主主義の性格を重視する議論もあれば，戦争は受け入れがたいコストを負担しないで遂行できないほどに，国家間関係は密接に絡み合っている結果が，平和であると主張する者もいる。民主的規範と民主的構造というよりも，グローバリゼーションは国際政治に変容を引き起こしている。平和が大規模に実現することによって体制が民主化するのが容易になり，民主主義を生み出すのが平和であって，その逆ではないという見解が，これらのテーマに2番目の混乱をもたらしている。戦争に巻き込まれやすい国家は，独裁体制を採用しやすい，とレインは断言している（1994年：45頁）。民主主義国は冷戦期において互いに平和的であったのであるというのが第3の見方であり，「共通の政体」よりも「共通の利益」が働いてきたことを示している（ファーバー，ゴア，1995年；124頁）。しかしここにおいて，グローバリゼーションの役割は何であるのか。すでに議論したように，民主化の広がりはグローバリゼーションに偶然伴って起こったものとして見ることができるのか，それともある意味では，グローバリゼーションの本質的かつ不可欠な一部なのか。こうした様々な，未解決の議論において，我々は，民主主義が国際関係の理論で中心的な地位を占めている程度を測ることができるのである。

　民主主義が持つインパクトは，以前にも議論したように，デモクラティック・ピース論の文献で行われる技術的論争に左右される。平和は，民主主義の本質的性質から派生すると言われるが，だがしかし平和は他の民主主義国との関係の中で初めて機能するものである，というのがある批評家の別の解釈である（レイン，1994年：8頁）。グローバリゼーションをめぐる議論においてこのことの持つ意義は，民主主義のどの側面——制度的な側面か規範的な側面か，別の表現を使えば，構造的側面か文化的側面かという——が平和的な制約要因を生み出すのかという問題に関係するものである（レイ，1995年：30頁）。グローバリゼーションが民主主義を侵食するというなら，どのような制約条件が結果として弱まるのか。直感的に言えば，すでに詳しく述べたコスモポリタン民主主義に従うと，最も脅威に晒されているのは制度的あるいは構造的な制約条件

であるように見える。なぜならばそれ自体で民主的規範あるいは民主的文化を侵食するものはグローバリゼーションの本質には何も無いからである。傷つきやすいのは，制度に基づく実践の効果である。

　そこで，これが重要であるかどうかは，民主主義のどの次元が効果を制約するかに左右される。制度的な説明が効果的ならば，それは，反対者の政治的立場に関係なく，いかなる場合にも効果的であるはずであるという理由で，デモクラティック・ピース論の制度的説明に挑戦する分析者もいる。「民主国家の市民や政策決定者が戦争の人的・物的コストに特に敏感であるならば，その敏感性は，彼らの国家が戦争を開始しようとする時にはいつでも明らかにならねばならないはずである」（1994年：12頁）とレインは主張する。制度的議論は，同じような理由からシヴェルソン（1995年：486頁）によっても問題にされている。グローバリゼーションによって傷つけられるのがデモクラティック・ピース論の制度的部分であるならば——しかし，これはいかなる場合にも議論の説得的でない半分だけのものだが——デモクラティック・ピース論は文化的・規範的支えに基づいて有効性を保持するかもしれない。この場合，民主主義のグローバル化は，それが平和の源泉となるものであるならば，民主的規範を強化するものとして解釈されるべきである。民主主義のグローバル化は，民主主義の市民社会への浸透と，その結果としての超国家的な市民社会の出現を意味する（坂本，1991年：122頁）。

　第2に，国際関係理論は，最近は「アイデンティティ」というトピックに夢中になっている（クラウス，レンウィック，1996年a；ラピッド，クラトチウィル，1996年）。我々は安全保障国家と規範的国家のところで，このトピックを検討した。第8章に関して言えば，このアイデンティティというトピックによって，我々は，民主主義の明らかな失敗は，外的環境によって引き起こされたものとして理解されるべきではないことを再確認すべきである。自分は何をなすべきかという問いは，「自分は誰であるか」という疑問に翻訳できるのだという，規範理論からのクリス・ブラウンの忠告を，我々は以前，注目した。規範理論でこれが正しいなら，それは民主主義理論にもかなり適用可能であろう。

ナショナルな民主主義の不安定な状況は、「外部」から影響を受けるばかりでなく、「内部」から発生したアイデンティティに関わる困惑させるような事態の展開を反映している。時間の流れの中の一時点で民主国家のアイデンティティがどういうものであるかということは、民主国家がその一部であるより広い秩序という文脈の中で、国家がどういう国家になりたいかについての複合物である。このどちらか一方の変化は、双方にとって影響が出てくる。政治的グローバリゼーションをこの種の変容の表現として考えることは、確かに最善であろう。その意味において、そのようなものとしてのグローバリゼーションは、何かの「原因」ではない。グローバリゼーションは、アイデンティティという問題について語る方法に過ぎないし、ある時点での変化しやすい性質なのである。この理由によって、現代民主主義の形態についての研究は、必然的に、国際関係論の満足できる理論のための最高の、アイデンティティというイシュに取り組む方法なのである。

　最後に、現代国際関係における民主主義の役割を理解することは、コンストラクティヴィズムのアプローチの好都合の実地証明であるということは、本章を通じて広く行われた議論から明らかである。今まで行われてきた様々な検討の中で、このことは基礎的な理論的テーマであった。重要な点は、さらに個別的にも、一般的にも具体的に示すことができる。

　個別的な事例は、デモクラティック・ピースについての議論に関係したものである。コンストラクティヴィズムについての最近の主唱者は、コンストラクティヴィズムは、「デモクラティック・ピース論を試して、根本的にこれを修正する作業に完全に適したもの」（ホッフ, 1998年：192頁）であると主張する。「もし民主主義国が互いに争わないならば、それは彼らがお互いを理解する方法のために違いない」というのが、その理由であると言われている。これは、リセ・カッペンによって以前提起された議論である。「民主主義国は、相手側の国内構造から侵略的動機か防衛的動機かを推測することによって、かなりの程度、敵も味方も創り出すものであると私は主張する」（1995年b：492頁）と彼は主張する。民主的規範と制度は、民主国家と非民主国家に対する異なった

行動をとる原因となるリベラルな理念に根付いているという指摘と，上の指摘は両立するものである。リベラルな理念によって「リベラルな民主主義国が非リベラルな国家との戦争に突入する」のと同時に，「リベラルな民主主義国に互いに戦争するのを回避させるのは」（オーウェン，1994 年：88 頁），この説明では同じリベラルな理念である。ある状況で平和を構築するものは，確実に他の状況では好戦性を引き起こすのである。

しかし本章の主張は，そのような特定の適用例が意味するよりももっと幅広いものである。現代の民主国家が明らかに悩まされている困難は，国家変容と国際秩序が互いに再構築し合っている様子を示しているというのが，ここで指摘していることである。国家の民主的潜在力は，国家がその一部であるより広い秩序によって制限されているという事実を否定することはできない。現在の状況を理解するためには，これ以上のことを指摘する必要がある。我々が享受している秩序は，秩序を維持している国家の形態の反映である。現代民主主義の抱える諸問題を検討する初めの頃の診断の中で，ヘルドはグローバリゼーションが国家と国家間関係に与える効果を正しく描いていた（1991 年：203 頁）。ヘルドが明らかにしなかったことは，国家と国家間関係の展開についての不可欠で繰り返される本質であった。グローバリゼーションというテーマは，今や我々がそうすることを要求している。

このために，我々はグレート・ディヴァイドについてのもう 1 つの解釈を乗り越えねばならない。現代国家の民主主義の欠陥は，外部から国家の力を奪うグローバル化した諸力が成長したことにより発生してきたと，このことは要約的に述べている。その結果，国家の民主的手続きは，国家内部の真実をほとんど覆い隠すことはできなくなった。もし状況を回復しなければならないなら，影響力のグローバルな広がりに対応するために，民主的説明責任の範囲は国家を超えて拡大されなければならない。そのような分析は，相互補完性——その中で，国家内部における民主主義の赤字がグローバリゼーションの必然的な随伴物であった——を考慮に入れていない。この代替的な視点は，本章を通じて検討してきた，民主主義，平和，そしてグローバリゼーションの間の関係

における，当惑させるような循環論法を理解する助けとなる。これら3者はお互いの化身であるので，3者の間の主要な因果関係を探そうとしても無駄である。

結　論

はじめに

　グローバリゼーションと国際関係理論の双方についての考察を豊かにするために，両者の間の対話を奨励することが本書の目的である。<u>政治的諸力の単一の領域——ここで国内的・国際的な有権者が互いに関与し合うのだが——の中で，グローバリゼーションが発生することを強調するグローバリゼーションについての特殊な視点を本書は採用してきた</u>（下線部，訳者）。国家はこの関与が行われる主要な領域であり，理論的関心の主要点が表れるのは，結果として起こる変容からである。こうした点を再検討することによって，本書は国際関係理論についての現在の議論に貢献しようとしているが，本書はグローバリゼーションそのものの政治的ダイナミクスについての理解を高めることになることも望んでいる。

　この作業は，グローバリゼーションについての概念と結びついた不安定性を考えてみると，とても単純なものではない。グローバリゼーションの「現実の」具体化として表現される実際生活の中では単一の現象は見られないし，規範的判断を避けることが可能な中立的な定義に達することもできないので，この論争の多い用語についての合意を提起することは不可能である。それにもかかわらず，この用語をめぐる意見の相違を乗り越えて，グローバリゼーションは，幅広い社会的領域を横断した重要な発展段階を描き出している。このような重要な発展段階が安定化する正確な度合いは，議論の対象ではあるが，いずれにせよ，こうした発展段階が現在の分析枠組みを不安定化させる可能性があ

ることを我々は認めなければならない。できる限り，このことを理解することが理論の任務である。

　今まで見てきたように，グローバリゼーションを今流行の神話として退ける批評家もいれば，グローバリゼーションが起こっている証拠に疑義を唱える批評家もいる（アチャーソン，1997年；ミルズ，1997年）。しかしながら彼らがそのような反応をする時，彼らは必ず狭い視点，即ちたいていは経済的視点から議論しているのである。国際関係理論がグローバリゼーションに真剣に取り組まない事実を，そのような薄い根拠に頼ることができないのと同様に，経済的データだけでは他のあらゆる表現，とりわけ認識の変化する分野ではグローバリゼーションに賛成する根拠を否定できない。こうした文献では，グローバリゼーションは，一定の分野で認識できるとしても，多元的なプロセスとして扱われてきた。本書は，過剰なほどのハイパー・グローバリストの学派も尊大な国際主義重視学派も認めずに，まともな方向を採用してきた。本書は，真剣にグローバリゼーションを考察してきたので，国際関係理論にとってのグローバリゼーションの理論的意味合いを体系的に再検討することができるが，グローバリゼーションの持つ悲観的な見方，あるいは逆に楽観的な見方についてはまだはっきりしていない。この懐疑論は，どちらにせよ冷酷な傾向についての主張に極めて懐疑的な，歴史的に形成された政治的敏感性に根付いたものである。本章の残りの部分では，これから展開される議論の3つの段階をまとめることにより，この立場の正当性を証明していく。第1に，グローバリゼーションの本質について展開されてきた主張，第2に，国際関係の様々な次元に国家が関与する能力について，これらの主張が我々に伝えてきたこと，第3に，国際関係理論にとってこれら全てが持つ広い意義，の3つの段階である。

1．グローバリゼーション

　すでに詳しく検討したように，グローバリゼーションをめぐる議論の多くは，グローバリゼーションのプラスの効果とマイナスの効果についての議論に

覆われている。このことは，グレイの著作（1998年）で展開されている再検討——その多くは，惨めなほど一方的なグローバリゼーションについての描写に異議を唱えているのだが——の中であまりにも明らかである（典型的例としてはデサイ，1998年とクルーグマン，1998年）。グレイは，他の同じような欠陥だらけの著書（グレイダー，1997年；マーチン，シューマン，1997年）にも同じような立場から批判している。現在のグローバル経済の欠陥が何であれ，明るい進歩的な側面も持っている（テイラー，1997年）。本書は，こうした論争の実体には直接的には加わらない。しかしながら中心的テーマは，こうしたそれぞれの議論が提起される形式に焦点を当てている。悲観主義者も楽観主義者も，グローバリゼーションを動かしているのは何であり，国家はこのグローバリゼーションのプロセスとどのように関わっているのかについての批判に耐えうる仮説を共有している。彼らがグローバリゼーションのインパクトをプラスとみなそうがマイナスとみなそうが，彼らはグローバリゼーションが外部から国家行動を再構築する駆動力であるとの信念で結びついている。ひとたびこの仮説が挑戦を受けると，どちらの側の主張の確実性も崩れ始める。

　両者の間で最小限意見が一致する数少ない分野の1つは，グローバリゼーションが引き起こすと思われる分極化に関するものである。経済的には，グローバリゼーションは，勝者と敗者を生み出す。しかし分極性は，グローバル市場における位置によって利益を得るか失うかだけの人々をはるかに乗り越えて拡大するのである。分極性は，グローバルなネットワーク，生活様式，文化的アイデンティティの保障を確保することについてのアイディアを具体化するものでもある。「人間の条件を同質化するというよりも，時間的・空間的距離を技術的に無意味にすることによって，社会が分極化する傾向がある」というのがその1つの見方である（バウマン，1998年：18頁）。「グローバルにもローカルにも社会をますます分極化させるグローバリゼーションに組み込まれていくこと」について，別の同じような評価もある（スジョランダー，1996年：609頁）。

　確かに，そのような分極性が認識される時ですら，この分極性と結びついた

政治的処方箋は分散する傾向がある。すでに詳しく述べたように，グローバリゼーションについての悲観主義者は，この分極化を敗者にとっての貧困化，窮乏化，無力化という観点から認識する。他方，楽観主義者は，物質的条件の格差を縮小し，消費の自由を広め——「消費者主権」はこの立場を見くびるような表現であり（バーバー，1998 年）——そして偏狭な文化的重荷からの開放を保障する最後の希望として，グローバリゼーションを善きものとして信じ続けている。

しかしながら，この分極性の存在についての基本的な合意は，重要な意味を持っている。いずれにせよ，この合意は均衡状態の欠如に注目している。グローバリゼーションに伴う分極化は，国家，（国際）地域，全体としての地球を横断して，多元的レヴェルで起こるものである。「グローバリゼーション」という浸透性のある概念は，グローバル化する諸力の持つ同質性と，諸力を表現する方法と効果の異質性を同時に強調する。このように経験の分極性は，グローバリゼーション理論のほとんどの表現の中で考慮されている。このことが引き起こす均衡状態の欠如は，グローバリゼーション論で提起されている政治的ダイナミズムのモデルの有効性を強化するものである。国家は，グローバリゼーションの効果を緩和するとともに，同時に均等ではないにしても，国家が生み出す手助けをする新しい世界と調和するように国家自体を再構成するように行動するのである。グローバリゼーションは国家がグローバリゼーションを利用して生み出すものであるが，国家はその代価も払うのである。後退と反転の可能性を伴うそのような政治的ダイナミクスは，将来どういう結果をもたらすか予測不可能なものである。このことは，南の「敗者」と認識されている国家群にも，個別国家にも同じように通じるものなのである。

同じような判断は，グローバリゼーションによって引き起こされる「秩序」の程度を検討することによって明らかになる。グローバリゼーションは特有の社会的秩序ではなく，権力関係のグローバル化に依拠する秩序であるという点が指摘されてきた（ソーリン，1997 年：109 頁）。社会的実質を伴うものとしてのグローバリゼーションは，それが権力関係の普遍化という文脈で理解される限

りでは，異質なものとなりうる，というのがその意味するところである。この解釈は，グローバリゼーションと結びついた全面的な統制が欠如しているために生じた無秩序の程度を強調する他の社会学的な評価を反映している。一般的に言えば，「今や誰も（グローバリゼーションを）統制しているようには思われない」（バウマン，1998年：58頁）。「『グローバリゼーション』は，我々皆がしたいと望んでいることについてのものではない。それは，我々皆に起こっていることについてのものである」（バウマン，1998年：60頁）。この観点からすると，グローバル化した生活は国際関係論の技術と同じである，というのは，統合されたパワー・ポリティックスの領域というものはあるが，全体としての国際的（グローバルな）領域に対する主権なるものは存在しないからである。

そのアナロジーは，グローバル化した「無秩序」というイメージ，あるいは「統制されない」世界というイメージが誇張され過ぎかも知れないという有益な忠告として役に立つものである。一定の方向にグローバリゼーションを形成していくことのできる単一の指導的知性（統治者）がいないのは確かである。しかし国際関係論が，伝統的にアナーキー構造の内部でも秩序を可能なものとしてみなしてきたのと同じように，グローバリゼーションの進行は，政治のプロセスに影響を受けやすいままである。混乱に陥らないための中央政府を国際関係が欠いているように，グローバリゼーションも全ての政治的行動に影響を受けないような単一の論理は持っていないかもしれない。グローバリゼーションを統制する単一の権威は存在しないので，グローバリゼーションは全てのチェックとバランスを逃れてきた，と想定することの中に誤りがある。こうしたチェックとバランスがしばしばいかに不完全でも，このように想定できる理由はない。逆説的に言えば，「統制を受けない」というテーマは，「グローバリゼーションと領域化は，相互に補完的なプロセス」（バウマン，1998年：69頁）という主張と連動して，2つの主張の間の潜在的な緊張関係を認めずに，議論されている。政治的に言えば領域化は，我々が事態を収拾するように任されているところであるので，領域化はずっとグローバリゼーションに対する歯止めとなっている。このことは，政治がグローバリゼーションを「解決すること」

を保障することを意味するのではなく，ただ単に，グローバリゼーションは実際には——そしてそれとは反対の主張を繰り返すにもかかわらず——自由に展開するわけではないということを意味しているだけである。

2．国家の能力

グローバリゼーションは，国家の能力の喪失についての主張を中心として，国際関係理論の文献で取り上げられている。「いかなる制度も制御できない市場の力によって変容した環境の中で，国家は今日行動しており，この環境の中で，最も制御できない諸力は技術革新の流れから生まれてきているのである」（グレイ，1998年：76頁）というのが典型的な言い方である。グローバリゼーションは，国家が生存の道を探らなければならない新しい環境を作り出す，外発性で，技術主導のプロセスを引き起こしているのである。国家はせいぜいのところ，一様に反応するしかないし，最悪の場合は，もはや全く行動できなくなると言われる。否定しなければならないのは，このタイプの理解である。

本書は，グローバリゼーションの下での国家の能力の様々な形態を検討してきた。そうすることの理由は，国家後退についての実質的な議論に関与することではなく，グローバリゼーションとこれへの国家の対応について，積極的な原因と受動的な効果として個別なものとしてではなく，単一のプロセスとして考えるべきであると提案することである。今日，様々な政策領域において，国家の特定の強さと弱さが何であろうと，この状況は外部からの圧力ばかりでなく，内部からの国家再編によってももたらされるのである。国内・国際両領域において，勝者と敗者がおり，この事実が国家の変容とグローバリゼーションの核心にあるのである。グローバリゼーションの現在の条件に絶えず変化する性格を与え，グローバリゼーションの将来の軌道を設計する安易な試みを問題にするのは，このことなのである。

<u>国家が主権を生産できなくなることから生じる議論は，全ての議論の中でも最も根本的なものである</u>，なぜなら主権は取引される商品であるばかりでな

く，国際市場の本質的な構成要素であるからである(下線部，訳者)。主権の変化は，国家行動の他の全ての側面で現れる。「主権の終焉」をめぐる現在の議論は，不適切な文脈で展開されている。「『主権という三脚台』の3つの支柱である，軍事的・経済的・文化的自己充足性は，実現しそうにないので，この三脚台は，壊れてしまって修理不可能なほどである」(バウマン，1998年：63-4頁)という主張は，偏向したものとして却下することができる。主権は固定的であったことは今までに一度も無く，国家は主権の名の下に，一定の権力を委任したり委譲してきた。国家はまた新しい権力を横取りしたり，そうし続けている。主権をめぐるゲームは，このように，構成されていくルールの中では常に流動的であり，グローバリゼーションはこの最後の段階を包み込んでいるのである。しかしながらグローバリゼーションは，主権を外部から作り変える，主権の行使と切り離された力とは解釈することはできない。そうではなくて，主権の行使の変化は，グローバリゼーションの展開に表され，起こっている変化の証拠となっているのである。主権とグローバリゼーションは活発にお互いを作り変えているのであり，お互いを否定し合っていると考えられるべきではない。

　国家が政策を統制するヴァイタリティーが引き続き維持される可能性は，経済分野ではかなり疑わしい。国家が，グローバリゼーションという激しい嵐から最も大きな被害を受けているものとして描かれるのは，この経済分野なのである。この伝統的なイメージは，グローバリゼーションの重要性を説明するのにほとんど役に立たない。この伝統的なイメージは，外部からインパクトを受けた諸力の結果として，国家が内部で空洞化しているという判断を何度も繰り返すのである。しかしながらグローバリゼーションの動きは，はるかに微妙である。ワイスの言葉によれば，国家権力の変化は，「国内的領域と国際的領域の間の結合の強化をめぐる力の減退ではなく再構成と関係がある」(1998年：209頁)。ある程度グローバリゼーションは，国家の持つ経済力の変化の発露であって，その結果として起こっているのではない。国家のアイデンティティが最もはっきりと起こっているのは，経済領域と国益に関してであり，経済運営

の様式はこうした変化を反映しているのである。国家変容は，グローバリゼーションに先行し，グローバリゼーションに伴って発生するものであり，グローバリゼーションの余波として発生する偶発的で付随的な効果ではない。

　歴史的に見れば，領土防衛は国家が最も効果的になしえた領域であるので，領域国家の終焉は安全保障国家の終焉の先触れと多くの人々に考えられている。新しい安全保障の課題と，その中での軍事と領域の関係が低下していく可能性は，国家が徐々に安全保障を生産できなくなることの前触れなのか。この広く行き渡っている解釈とは逆に，本書は安全保障領域における国家の行動は，そのような「国際領域重視の (externalist)」枠組みの中だけで理解できるものではないと主張している。安全保障の本質と安全保障についての予測は，国家のアイデンティティの定点ではなく，国内協定と国際協定の間の複雑な相互作用を反映したものである。おそらく，国家だけが，経済・社会・人権に関する財の唯一の生産者ではなくなるので，国民が国家のために何を犠牲にし，その代わりに国家に何を期待する用意があるのかに関しての国内的協定をめぐり，再交渉が行われるのである。国家が関わる準備のある安全保障活動のタイプと，国家が一方的に安全保障活動を積極的に追求する程度に，この再交渉が現れるのである。グローバル化した安全保障の課題は，それを引き起こした内在的原因と同様に新たな国内的調整の反映でもある。

　このように，国家の安全保障をめぐる特徴が変化しつつあることは，規範的基礎が変化しつつあることと密接に関係している。国家はどんな価値の共同体か，そして国家はどんな目的のために存在しているのか。こうした疑問に対する永遠の答えは，あるとしても少ない。国家は国家自体が適切と見るように自己を変革できるということではない。これらは，いわば国家の「自由意志」の問題ではない。確かに，国家の道徳的アイデンティティの選択の幅は，外部からも制約を受けるものである。国家が，自国と同じような国家の規範的成功を見習う——かつて同じような国家の軍事—行政慣行の事例を見習ったように——必要性によるばかりでなく，ここ数十年における人権ドクトリンの広がりによって，このことは証明されている。

しかし，規範国家は危機にあるという感覚は，国内的協定を切り離すという文脈に置かれるべきである。国内からのインフレ誘導政策と，国外からの供給プッシュ政策（供給が増えて輸出を増やす政策）から生じる対抗圧力に同時に対応して——政策関心の間におけるのと同じように——，国家は規範的な繋がりのスペクトラムに沿って変化するのである。同じような変化は，国際システムで表現される道徳的連帯意識の度合いの中で起こる。すでに議論したように，規範を生産する要素それ自体が極めて流動的である場合には，もっと早く変化が起こる可能性がある。しかしながら国家は，そのような流動性によって豊かになるわけではないし，このような変化に構造的に囚われているわけでもない。国家は国家内外でも，共同体を再定義する場合の中心的プレイヤーである。グローバル化した規範秩序によって我々は，国家レヴェルで何が起こっているのかを知ることができるが，この規範秩序は，単なる操作的構造——その中で国家は自己を「再認識」せざるを得ないのだが——ではない。

全く同じことが，全く同じ理由によって民主国家にも言える。現在のグローバリゼーション論の文献には根強い混乱が存在していることを，前章で具体的に示した。前章では，平和な国際秩序は，全く同じ「第2イメージ」的な民主的慣行の結果であると主張しつつ，同時に民主主義はグローバルな諸力に侵食されていると主張しているように見える。こうした競合する立場の中心には，根深い緊張が存在する。グローバリゼーションが国家を通じて作動するように，国家もグローバリゼーションを通じて行動するという循環的な解釈の中で明らかになる複雑な現実を，この緊張は正確に表現しているのである。デモクラティック・ピースが，民主的国家体制の純粋に「国内的」資質によって維持されているのではないのと同様に，民主国家は，略奪的な「対外的」諸力によって国内的制度として空洞化しているわけではない。これら2つの議論は本書が覆そうとしてきた人工的な分離を必要としている。グローバル化した環境によって包囲された国家のイメージを補強する擁護できない二元論は，拒否されるべきである。それに代わって，我々は異なった理由からではあるにせよ，「グローバリゼーションは，国民国家とその政策遂行能力に『影響を与え

る』独立変数としては，必ずしも最も適切に理解されない」(アクストマン，1998年b:18) という判断に同意するのである。

3．国際関係理論

　国際関係理論にとって現在行われている議論の意義は何であろうか。本書で検討してきた中で，特定の論点に焦点が当てられてきたので，ここでは個別に挙げる必要は無い。一般的な要約をすれば十分である。第1に，本書を通じて繰り返してきたことだが，グローバリゼーションはグレート・ディヴァイドを克服するための戦略を提供している。事実，グローバリゼーションについてのどの知的な分析を見ても，我々はこのように研究を進めていかなければならないことが分かる。要するに我々は，国内的領域と国際的領域の間の区別を拒否することに合意できるのである，なぜならばグローバリゼーションそれ自体が「国内政治と国際政治が最初から密接不離に結びついているという前提に依拠している」(サーニー，1996年a:620-1頁) からである。

　しかしこの両者の結びつきは理論的にはどのように説明できるのか。それは，一般的な理論的レヴェルでは，コンストラクティヴィズムの分析を利用することにより効果的に行える。このことは何も，コンストラクティヴィズムがグローバリゼーションを「説明する」理論であるということではない。決してそうではない。国家とグローバリゼーションが相互構成的であると指摘することは，両者の関係性を洞察するのに役立つが，それ自体はグローバリゼーションの実体を説明することにならないし，グローバリゼーションがなぜこのような歴史的な方向に進んできたかを説明することにもならない (下線部，訳者)。グローバリゼーションの実体とそれが現在の方向に進んできたことを説明するためには，コンストラクティヴィズムは，その固有の主張を超えたところから多くの知見を導入する必要があろう。コンストラクティヴィズムは，分析的輪郭を提供するが，輪郭を実体化するのに役立つ理論を用意する必要がある。

　本書の主張をやや穏やかに言えば，グローバリゼーションはコンストラク

ティヴィズムの目立った特徴と十分に両立できる分析枠組みに適合するものであるとともに，この枠組みを必要としている。これは，国家は所与の，あるいは固定的なアイデンティティを持っていないという前提から出てきたものである。同じ理由によって，（国際社会にせよグローバル社会にせよ）社会——その中で国家は自己認識するのだが——のアイデンティティは，その要素が時間を超えてかなり持続力を持つものであっても，最終的に固定したものとみなすべきではない。国内的領域と国際的領域のそれぞれは，他方の変化に対応するが，両者の相互作用は，全ての点で対称的である必要は無い。異なった歴史的段階で，国家あるいは国際システムはそれぞれが，いわば相手に対して優勢的になるのである。

　このことは理念的な主意主義に陥ることではなく，重要なのは認識プロセスであると主張することでもない。コンストラクティヴィズムは，「国際社会の現実を構成している要素は，物質的であるとともに観念的なものである」（ラギー，1998年：33頁）と主張する。そのような見解は，物質的な文脈もあることを想起させるので，本書では支持しているのである。グローバリゼーションの諸相は，授権的条件として運輸と通信のような分野の技術的発展に依存しているのは確かであるので，グローバリゼーションの場合には，これは明らかに事実である。コンストラクティヴィズムがこのグローバリゼーションをめぐる議論に持ち込んだものは，観念化を重視するということであった。<u>グローバリゼーションは国家行動を制約する単なる物質的構造であるばかりでなく，それ自体が，国家とは何であり，国家はどのような機能を果たすのが最善かについての考え方の変化を反映したものである</u>（下線部，訳者）。

　コンストラクティヴィズムは，国家のアイデンティティの本質を問題にしている。コンストラクティヴィズムは，必ずしも変容を伴うものでもないが「国際政治の通常の特徴としての変容」（ラギー，1998年：27頁）にも対応することが可能である。しかしながら批判的に言えば，コンストラクティヴィズムは国家とシステムを相互調整の関係として捉えている。ウェントの体系的表現の中では，「国家利益は，かなりの程度，システミックな構造によって構成される

のであって，国家利益がこの構造に影響を与えるのではない」(1995年；72-3頁)。これら全ての主張は，国家を取り囲み国家を満たしている社会的領域のアイデンティティが変化する中で，国家のアイデンティティも変化することを表現するものとして，グローバリゼーションについて現在行われている説明に同調的である。

その説明は，特にグローバリゼーションに適用することによって抽象的でありふれた表現を生き生きと描いている。コンストラクティヴィズムとグローバリゼーション分析との関連性は何であるのか，またグローバリゼーションとコンストラクティヴィズムが一緒になって，グレート・ディヴァイドで表現された現在の理論的枠組みをいかにして向上させるのか。対外的原因としてのグローバリゼーションと対内的効果としての国家の変容の間の二項対立を否定する戦略を統合することによって，そうすることができるのである。もっとはっきり言えば，その戦略によって，我々は多くの相互に結びついた，理論的に悩ましい分離状態を克服できるのである。次の2つの事例が一般的な説明を提供する。

第1に，グローバリゼーションに焦点を当てることは，国際関係理論に投げかけられていた特定の課題に対応することになる。国家システムとトランスナショナルな諸力は互いを否定し合うのではなく，同時並行的に発展するのだという反論に，この焦点化は合致するものである。一方が他方の存在を前提としており，最近におけるトランスナショナリズムの復活は，「それが500年近くも作動してきたので，国際システムのダイナミクスを」明らかにしているだけだと言われてきた(ハリディー，1995年:54頁)。国家，国家システム，超国家的諸力がそのように統合されることこそが，グローバリゼーション分析が熱望している枠組みなのである。

第2に，この焦点化は，国際関係理論は伝統的に制度としての資本主義を無視してきたという，ハリディーの批判にも対応するものである。国際関係の理論家にとって，グローバリゼーションは資本主義理論以上のものとみなす必要があるのだが，しかしグローバリゼーションは資本主義を真正面から受け止

める理論でもある。グローバリゼーションは，資本主義が国家の内外で作動していることを認識し，そうすることにより資本主義は，変化していくアイデンティティを構成する重要な要素なのである。グローバリゼーションは，国益と資本主義の間のつい最近の調整作用についての主張であり，両者の親密な相互受容を認めている。しかし本書で検討を進めたグローバリゼーションのモデルは，国益が資本主義を生み出すだけだという主張には疑いを抱いている。このモデルは，両者の間の相互作用性も重視しているのである。

　第3に，グローバリゼーションは，政治的変化を理解することのできる分析枠組みも提供している。「コンストラクティヴィズムは，国家行動が根本的に変化することに深い関心を抱いているものの，その変化がどのようにして起こるかについてはあまり触れてない」（ミヤシャイマー，1995年：91頁）という理由で，コンストラクティヴィズムの批判者はそれを非難する。コンストラクティヴィズム一般への批判として，この批判がどのような有効性を持っているとしても，この批判は，本書で提起されたようなグローバリゼーションの説明に適用される場合，見当違いである。グローバリゼーションが何らかの効果を持つとするならば，それによって政治変動の理論が可能となることである。ローゼンバーグがリアリズムを政治変動を無視していると言って批判した時，リアリズムは構造——その中に国家が位置し，それによって制約を受ける——ができる以前に，国家のアイデンティティがすでにあったかのように理解しているという理由で，批判したのである。彼はリアリズムのこの見方を，非歴史的とみなした（1994年：28頁）。グローバリゼーションはこれと同じような理解のための矯正法である。統合されたダイナミックな説明をすることによって，グローバリゼーションは，国家のアイデンティティもシステムのアイデンティティも当然のものとして理解しなくなるのである。

　とりわけ本書における分析は，政治変動の原因そのものである政治的ダイナミズムという概念に依拠している。グローバリゼーションは分極化を引き起こし，急激にコントロールを失っていくように思われる。グローバリゼーションがこのような結果を引き起こせば引き起こすほど，国家レヴェルで現れる反グ

ローバリゼーションの動き——国家に代わって現れる効果的な場がないので——をグローバリゼーションは引き起こすことになる。ある特定の歴史的時点での現象は，このように，いつまでも続くのである。そこで我々は，異なる解釈のルートによって到達したものではあるが，最初の立場を確認することができる。「相互依存関係とグローバリゼーションは操作的な状態であるばかりでなく，常に変化する状態であり，そのような変化や操作の当面の原因が見出されるのは『政治的』領域である」(バリー・ジョーンズ，1995年：15頁)。これは前もって政治変動のコースを決めることではなく，政治変動を理論的考察の中心に位置づけることである。グローバリゼーションは認識の最終状態ではなく，今現在展開している政治闘争であると，我々がひとたび認識すれば，国際関係理論はグローバリゼーションに直ちに対応できるのである。国際関係理論とグローバリゼーションは，その結果とともに豊かになるであろう。

参考文献

ADLER, E. (1997), 'Imagined (Security) Communities: Cognitive Regions in International Relations', *Millennium*, 26 (2).
ALBROW, M. (1996), *The Global Age: State and Society beyond Modernity* (Cambridge).
ALLOTT, P. (1997), 'Kant or Won't: Theory and Moral Responsibility', *Review of International Studies*, 23 (3).
ALTVATER, E. and MAHNKOPF, B. (1997), 'The World Market Unbound', in Scott (1997 *a*).
AMIN, A. and THRIFT, N. (1994*a*) (eds.), *Globalization, Institutions, and Regional Development in Europe* (Oxford).
—— —— (1994*b*), 'Holding Down the Global', in Amin and Thrift (1994a).
—— —— (1994*c*), 'Living in the Global', in Amin and Thrift (1994a).
AMIN, S. (1996), 'The challenge of globalization', *Review of International Political Economy*, 3 (2).
AMOORE, L. *et al*. (1996), 'Overturning "Globalisation": Resisting the Tdeological, Reclaiming the Political', paper presented to the 21st BISA Annual Conference, University of Durham, 16-18 Dec.
ANDERSON, B. (1983), *Imagined Communities: Reflections on the Origin and Spread of Nationalism* (London).
ANDREWS, D. M. (1994), 'Capital Mobility and State Autonomy: Toward a Structural Theory of International Monetary Relations', *International Studies Quarterly*, 38 (2).
ARCHIBUGI, D. (1998), 'Principles of Cosmopolitan Democracy', in Archibugi, Held, and Kohler (1998).
—— (1997), 'Technological Globalisation and National Systems of Innovation: An Introduction', in Archibugi and Michie (1997).
—— and HELD, D. (1995) (eds.), *Cosmopolitan Democracy: An Agenda for a New World Order* (Cambridge).
—— —— and KOHLER, M. (1998) (eds), *Re-imagining Political Commu- nity: Studies in Cosmopolitan Democracy* (Cambridge).
—— and MICHIE, J. (1997) (eds), *Technology, Globalisation and Economic Performance* (Cambridge).

ARMSTRONG, D. (1998), 'Globalization and the Social State', *Review of International Studies*, 24 (4).

ASCHERSON, N. (1997), 'Don't Be Fooled: Multinationals Do Not Rule the World', *Independent*, 12 Jan.

ASHLEY, R. K. (1988), 'Untying the Sovereign State: A Double Reading of the Anarchy Problematique', *Millennium*, 17 (2).

AVINERI, S. and DE-SHALIT, A. (1992*a*) (eds.), *Communitarianism and Individualism* (Oxford).

AVINERI, S. and DE-SHALIT, A. (1992*b*), 'Introduction', in Avineri and de-Shalit (1992 *a*).

AXFORD, B. (1995), *The Global System: Economics, Politics and Culture* (Cambridge).

AXTMANN, R. (1998*a*) (ed.), *Globalization and Europe: Theoretical and Empirical Investigations* (London).

—— (1998*b*), 'Globalization, Europe and the State: Introductory Reflections', in Axtmann (1998*a*).

AYOOB, M. (1997), 'Defining Security: A Subaltern Realist Perspective', in Krause and Williams (1997).

BALDWIN, D. (1997), 'The Concept of Security', *Review of International Studies*, 23 (1).

—— (1993) (ed.), *Neorealism and Neoliberalism: The Contemporary Debate* (New York).

BANKS, M. and SHAW, M. (1991) (eds.), *State and Society in International Relations* (Hemel Hempstead).

BANURI, T and SCHOR, J. B. (1992), *Financial Openness and National Autonomy* (Oxford).

BARBER, B. (1998), 'Disneyfication that Impoverishes Us All', *Independent*, 29 Aug.

—— (1996), 'Three Challenges to Reinventing Democracy', in Hirst and Khilnani (1996).

BARKIN, J. S. (1998), 'The Evolution of the Constitution of Sovereignty and the Emergence of Human Rights Norms' , *Millennium*, 27 (2).

—— and CRONIN, B. (1994), 'The State and the Nation: Changing Norms and Rules of Sovereignty in International Relations', *International Organization*, 48 (1).

BARRY, B. and GOODIN, R. (1992) (eds.), *Free Movement: Ethical Issues in the Transnational Migration of People and Money* (University Park, Md.).

BARRY JONES, R. J. (1997), 'Globalisation versus Community', *New Political Economy*, 2 (1).

—— (1995), *Globalisation and Interdependence in the International Political Economy: Rhetoric and Reality* (London).

BAUMAN, Z. (1998), *Globalizaiton: The Human Consequences* (Cambridge).
BAYLIS, J. and SMITH, S. (1997) (eds.), *The Globalization of World Politics: An Introduction to International Relations* (Oxford).
BEETHAM, D. (1998), 'Human Rights and Cosmopolitan Democracy', in Archibugi, Held, and Kohler (1998).,
BEITZ, C. (1979), *Political Theory and International Relations* (Princeton).(進藤栄一訳『国際秩序と正義』岩波書店, 1989 年)
BELL, D. V. J. (1993), 'Global Communications, Culture, and Values: Implica-tions for Global Security',in Dewitt, Haglund, and Kirton (1993).
BELLAMY, R. and CASTIGLIONE, D. (1998), 'Between Cosmopolis and Community: Three Models of Rights and Democracy within the European Union', in Archibugi, Held, and Kohler (1998).
BERNARD, M. (1997), 'Ecology, Political Economy and the Counter-movement: Karl Polanyi and the Second Great Transformation', in Gill and Mittelman (1997).
BERRY, C. J. (1989), *The Idea of a Democratic Community* (Hemel Hempstead).
BEST. G. (1995), 'Justice, International Relations and "Human Rights"', *International Affairs*, 71 (4).
BETTS, R. K. (1992), 'Systems for Peace or Causes of War? Collective Security, Arms Control, and the New Europe', *International Security*, 17 (1).
BIDDISS, M. (1994), 'Global Interdependence and the Study of Modern World History', in Parry (1994).
BIERSTEKER, T. J. and WEBER, C. (1996*a*) (eds.), *State Sovereignty as Social Construct* (Cambridge).
—— (1996*b*), 'The Social Construction of State Sovereignty', in Biersteker and Weber (1996*a*).
BIRCH, A. H. (1993), *The Concepts and Theories of Modern Democracy* (London),
BOOTH, K. (forthcoming), 'Three Tyrannies', in Dunne and Wheeler (1999).
—— (1998*a*) (ed.), *Statecraft and Security: The Cold War and Beyond* (Cambridge).
—— (1998*b*), 'Cold Wars of the Mind', in Booth (1998*a*).
—— (1998*c*), 'Conclusion: Security within GlobalTransformations', in Booth (1998*a*).
—— (1991), 'Secunty and Emanclpation', *Review of International Studies*, 17 (4).
—— and SMITH, S. (1995) (eds.), *International Relations Theory Today* (Cambridge).
BOWKER, M. (1997), 'Nationalism and the Fall of the USSR', in Scott (1997*a*).
—— and BROWN, R (1993) (eds), *From Cold War to Collapse: Theory and World Politics in the 1980s* (Cambridge).
BOYER, R. (1996), 'State and Market: A New Engagement for the Twenty-first Century?', in Boyer and Drache (1996).
—— and DRACHE, D (1996) (eds), *States against Markets: The Limits of*

Globalization (London).

BRACE, L. and HOFFMAN, J. (1997*a*), *Reclaiming Sovereignty* (London).

—— —— (1997*b*), 'Introduction: Reclaiming Sovereignty', in Brace and Hoffman (1997*a*).

BRETHERTON, C. and PONTON, G. (1996) (eds.), *Global Politics: An Introduction* (Oxford).

BRIERLY, J. L. (1963), *The Law of Nations*, 6th edn. (London).

BRODIE, J. (1996), 'New State Forms, New Political Spaces', in Boyer and Drache (1996).

BROWN, C., 'Universal Human Rights:A Critique', in Dunne and Wheeler (1999).

—— (1995*a*), 'International Political Theory and the Idea of World Community', in Booth and Smith (1995).

—— (1995*b*), 'International Theory and International Society: The Viability of the Middle Way?', *Review of International Studies*, 21 (2).

—— (1992), *International Relations Theory: New Normative Approaches* (Hemel Hempstead).

BROWN, P. (1994), *A New Europe? Economic Restructuring and Social Exclusion* (London).

BROWN, R. (1995), 'Globalization and the End of the National Project', in Macmillian and Linklater (1995).

BROWN, S. (1994), 'World Interests and the Changing Dimensions of Security', in Klare and Thomas (1994).

—— (1992), *International Relations in a Changing Global System: Toward a Theory of the World Polity* (Boulder, Colo.).

BULL, H. (1977), *The Anarchical Society: A Study of Order in World Politics* (London). (臼井英一訳『国際社会論』岩波書店, 2000 年)

—— (1966), 'The Grotian Conception of International Society', in Butterfield and Wight (1966).

BUTTERFIELD, H. and WIGHT, M. (1966) (eds.), *Diplomatic Investigations* (London).

BUZAN, B. (1995), 'Security, the State, the "New World Order", and Beyond', in Lipschutz (1995*a*).

—— (1993), 'From International System to International Society: Structural Realism and Regime Theory Meet the English School', *International Organization*, 47 (3).

—— (1991), *People, States and Fear: An Agenda for International Security Studies in the Post-Cold War Era* (London).

—— HELD, D., and MCGREW, A. (1998), 'Realism vs Cosmopolitanlsm: A Debate', *Review of International Studies*, 24 (3).

—— JONES, C., and LITTLE, R. (1993), *The Logic of Anarchy: Neorealism to*

Structural Realism (New York).
BUZAN, B. and WALVER, O. (1997), 'Slippery? Contradictory? Sociologically Untenable? The Copenhagen School Replies', *Review of International Studies*, 23 (2).
CABLE, V. (1995), 'What is International Economic Security?', *International Affairs*, 71 (2).
CAMILLERI, J. A. and FALK, J. (1992), *The End of Sovereignty? The Politics of a Shrinking and Fragmenting World* (Aldershot).
—— JARVIS, A.P., and PAOLINI, A. J. (1995*a*) (eds.), *The State in Transition: Reimagining Political Space* (Boulder, Colo.).
———— (1995*b*), 'State, Civil Society, and Economy', in Camilleri, Jarvis, and Paolini (1995*a*).
CAMMACK, P. (1996), 'Domestic and International Regimes for the Developing World: The Doctrine for Political Development', in Gummett (1996).
CAPORASO, J. (1997), 'Across the Great Divide: Integrating Comparative and International Politics', *International Studies Quarterly*, 41 (4).
CASSESE, A. (1990), *Human Rights in a Changing World* (Oxford).
CERNY, P. G. (1996*a*), 'Globalization and Other Stories: The Search for a New Paradigm for International Relations', *International Journal*, 51 (4).
—— (1996*b*), 'What Next for the State?', in Kofman and Youngs (1996).
—— (1996*c*), 'International Finance and the Erosion of State Policy Capacity', in Gummett (1996).
—— (1995), 'Globalization and the Changing Logic of Collective Action', *International Organization*, 49 (4).
—— (1994), 'The Infrastructure of the Infrastructure? Toward "Embedded Financial Orthodoxy" in the International Political Economy', in Palan and Gills (1994).
—— (1993*a*), 'Plurilateralism: Structural Differentiation and Functional Conflict in the Post-Cold War World Order', *Millennium*, 22 (1).
—— (1993*b*) (ed.), *Finance and World Politics: Markets, Regimes and States in the Post-hegemonic Era* (Aldershot).
—— (1993*c*), 'The Political Economy of International Finance', in Cerny (1993*b*).
—— (1993*d*), 'The Deregulation and Re-regulation of Financial Markets in a More Open World', in Cerny (1993*b*).
—— (1993*e*), 'American Decline and the Emergence of Embedded Financial Orthodoxy', in Cerny (1993*b*).
—— (1990), *The Changing Architecture of Politics: Structure, Agency and the Future of the State* (London).
CHALK, P. (1998), 'The International Ethics of Refugees: A Case of Internal and External Political Obligation', *Australian Journal of International Affairs*, 52 (2).

CHIPMAN, J. (1993), 'Managing the Politics of Parochialism', *Survival*, 35 (1).

CHURCHILL, R. P. (1994) (ed.), *The Ethics of Liberal Democracy: Morality and Democracy in Theory and Practice* (Oxford).

CLARK, I. (1998), 'Beyond the Great Divide: Globalization and the Theory of International Relations', *Review of International Studies*, 24 (4).

—— (1997), *Globalization and Fragmentation: International Relations in the Twentieth Century* (Oxford).

COCHRAN, M. (1996), 'The Liberal Ironist, Ethics and International Relations Theory', *Millennium*, 25 (1).

—— (1995), 'Cosmopolitanism and Communitarianism in a Post-Cold War World', in Macmillan and Linklater (1995).

COHEN, R. (1994), 'Pacific Unions: A Reappraisal of the Theoly that "Democrades Do Not Go to War with Each Other" ', *Review of International Studies*, 20 (3).

COX, K. R. (1997a) (ed.), *Spaces of Globalization: Reasserting the Power of the Local* (New York).

—— (1997b), 'Introductlon Globalization and its Politics in Question', in Cox (1997a).

—— (1997c), 'Globalization and the Politics of Distribution: A Critical Assessment', in Cox (1997a).

COX, M. (1998), 'Rebels Without a Cause? Radical Theorists and the World System after the Cold War', *New Political Economy*, 3 (3).

COX, R. W. (1997), 'Democracy in Hard Times: Economic Globalization and the Limits to Liberal Democracy', in McGrew (1997a).

—— (1996a), *Approaches to World Order* (Cambridge).

—— (1996b), 'A Perspective on Globalization', in Mittelman (1996a).

—— (1996c), 'Production and Security', in Cox (1996a).

—— (1987), *Production, Power, and World Order: Social Forces in the Making of History* (New York).

CRAWFORD, B. (1995), 'Hawks, Doves, But No Owls: International Economic Interdependence and Construction of the New Security Dilemma', in Lipschutz (1995 a).

CRAWFORD, J. and MARKS, S. (1998), 'The Global Democracy Deficit', in Archibugi, Held, and Kohler (1998).

CRONIN, J. E. (1996), *The World the Cold War Made: Order, Chaos and the Return of History* (New York).

CZEMPIEL, E.-O. and ROSENAU, J. N. (1989) (eds.), *Global Changes and Theoretical Challenges: Approaches to World Politics for the 1990s* (Lexington, Mass.).

DANCHEV, A. (1995) (ed.), *Fin de Siécle: The Meaining of the Twentieth Century* (London).

DANIELS, P. W. and LEVER, W. F. (1996) (eds.), *The Global Economy in Transition* (London).

DAVIS, M. J. (1996) (ed.), *Security Issues in the Post-Cold War World* (Cheltenham).

DESAI, M. (1998), 'Doom's Silverish Lining', *The Times Higher Education Supplement*, 26 June.

DESSLER, D. (1989), 'What's at stake in the Agent-Structure Debate?', *International Organization*, 43 (3).

DEUDNEY, D. (1995), 'Political Fission: State Structure, Civil Society, and Nuclear Security Politics in the United States', in Lipschutz (1995a).

—— and IKENBERRY, G. J. (1994), 'After the Long War', *Foreign Policy*, 94.

DEVETAK, R. (1995), 'Incomplete States: Theories and Practices of Statecraft', in Macmillan and Linklater (1995).

DEWITT, D. (1993), 'Introduction: The New Global Order and the Challenges of International Security', in Dewitt, Haglund, and Kirton (1993).

—— HAGLUND, D., and KIRTON, J. (1993) (eds.), *Building a New Global Order: Emerging Trends in International Security* (Toronto).

DICKEN, P. (1992), *Global Shift: The Internationalization of Economic Activity*, 2nd edn. (London).

—— FORSGREN, M., and MALMBERG, A. (1994), 'The L cc al Embeddedness of Transnational Corporations', in Amin and Thrift (1994a).

DONNELLY, J. (forthcoming), 'The Social Construction of International Human Rights', in Dunne and Wheeler (forthcoming).

—— (1993), *International Human Rights* (Boulder, Colo.).

DORAN, C. F. (1991), *Systems in Crisis: New Imperatives of High Politics at Century's End* (Cambridge).

DORE, R. (1994), 'World Markets and Institutional Uniformity', in Parry (1994a).

DOUGLAS, I. R. (1996), 'The Fatality of Globalization', paper presented to the 21st BISA Annual Conference, University of Durham, 16–18 Dec.

DOWER, N. (1998), 'Human Rights, Global Ethics and Globalization',in Axtmann (1998 *a*).

DOYLE, M. (1986), 'Liberalism and World Politics', *American Political Science Review*, 80 (4).

—— (1983), 'Kant, Liberal Legacies and Foreign Affairs', *Philosophy and Public Affairs*, 12 (3 and 4).

—— and IKENBERRY, G. J. (1997) (eds), *New Thinking in International Relatiions Theory* (Boulder, Colo.).

DUNN, J. (1995) (ed.), *Contemporary Crisis of the Nation State?* (Oxford).

DUNNE, T. (1998), *Inventing International Society: A History of the English School*

(Houndmills).

—— (1995), 'The Social Construction of International Society', *European Journal of International Relations*, 1 (3).

—— and WHEELER, N. (forthcoming) (eds.), *Human Rights in Global Politics* (Cambridge).

———— (1996), 'Hedley Bull's Pluralism of the Intellect and Solidarism of the Will', *International Affairs*, 72 (1).

DUNNING, J. (1994), *The Globalization of Business* (London).

DYER, H. C. (1997), *Moral Order/World Order: The Role of Normative Theory in the Study of International Relations* (Houndmills).

EDEN, L. and POTTER, E. H. (1993) (eds.), *Multinationals in the Global Political Economy* (London).

ELIAS, R. and TURPIN, J. (1994) (eds.), *Rethinking Peace* (Boulder, Colo.).

EPSTEIN, G.A. and GINTIS, H. (1992), 'Intenational Capital Markets and the Limits of National Economic Policy', in Banuri and Schor (1992).

EVANGELISTA, M. (1997), 'Domestic Structure and Intenational Change', in Doyle and Ikenberry (1997).

EVANS, P. B. (1993), 'Building an Integrative Approach to International and Domestic Politics: Reflections and Projections', in Evans, Jacobson, and Putnam (1993).

—— JACOBSON, H. K., and PUTNAM, R. D. (1993) (eds.), *Double-edged Diplomacy* (Berkeley).

—— RUESCHEMEYER, D., and SKOCPOL, T. (1985) (eds.), *Bringing the State Back In* (Cambridge).

EVANS, T. (1997), 'Democratization and Human Rights', in McGrew (1997a).

FALK, R. (1997a), 'State of Siege: Will Globalization Win Out?', *International Affairs*, 73 (1).

—— (1997b), 'Resisting "Globalisation-from-Above" through "Globalisation-from-Below"', *New Political Economy*, 2 (1).

—— (1995), 'Regionalism and World Order after the Cold War', *Australian Journal of International Affairs*, 49 (1).

—— (1994), 'The Making of Global Citizenship', in van Steenbergen (1994).

FALKNER, G. and TALOS, E. (1994), 'The Role of the State within Social Policy', in Muller and Wright (1994a).

FARBER, H. and GOWA, J. (1995), 'Polities and Peace', *International Security*, 20 (2).

FAWCETT, L. and HURRELL, A. (1995) (eds.), *Regionalism in World Politics: Regional Organization and International Order* (Oxford).

FEATHERSTONE, M. (1990) (ed.), *Global Culture: Nationalism, Globalisation and Modernity* (London).

FELICE, W. F. (1996), *Taking Suffering Seriously: The Importance of Collective Human Rights* (Albany, NY).

FERGUSON, Y. H. and MANSBACH, R. W. (1996), *Polities: Authority, Identities, and Change* (Columbia, SC).

FREEDMAN, L. (1998), *The Revolution in Strategic Affairs*, Adelphi Paper 318 (Oxford).

FREEMAN, C. (1997), 'The "National System of Innovation" in Historical Perspective', in Archibugi and Michie (1997).

FRIEDEN, J. A. (1991), 'Invested Interests: The Politics of National Economic Policies in a World of Global Finance', *International Organization*, 45 (4).

FUKUYAMA, F. (1992), *The End of History and the Last Man* (London). (渡部昇一訳『歴史の終わり（上・下）』三笠書房, 1992 年)

GADDIS, J. L. (1992/3), 'International Relations Theory and the End of the Cold War', *International Security*, 17 (3).

—— (1992), *The United States and the End of the Cold War: Implications, Reconsiderations, Provocations* (New York).

GAMBLE, A. (1996), 'The Limits of Democracy', in Hirst and Khilnani (1996).

GERMAIN, R. D. (1997), *The International Organization of Credit: States and Global Finance in the World-Economy* (Cambridge).

GIDDENS, A. (1998), 'Affluence, Poverty and the Idea of a Post-scarcity Society', in Booth (1998*a*).

—— (1985), *The Nation-state and Violence* (Cambridge). (松尾精文・小幡正敏訳『国民国家と暴力』而立書房, 1999 年)

GILL, S. (1997*a*) (ed.), *Globalization, Democratization and Multilateralism: Multilateralism and the UN System* (London).

—— (1997*b*), 'Global Structural Change and Multilateralism', in Gill (1997*a*).

—— (1995), 'Globalisation, Market Civilisation, and Disciplinary Neoliberalism', *Millennium*, 24 (3).

—— (1993), 'Global Finance, Monetary Policy and Cooperation among the Group of Seven, 1944–92', in Cerny (1993*a*).

—— and MITTELMAN, J. H. (1997) (eds.), *Innovation and Transformation in International Studies* (Cambridge).

GILLs, B. (1997*a*), 'Whither Democracy? Globalization and the "New Hellenism" ', in Thomas and Wilkin (1997).

—— (1997*b*), 'Editorial: "Globalisation" and the "Politics of Resistance" ', *New Political Economy*, 2 (1).

—— and PALAN, R. P. (1996), 'Introduction: The Neostructuralist Agenda in Intenational Relations', in Palan and Gills (1996).

—— and ROCAMORA, J. (1992), 'Low Intensity Democracy', *Third World Quarterly*, 13 (3).
GILPIN, R. (1987), *The Political Economy of International Relations* (Princeton).（大蔵省世界システム研究会訳『世界システムの政治経済学』東洋経済新報社，1990年）
—— (1971), 'The Politics of Transnational Economic Relations', in Keohane and Nye (1971).
GOLDBLATT, D., HELD, D., MCGREW, A., and PERRATON, J. (1997), 'Economic Globalization and the Nation-state: Shifting Balances of Power', *Alternatives*, 22 (3).
GOODIN, R. (1992), 'If People were Money...', in Barry and Goodin (1992).
GOODMAN, J. (1997), 'The European Union: Reconstituting Democracy beyond the Nation-state', in McGrew (1997*a*).
GRAHAM, G. (1997), *Ethics and International Relations* (Oxford).
GRAY, J. (1998), *False Dawn: The Delusions of Global Capitalism* (London).
GREIDER, W. (1997), *One World, Ready or Not: The Manic Logic of Global Capitalism* (London).
GRIECO, J. M., (1997), 'Realist Interanational Theory and the Study of World Politics', in Doyle and Ikenberry (1997).
GRIFFIN, K. (1996), *Studies in Globalization and Economic Transitions* (Houndmills).
GROOM, A. J. R. and LIGHT, M. (1994) (eds.), *Contemporary International Relations: A Guide to Theory* (London).
GUEHENNO, J.-M. (1998/9), 'The Impact of Globalisation on Strategy', *Survival*, 40 (4).
GUIBERNAU, M. (1996), *Nationalisms: The Nation-state and Nationalism in the Twentieth Century* (Cambridge).
GUMMETT, P. (1996) (ed.), *Globalization and Public Policy* (Cheltenham).
GUTMANN, A. (1992), 'Communitarian Critics of Liberalism', in Avineri and de-Shalit (1992*a*).
HALL, J. A. (1996), *International Orders* (Cambridge).
—— (1986) (ed), *States in History* (Oxford).
HALLIDAY, F. (1995), 'The End of the Cold War and International Relations: Some Analytic and Theoretical Conclusions', in Booth and Smith (1995).
—— (1994), Rethinking International Relations (London).
HARKNETT, R. J. (1996), 'Territoriality in the Nuclear Era', in Kofman and Youngs (1996).
HASSNER, P. (1993), 'Beyond Nationalism and Internationalism', *Survival*, 35(2).
HAY, C. (1996), *Re-stating Social and Political Change* (Buckingham).
HELD, D. (1998), 'Democracy and Globalization', in Archibugi, Held, and Kohler (1998).

―― (1995a), *Democracy and the Global Order: From the Modern State to Cosmopolitan Governance* (Cambridge). (佐々木寛他訳『デモクラシーと世界秩序』NTT 出版, 2002 年)

―― (1995b), 'Democracy and the International Order', in Archibugi and Held (1995).

―― (1992a) (ed), *Prospects for Democracy*, special issue of *Political Studies*.

―― (1992b), 'Democracy: From City-states to a Cosmopolitan Order?', in Held (1992a).

―― (1991), 'Democracy and Globalizatlon', *Alternatives*, 16 (2).

―― and MCGREW, A. (1993), 'Globalization and the Liberal Democratic State', *Government and Opposition*, 28 (2).

HELLEINER, E. (1997), 'Braudelian Reflections on Economic Globalisation: The Historian as Pioneer', in Gill and Mittelman (1997).

―― (1996), 'Post-globalization: Is the Financial Liberalization Trend Likely to be Reversed?, in Boyer and Drache (1996).

―― (1994a), *states and the Reemergence of Global Finance* (Ithaca, NY).

―― (1994b), 'From Bretton Woods to Global Finance: A World Turned Upside Down', in Stubbs and Underhill (1994).

HEROD, A. (1997), 'Laboras an Agent of Globalization and as a Global Agent', in K. R. Cox (1997a).

HERZ, J. (1973), *The Nation-state and the Crisis of World Politics* (New York).

HIGGOTT, R. (1996), 'Beyond Embedded Liberalism: Governing the International Trade Regime in an Era of Economic Nationalism', in Gummett (1996).

HINSLEY, F. H. (1986,), *Sovereignty*, 2nd edn. (Cambridge).

HIRST, P. (1997), 'The Global Economy―Myths and Realities', *International Affairs*, 73 (3).

―― (1996), 'Democracy and Civil Society', in Hirst and Khilnani (1996).

―― and KHILNANI, S. (1996) (eds.), *Reinventing Democracy*, special issue of *Political Quarterly*.

―― and THOMPSON, G. (1996), *Globalization in Question: The International Economy and the Possibilities of Governance* (Cambridge).

HOBSON, J. M. (1997), *The Wealth of States: A Comparative Study of International Economic and Political Change* (Cambridge).

HOFFMAN, J. (1997), 'Is it Time to Detach Sovereignty from the State?', in Brace and Hoffman (1997a).

HOFFMANN, S, (1995/6), 'The Politics and Ethics of Military Intervention', *Survival*, 37 (4).

―― (1995), 'The Crisis of Liberal Internationalism', *Foreign Policy*, 95.

―― (1981), *Duties Beyond Borders: On the Limits and Possibilities of Ethical International Politics* (Syracuse, NY). (最上敏樹訳『国境を越える業務』三省堂,

1985年)

HOGAN, M. J. (1992) (ed.), *The End of the Cold War: Its Meaning and Implications* (Cambridge).

HOLDEN, B. (1996a) (ed.), *The Ethical Dimensions of Global Change* (London).

—— (1996b), 'Democratic Theory and Global Warming', in Holden (1996a).

HOLLIs, M. and SMITH, S. (1991), *Explaining and Understanding International Relations* (Oxford).

HOLM, H.-H. and SORENSEN, G. (1995) (eds.), *Whose World Order? Uneven Globalization and the End of the Cold War* (Boulder, Colo.).

HOLSTI, K. J. (1996), *The State, War, and the State of War* (Cambridge).

HOLTON, R. J. (1998), *Globalization and the Nation-state* (Houndmills).

HOOGVELT, A. (1997), *Globalisation and the Postcolonial World: The New Political Economy of Development* (Houndmills).

HOPF, T. (1998), 'The Promise of Constructivism in International Relations Theory', *International Security*, 23 (1).

HOWE, H. M. (1998), 'Global Order and the Privatization of Security', *Flether Forum of World Affiars*, 22 (2).

HUNTINGTON, S. P. (1996), *The Clash of Civilizations and the Remaking of World Order* (New York). (鈴木主税訳『文明の衝突』集英社, 1998年)

—— (1991), *The Third Wave: Democratization in the Late Twentieth Century* (Norman, Okla.). (坪郷實・中道寿一・藪野祐三訳『第三の波——20世紀後半の民主化』三嶺書房, 1995年)

HURRELL, A. (1995a), 'Explaining the Resurgence of Regionalism in World Politics', *Review of International Studies*, 21 (4).

—— (1995b), 'International Political Theory and the Global Environment', in Booth and Smith (1995).

—— and WOODS, N. (1995), 'Globalisation and Inequality', *Millennium*, 24 (3).

HUTCHINGS, K. (1996), 'The Idea of International Citizenship', in Holden (1996a).

IKENBERRY, G. J. (1996), 'The Myth of Post-Cold War Chaos', *Foreign Affairs*, 75 (3).

—— (1995), 'Funk de Siecle: Impasses of Western Industrial Society at Century's End', *Millennium*, 24 (1).

—— (1986), 'The State and Strategies of International Adjustment', *World Politics*, 39 (1).

INAYATULIAH, N. and BLANEY, D. (1995), 'Realizing Sovereignty', *Review of International Studies*, 21 (1).

JACKSON, R. H. (1996), 'Is there a Classical International Theory?', in Smith, Booth, and Zalewski (1996).

—— (1995), 'The Political Theory of International Society', in Booth and Smith (1995).

—— (1993), 'Continuity and Change in the States System', in Jackson and James (1993a).
JACKSON, R. H. (1990a), *Quasi-states: Sovereignty, International Relations and the Third World* (Cambridge).
—— (1990b), 'Martin Wight, International Theory and the Good Life', *Millennium*, 19 (2).
—— and JAMES, A (1993a) (eds.), *States in a Changing World: A Contemporary Analysis* (Oxford).
—— —— (1993b), 'The Character of Independent Statehood', in Jackson and James (1993a).
JAMES, A. (1986), *Sovereign Statehood: The Basis of International Society* (London).
JAMES, A. P, and PAOLINI, A. J. (1995), 'Locating the State', in Camilleri, Jarvis, and Paolini (1995a).
JERVIS, R. (1991/2), 'The Future of World Politics: Will it Resemble the Past?', *International Security*, 16 (3).
JESSOP, B. (1990), *State Theory: Putting Capitalist States in their Place* (Cambridge).
JOHNSON, H. J. (1991), *Dikspelling the Myth of Globalization: The Caset for Regionalization* (NewYork).
KALDOR, M. (1998), 'Reconceptualizing Organized Violence', in Archibugi, Held, and Kohler (1998).
KAPSTEIN, E. B. (1996), 'Workers and the World Economy', *Foreign Affairs*, 75 (3).
—— (1994), *Governing the Global Economy: International Finance and the State* (Cambridge, Mass.).
KELLAS, J. G. (1991), *The Politics of Nationalism and Ethnicity* (London).
KELLNER, D. (1998), 'Globalization and the Postmodern Turn', in Axtmann (1998a).
KEOHANE, R. O. (1986) (ed.), *Neorealism and its Critics* (New York).
—— and MILNER, H. V. (1996) (eds.), *Internationalization and Domestic Politics* (Cambridge).
—— and NYE, J. S. (1977), *Power and Interdependence: World Politics in Transition* (Boston). (滝田賢治訳・監修『パワーと相互依存』ミネルヴァ書房, 2010 年 10 月)
KILMINSTER, R. (1997), 'Globalization as an Emergent Concept', in Scott (1997a).
KLARE, M. T. and THOMAS, D. C. (1994), *World Security: Challanges for a New Century*, 2nd edn. (New York).
KOFMAN, E. and YOUNGS, G. (1996) (eds.), *Globalization: Theory and Practice* (London).
KOTHARI, R. (1997), 'Globalization: A World Adrift', *Alternatives*, 22 (2).

KRASNER, S. D. (1993), 'Economic Interdependence and Independent Statehood', in jackson and James (1993*a*).
KRATOCHWIL, F. V. (1989), *Rules, Norums and Decisions* (Cambridge).
KRAUSE, J. and RENWICK, N. (1996*a*) (eds.), *Identities in International Relations* (Houndmills).
—— (1996*b*), 'Introductlon', in Krause and Renwick (1996*a*).
KRAUSE, K. and WILLIAMS, M. C. (1997) (eds.), *Critical Security Studies: Concepts and Cases* (London).
KRITSIOTIS, D. (1998), 'Mercenaries and the Privatization of Warfare', *Fletcher Forum of World Affairs*, 22 (2).
KRUGMAN, P. (1998), 'Just an Old-fashioned Boy', *New Statesman*, 8 May.
LAIDI, Z. (1998), *A World without Meaning: The Crisis of Meaning in International Politics* (London).
LAPID, Y. (1996), 'Culture's Ship: Return and Departures in International Relations Theory', in Lapid and Kratochwil (1996).
—— and KRATOCHWIL, F. V. (1996) (eds.), *The Return of Culture and Identity in IR Theory* (Boulder, Colo.).
LATHAM, R. (1997*a*), *The Liberal Moment: Modernity, Security, and the Making of Poswar International Order* (New York).
—— (1997*b*), 'Globalisation and Democratic Provisionsim: Re-reading Polanyi', *New Political Economy*, 2 (1).
—— (1996), 'Getting Out from Under: Rethinking Security beyond Liberalism and the Levels-of-Analysis Problem', *Millennium*, 25 (1).
LAWLER, P. (1995), 'The Core Assumptions and Presumptions of "Cooperative Security" ', in Lawson (1995).
LAWSON, S. (1995) (ed.), *The New Agenda for Global Security: Cooperating for Peace and Beyond* (St Leonards).
LAYNE, C. (1994), 'Kant or Cant: The Myth of the Democratic Peace', *International Security*, 19 (2).
—— (1993), 'The Unipolar Illusion: Why New Great Powers Will Rise', *International Security*, 17 (4).
LEBOW, R. N. and RISSE-KAPPEN, T. (1995) (eds.), *International Relations Theory and the End of the Cold War* (New York).
LEYSHON, A. (1996), 'Dissolving Difference? Money, Disembeddikng and the Creation of "Global Financial Space" ', in Daniels and Lever (1996).
LIGHT, M. and GROOM, A. J. R. (1985) (eds.), *International Relations: A Handbook of Current Theory* (London).
LINKLATER, A. (1998), *The Transformation of Political Community* (Cambridge).

―― (1995), 'Community', in Danchev (1995).
―― (1982), *Men and Citizens in the Theory of International Relations* (London).
―― and MACMILLAN, J. (1995), 'Introduction: Boundaries in Question', in Macmillan and Linklater (1995).
LIPSCHUTZ, R. D. (1995*a*) (ed.), *On Security* (NewYork).
―― (1995*b*), 'On Security', in Lipschutz (1995*a*).
―― (1992), 'Reconstructing World Politics: The Emergence of Global Civil Society', *Millennium*, 21 (3).
LITTLE, R. (1994), 'International Relations and Large-scale Historical Change', in Groom and Light (1994).
―― (1985), 'Structuralism and Neo-realism', in Light and Groom (1985).
―― and SMITH, M. (1991) (eds.), *Perspectives on World Politics*, 2nd edn. (London).
LOW, M. (1997), 'Representation Unbound: Globalization and Democracy', in K.R. Cox (1997*a*).
LUARD, E. (1990), *The Globalization of Politics: The Changed Focus of Political Action in the Modern World* (Basigstoke).
LYNCH, C. (1998), 'Social Movements and the Problem of Globalization', *Alternatives*, 23 (2).
LYONS, G. M. and MASTANDUNO, M. (1995) (eds.), *Beyond Westphalia? State Sovereignty and International Intervention* (Baltimore).
MCCARTHY, P. and JONES, E. (1995*a*) (eds.), *Disintegration or Transformation: The Crisis of the State in Advanced Industrial Societies* (London).
―――― (1995*b*), 'The Crisis of the State in Advanced Industrial Countries', in McCarthy and Jones (1995*a*).
MCGREW, A. (1997*a*) (ed.), *The Transformation of Democracy?* (Cambridge and Milton Keynes). (松下冽監訳『変容する民主主義―グローバル化の中で』日本経済評論社, 2003 年)
―― (1997*b*), 'Introduction', in McGrew (1997*a*).
―― (1997*c*), 'Conclusion', in McGrew (1997*a*).
MCGREW, A. and LEWIS, P. (1992), *Global Politics* (Cambridge).
MACMILLAN, J. (1996), 'Democracies Don't Fight: A Case of the Wrong Research Agenda?', *Review of International Studies*, 22 (3).
―― and LINKLATER, A. (1995) (eds.), *Boundaries in Question: New Directions in International Relations* (London).
MAGNUSSON, W. (1990), 'The Reification of Political Community', in Walker and Mendlovitz (1990).
MAIR, A. (1997), 'Strategic L cc alization: The Myth of the Postnational Enterprise', in K. R. Cox (1997*a*).

MAJONE, G. (1994), 'The Rise of the Regulation State in Europe', in Muller and Wright (1994a).

MANN, M. (1997), 'Has Globalization Ended the Rise and Rise of the Nation-state?', *Review of Inernational Political Economy*, 4 (3).

—— (1993), *The Sources of Social Power. Vol. II: Rise of Classes and Nation-states, 1760–1914* (Cambridge). (森本醇・君塚直隆訳『ソーシャル・パワー——社会的な〈力〉の世界歴史 (2) 階層と国民国家の「長い19世紀」(上・下)』NTT 出版, 2005年)

—— (1986), *The Sources of Social Power. Vol. I: A History of Power from the Biginning to A. D. 1760* (Cambridge). (同上『ソーシャル・パワー——社会的な〈力〉の世界歴史 (1) 先史からヨーロッパ文明の形成へ』NTT 出版, 2002年)

MANNIN, M. (1996), 'Global Issues and the Challenge to Democratic Politics', in Bretherton and Ponton (1996).

MANNING, C. (1998), 'Does Globalisation Undermine Labour Standards? Lessons for East Asia', *Australian Journal of International Affairs*, 52 (2).

MANSFIELD, E. and SNYDER, J. (1995), 'Democratization and the Danger of War', *International Security*, 20 (1).

MARSHALL, D. D. (1996), 'Understanding Late-twentieth-century Capitalism: Reassessing the Globalization Theme', *Government and Opposition*, 31 (2).

MARTIN, A. (1994), 'Labour, the Keynesian Welfare State, and the Changing International Political Economy', in Stubbs and Underhill (1994).

MARTIN, H.-P. and SCHUMANN, H. (1997), *The Global Trap* (London).

MASTANDUNO, M., LAKE, D. A., and IKENBERRY, G. J. (1989), 'Toward a Realist Theory of State Action', *International Studies Quarterly*, 33 (4).

MATHEWS, J. T. (1994), 'The Realist Reply', International Security, 20 (1).

—— (1994/5), 'The False Promise of lnternational Institutions', *International Security*, 19 (3).

—— (1990), 'Back to the Future: Instability in Europe after the Cold War', *International Security*, 15 (1).

MILES, D. (1997), 'Globalisation: The Facts behind the Myth', *Independent*, 22 Dec.

MILLER, J. D. B. (1981), *The World of Stgates* (London).

MILNER, H. V. (1991), 'The Assumption of Anarchy in International Relations Theory: A Critique', *Review of International Studies*, 17 (1).

—— and KEOHANE, R. O. (1996a), 'Internationalization and Domestic Politics: An Introduction', in Keohane and Milner (1996).

—— —— (1996b), 'Internationalization and Domestic Politics: A Conclusion', in Keohane and Milner (1996).

MISHRA, R. (1996), 'The Welfare of Nations', in Boyer and Drache (1996).

MITTELMAN, J. H. (1997), 'Restructuring the Global Divisionh of Labour: Old Theories and New Realities', in Gill (1997a).
—— (1996a) (ed.), *Globalization: Critical Reflections* (Boulder, Colo.).
—— (1996b), 'How does Globalization Really Work?', in Mittelman (1996a).
—— (1996c), 'The Dynamics of Globalization', in Mittelman (1996a).
MORAN, M. (1994), 'The State and the Financial Services Revolution: A Comparative Analysis', in Muller and Wright (1994a).
MORAVCSIK, A. (1993), 'Introduction: Integrating International and Domestic Theories of International Bargaining', in Evans, Jacobsen, and Putnam (1993).
MULLER, W. and WRIGHT, V. (1994a), *The State in Western Europe: Retreat or Redefinition?* (London).
—— —— (1994b), 'Reshaping the State in Western Europe: The Limits to Retreat', in Muller and Wright (1994a).
NARDIN, T. (1992), 'Alternative Ethical Perspectives on Transnational Migration', in Barry and Goodin (1992).
—— (1983), *Law, Morality and the Relations of States* (Princeton).
—— and MAPEL, D. R. (1992) (eds.), *Traditions of International Ethics* (Cambridge).
NAVARI, C. (1991a) (ed.), *The Condition of States* (Milton Keynes).
—— (1991b), 'Introduction: The State as a Contested Concept in International Relations', in Navari (1991a).
NETTL, J. P. (1968), 'The State as Conceptual Variable', *World Politics*, 20 (4).
NOTERMANS, T. (1997), 'Social Democracy and External Constraints', in K. R. Cox (1997a).
NYE, J. S. (1990), *Bound to Lead: The Changing Nature of American Power* (New York). (久保伸太郎『不滅の大国アメリカ』読売新聞社, 1990 年)
OAKSHOTT, M. (1975), *On Human Conduct* (Oxford).
OHMAE, K. (1995), *The End of the Nation State: The Rise of Regional* Economies (London).
ONUF, N. (1998), *The Republican Legacy in International Thought* (Cambridge).
—— (1995), 'Intervention for the Common Good', in Lyons and Mastanduno (1995).
—— (1991), 'Sovereignty: Outline of a Conceptual History', *Alternatives*, 16(4).
—— (1989), *World of our Making: Rules and Rule in Social Theory and International Relations* (Columbia, SC).
OVERBEEK, H. (1993) (ed.) *Restructuring Hegemony in the Global Political Economy: The Rise of Transnational Neoliberalism in the 1980s* (London).
OWEN, J. M. (1994), 'How Liberalism Produces Democratic Peace', *International Security*, 19 (2).
PALAN, R. P. (1994), 'State and Society in International Relations', in Palan and Gills

(1994).

―― and GILLS, B. (1994) (eds.), *Transcending the State-Global Divide: A Neostrucuralist Agenda in International Relations* (Boulder, Colo.).

PANITCH, L. (1996), 'Rethinking the Role of the State', in Mittelman (1996a).

―― (1994), 'Globalisation and the State', in R. Miliband and L. Panitch (eds.), *Socialist Register: Between Globalism and Nationalism* (London).

PAREKH, B. (1992), 'The Cultural Particularity of Liberal Democracy', in Held (1992a).

PARKER, G. (1996), 'Globalization and Geopolitical World Orders', in Kofman and Youngs (1996).

PARRY, G. (1994a) (ed.), *Politics in an Interdependent World: Essays Presented to Ghita Ionescu* (Aldershot).

―― (1994b), 'Political Life in an Interdependent World', in Parry (1994a).

PELLERIN, H. (1996), 'Global Restructuring and International Migration: Consequences for the Globalization of Politics', in Kofman and Youngs (1996).

PERRATON, J., GOLDBLATT, D., HELD, D., and MCGREW, A. (1997), 'The Globalisation of Economic Activity', *New Political Economy*, 2 (2).

PETRELLA, R. (1996), 'Globalization and Internationalization: The Dynamics of the Emerging World Order', in Boyer and Drache (1996).

POGGE, T. (1992), 'Cosmopolitanism and Sovereignty', *Ethics*, 103 (1).

―― (1989), *Realising Rawls* (Ithaca, NY).

POGGI, G. (1990), *The State: Its Nature, Development and Prospects* (Cambridge).

POLANYI, K. (1944), *The Great Transformation* (Boston).（新訳版：野口建彦・栖原学訳『大転換――市場社会の形成と崩壊』東洋経済新報社，2009年）

POPPI, C. (1997), 'Wider Horizons with Larger Details: Subjectivity, Ethnicity and Globalization', in Scott (1997a).

PRINGLE, R. (1992), 'Financial Markets versus Governments', in Banuri and Schor (1992).

PRZEWORSKI, A. (1995), *Sustainable Democracy* (Cambridge).

RAWLS, J. (1972), *A Theory of Justice* (Oxford).（矢島釣次監訳『正義論』紀伊国屋書店，1979年）

RAY, J. L. (1995), *Democracy and International Conflict: An Evaluation of the Democratic Peace Proposition* (Columbia, SC).

REICH, R. (1991), *The Work of Nations* (New York).

RENGGER, N. J. (1992), 'A City which Sustains All Things? Communitarianism and International Society', *Millennium*, 21 (3).

RESNICK, P. (1998), 'Global Democracy: Ideals and Reality', in Axtmann (1998a).

RICHARDSON, J. L. (1995), 'Problematic Paradigm: Liberalism and the Global Order', in Camilleri, Jarvis, and Paolini (1995a).

RISSE-KAPPEN, T. (1995*a*) (ed.), *Bringing Transnational Relations Back In: Non-state Actors, Domestic Structures and International Institutions* (Cambridge).

—— (1995*b*), 'Democratic Peace—Warlike Democracies? A Social Constructivist Interpretation of the Liberal Argument', *European Journal of International Relations*, 1 (4).

ROBERTSON, R. (1992), *Globalization: Social Theory and Global Culture* (London).

ROSENAU, J.N. (1998), 'Governance and Democracy in a Globalizing World', in Archibugi, Held, and Kohler (1998).

—— (1997*a*), *Along the Domestic-Foreign Frontier: Exploring Governance in a Turbulent World* (Cambridge).

—— (1997*b*), 'Improsing Global Orders: A Synthesised Ontology for a Turbulent Era', in Gill and Mittelman (1997).

—— (1990), *Turbulenced in World Politics: A Theory of Change and Continuity* (London).

—— and CZEMPIEL, E.-O. (1992) (eds.), *Governance without Government: Order and Change in World Politics* (Cambridge).

ROSENBERG, J. (1994), *The Empire of Civil Society: A Critique of the Realist Theory of International Relations* (London).

RUGGIE, J. G. (1998), *Constructing the World Polity: Essays on International Institutionalization* (London).

—— (1995), 'At Home Abroad, Abroad at Home: International Liberalisation and Domestic Stability in the New World Economy', *Millennium*, 24 (3).

—— (1982), 'International Regimes, Transactions, and Change: Embedded Liberalism in the Postwar Economic Order', *International Organization*, 36(2).

RUIGROK, W. and VAN TULDER, R. (1995), *The Logic of International Restructuring* (London).

RUMMELL, R. J. (1995), 'Democracies ARE Less Warlike than Other Regimes', *European Journal of International Relations*, 1 (4).

RUSSETT, B. (1993), *Grasping the Democratic Peace: Principles for a Post-Cold War World* (Princeton). （鴨武彦訳『パクス・デモクラティア―冷戦後世界への原理』東京大学出版会，1996年）

SAKAMOTO, Y. (1991), 'Introduction: The Global Context of Democratization', *Alternatives*, 16 (2).

SANDEL, M. (1992), 'The Procedural Republic and the Unencumbered Self', in Avineri and de-Shalit (1992*a*).

SASSEN, S. (1996*a*), *Losing Control? Sovereignty in an Age of Globalization* (New York).

—— (1996*b*), 'The Spatial Organization of Information Industries: Implications for the

Role of the State', in Mittelman (1996*a*).

SAURIN, J. (1997), 'Organizing Hunger: The Global Organization of Famines and Feasts', in Thomas and Wilkin (1997).

—— (1995), 'The End of International Relations? The State and International Theory in the Age of Globalization', in Macmillan and Linklater (1995).

SCHAEFFER, R. K. (1997), *Understanding Globalization: The Social Consequences of Political, Economic, and Environmental Change* (Lanham, Md.).

SCHOLTE, J. A. (1997*a*), 'Global Capitalism and the State', *International Affairs*, 73 (3).

—— (1997*b*), 'The Globalization of World Politics', in Baylis and Smith (1997).

—— (1996*a*), 'Beyond the Buzzword: Towards a Critical Theory of Globalization', in Kofman and Youngs (1996).

—— (1996*b*), 'Globalisation and Collective Identities', in Krause and Renwick (1996*a*).

—— (1993), 'From Power Politics to Social Change: An Altenative Focus for International Studies', *Review of International Studies*, 19 (1).

SCHOR, J. B. (1992), 'Introduction', in Banuri and Schor (1992).

SCOTT, A. (1997*a*) (ed.), *The Limits of Globalization* (London).

—— (1997*b*), 'Introduction—Globalization: Social Process or Political Rhetoric?', in Scott (1997*a*).

SHAW, M. (1997*a*), 'Globalization and Post-military Democracy', in McGrew (1997*a*).

—— (1997*b*), 'The State of Globalization: Towards a Theory of State Transformation', *Review of International Political Economy*, 4 (3).

—— (1994*a*), *Global Society and International Relations* (Oxford).

—— (1994*b*), 'Civil Society and Global Politics: Beyond a Social Movements Approach', *Millennium*, 23 (3).

SHAW, T. and QUADIR, F. (1997), 'Democratic Development in the South in the Next Millennium: What Prospects for Avoiding Anarchy and Authoritarianism?, in Thomas and Wilkin (1997).

SHEARER, D. (1998), *Private Armies and Military Intervention*, Adelphi Paper 316 (Oxford).

SINGER, M. and WILDAVSKY, A. (1993), *The Real World Order: Zones of Peace/Zones of Turmoil* (Chatham, NJ).

SIVERSON, R. M. (1995), 'Democracies and War Participation: In Defence of the Institutional Constraints Argument', *European Journal of International Relations*, 1 (4).

SJOLANDER, C. T. (1996), 'The Rhetoric of Globalization: What's in a Wor(l)d?', *International Journal*, 51 (4).

SKOCPOL, T. (1985), 'Bringing the State Back In: Strategies of Analysis in Current

Research', in Evans, Rueschemeyer, and Skocpol (1985).
SLATER, D. (1996), 'Other Contexts of the Global: A Critical Geopolitics of North-South Relations', in Kofman and Youngs (1996).
SMITH, M. J. (1998), 'Humanitarian Intervention: An Overview of the Ethical Issues', *Ethics and International Affairs*, 12.
SMITH, S. (1992), 'The Forty Years' Detour: The Resurgence of Normative Theory in International Relations', *Millennium*, 21 (3).
—— BOOTH, K., and ZALEWSKI, M. (1996) (eds.), *International Theory: Positivism and Beyond* (Cambridge).
SORENSEN, G. (1997), 'An Analysis of Contemporary Statehood: Consequences for Conflict and Cooperation', *Review of International Studies*, 23 (3).
—— (1993), *Democracy and Democratization* (Boulder, Colo.).
SPIRO, D. E. (1994), 'The Insignificance of the Liberal Peace', *International Security*, 19 (2).
SPYBEY, T. (1996), *Globalization and World Society* (Cambridge).
STORPER, M. (1997), 'Territories, Flows, and Hierarchies in the Global Economy', in K. R. Cox (1997*a*).
STRANGE, S. (1997), 'The Problem or the Solution? Capitalism and the State System', in Gill and Mittelman (1997).
—— (1996), *The Retreat of the State: The Diffusion of Power in the World Economy* (Cambridge). (櫻井公人訳『国家の退場』岩波書店, 1998年)
—— (1995), 'The Limits of Politics', *Government and Opposition*, 30 (3).
—— (1994), 'Global Government and Global Opposition', in Parry (1994*a*).
—— (1988), *States and Markets* (London). (西川潤・佐藤元彦訳『国際政治経済学入門』東洋経済新報社, 1994年)
STUBBS, R. and UNDERHILL, G. R. D. (1994) (eds.), *Political Economy and the Changing Global Order* (London).
SUGANAMI, H. (1989), *The Domestic Analogy and World Order Proposals* (Cambridge).
TAYLOR, P. J. (1996), 'The Modern Multiplicity of States', in Kofman and Youngs (1996).
TAYLOR, R. (1997), 'Giobal Claptrap', *Prospect*, Dec.
TEEPLE, G. (1995), *Globalization and the Decline of Social Reform* (Toronto).
THOMAS, C. (1997), 'Globalization and the South', in Thomas and Wilkin (1997).
—— and WILKIN, P. (1997) (eds.), *Globalization and the South* (Houndmills).
THOMPSON, J. (1998), 'Community, Identity and World Citizenship', in Archibugi, Held, and Kohkr (1998).
—— (1992), *Justice and World Order* (London).
THOMPSON, J. E. (1995), 'State Sovereignty in International Relations: Bridging the

Gap between Theory and Empirical Research', *International Studies Quarterly*, 39 (2).
―― and KRASNER, S. D. (1989), 'Global Transactions and the Consolidation of Sovereignty', in Czempiel and Rosenau (1989).
TILLY, C. (1985), 'War Making and State Making as Organized Crime', in Evans, Rueschemeyer, and Skocpol (1985).
―― (1975), *The Formation of National States in Western Europe* (Princeton).
VAN STEENBERGEN, B. (1994) (ed.), *The Condition of Citizenship* (London).
VINCENT, R. J. (1986), *Human Rights and International Relations* (Cambridge).
―― (1974), *Nonintervention and International Order* (Princeton).
WAEVER, O. (1995), 'Securitization and Desecuritization', in Lipschutz (1995*a*).
WALKER, R. B. J. (1995), 'From International Relations to World Politics', in Camilleri, Jarvis, and Paolini (1995*a*).
―― (1994), 'Soclal Movements/World Polltlcs', *Millennium*, 23 (3).
―― (1993), *Inside/Outside: International Relations as Political Theory* (Cambridge).
―― (1990), 'Sovereignty, Identity, Community: Renections on the Horizons of Contemporary political practice', in Walker and Mendlovitz (1990).
―― and MENDLOVITZ, S. H. (1990) (eds.), *Contending Sovereignties: Redefining Political Community* (Boulder, Colo.).
WALLERSTEIN, I. (1991), *Geopolitics and Geoculture: Essays on the Changing World-System* (Cambridge).（丸山勝訳『ポスト・アメリカ――世界システムにおける地政学と地政文化』藤原書店，1991年）
WALTZ, K. (1993), 'The Emerging Structure of International Politics', *International Security*, 18 (2).（抄訳「日本は核武装する」『諸君』26巻4号，1994年）
―― (1979), *Theory of International Politics* (Reading, Mass.).（河野勝・岡垣知子訳『国際政治の理論』勁草書房，2010年）
WALZER, M. (1994), *Thick and Thin: Moral Argument at Home and Abroad* (Notre Dame, Ind.).（芦川晋・大川正彦訳『道徳性の厚みと広がり――われわれはどこまで他者の声を聴き取ることができるか』風行社，2004年）
―― (1977), *Just and Unjust Wars* (New York).
WATERS, M. (1995), *Globalization* (London).
WEBB, M. (1991), 'International Economic Structures, Govemment Interests, and International Coordination of Microeconomic Adjustment Policies', *International Organization*, 45 (3).
WEBER, C. (1995), *Simulating Sovereignty: Intervention, the State and Symbolic Exchange* (Cambridge).
WEISS, L. (1998), *The Myth of the Powerless State: Governing the Economy in a*

Global Era (Cambridge).
WENDT, A. (1996), 'Identity and Structural Change in International Politics', in Lapid and Kratochwil (1996).
—— (1995), 'Constructing International Politics', *International Security*, 20 (1).
—— (1992), 'Anarchy is What States Make of It: The Social Construction of Power Politics', *International Organization*, 46 (2).
—— (1987), 'The Agent-Structure Problem in International Relations Theory', *International Organization*, 41 (3).
—— and FRIEDHEIM, D. (1996), 'Hierarchy under Anarchy: Informal Empire and the East German State', in Biersteker and Weber (1996).
WHEELER, N. J. (1992), 'Pluralist or Solidarist Conceptions of International Society: Bull and Vincent on Humanitarian Intervention', *Millennium*, 21 (3).
WIGHT, M. (1977), *Systems of States*, ed. H. Bull (Leicester).
—— (1966), 'Why Is There No International Theory?', in Butterfield and Wight (1966).
WILKIN, P. (1997), 'New Myths for the South: Globalization and the Conflict between Private Power and Freedo', in Thomas and Wilkin (1997).
WILLIAMS, H. (1996), *International Relations and the Limits of Political Theory* (London).
WILLIAMS, J. (1996), 'Nothing Succeeds like Success? Legitimacy and International Relations', in Holden (1996*a*).
WILLIAMS, M. (1996), 'Rethinking Sovereignty', in Kofman and Youngs (1996).
WYN JONES, R. (1996), ' "Travel without Maps": Thinking about Security after the Cold War', in Davis (1996).
YOUNGS, G. (1997), 'Political Economy, Sovereignty and Borders in Global Contexts', in Brace and Hoffman (1997*a*).
—— (1996), 'Beyond the "Inside/Outside" Divide', in Krause and Renwick (1996*a*).
ZURN, M. (1995), 'The Challenge of Globalization and Individualization: A View from Europe', in Holm and Sorensen (1995).

事項索引

あ行

間主観主義 ……………………………122
アイディアリスト ……………………125
アイデンティティ ………4, 13, 16, 17, 20,
　22, 31, 36, 37, 53, 50, 51, 63, 72, 92, 98,
　100, 101, 105, 106, 108, 115, 117, 120,
　121, 122, 127, 130, 131, 134, 136, 137,
　138, 141, 142, 144, 148, 166, 175, 176,
　178, 179, 182, 186, 190, 194, 197, 198,
　199, 209, 211, 213, 219, 220, 222, 223,
　224, 225, 228, 229, 232, 233, 234, 235,
　237, 239, 242, 243, 249, 254, 256, 275,
　276, 281, 285, 286, 289, 290, 291
アイデンティティ・クライシス ……179
アイデンティティ政治 …………………199
アイデンティティと共同体 137, 228, 243
アウトサイド・イン ………93, 94, 159, 161,
　162, 167, 212
アクター ……3, 4, 5, 15, 28, 47, 48, 51, 56,
　78, 98, 105, 111, 137, 140, 146, 148, 151,
　152, 153, 154, 176, 184, 187, 193, 194,
　207, 208, 209, 210, 242, 246, 248, 266
アソシエーション ……236, 242, 259, 271
新しい社会契約 ………………………137, 211
新しい中世 …………………………………72
新しい分裂 …………………………………154
アナーキー ……6, 7, 21, 25, 28, 33, 41, 44,
　51, 56, 57, 69, 72, 92, 93, 94, 95, 98, 127,
　128, 129, 130, 144, 145, 146, 159, 160,
　178, 189, 207, 227, 228, 272, 283
アナーキー構造 …………………………283
アナーキー状態
　………………6, 7, 25, 33, 56, 178, 189, 272
アナーキー／パワー ……………………159
アムネスティ・インターナショナル
　…………………………………………253
安全保障 ……ix, 4, 11, 12, 13, 17, 21, 23,
　29, 53, 55, 117, 120, 141, 144, 153, 179,
　181, 182, 183, 184, 185, 186, 187, 188,
　189, 190, 191, 192, 193, 194, 195, 196,
　197, 198, 199, 200, 201, 202, 203, 204,
　205, 206, 207, 208, 209, 210, 211, 212,
　213, 241, 248, 261, 263, 275, 286
安全保障機能の民営化 …………………201
安全保障国家 ………viii, 23, 179, 181, 183,
　184, 195, 200, 204, 212, 275, 286
安全保障の「カルテル化」 ……………184
安全保障のグローバル化
　……………………………181, 193, 194, 202
安全保障の民営化 ………………………201
安全保障の網状化 ………………………192
位置の代替性 ……………………………164
インサイド・アウト ……93, 94, 212, 228
ウィルソン主義 …………………………245
ウェストファリア（体制）…………72, 272
埋め込まれた国家—社会関係 …………105
埋め込まれたリベラリズム
　…………107, 110, 130, 159, 167, 255, 266
埋め込み …………………………………108, 110
英国学派 …………………………48, 49, 236
エージェント
　……94, 113, 125, 158, 161, 166, 175, 176
エスニック・アイデンティティ ……198
エスニック紛争 …………………………198

か行

懐疑論者 …………………………………169
ガヴァナンス …………39, 104, 106, 146,
　178, 216, 248, 257, 258, 259, 260, 271
核革命 ……………………………………204
核時代 ………………………191, 193, 203, 205
核兵器 ………………………193, 202, 203, 204
核抑止 ……………………………………203
還元主義 ……31, 40, 42, 58, 112, 113, 115,
　116, 161, 227, 249, 250
還元主義理論 ………………………40, 250
企業のアソシエーション ………………236
擬似国家 …………………………………134, 189
規制緩和 ……… v, 45, 109, 159, 160, 169,

201, 220
規制緩和と民営化 …………………159
機能主義者 …………………………151
希薄性 ……………18, 31, 38, 41, 226, 228
希薄な道徳コード
　（抽象的な普遍的共同体）……………226
規範国家 ………ⅷ, 18, 23, 213, 224, 229,
　　230, 232, 236, 240, 241, 249, 275, 287
規範的グローバリゼーション
　　…………………………35, 223, 226, 244
規範的ディヴァイド ……………………225
規範理論
　…18, 25, 30, 214, 222, 241, 243, 244, 275
逆転した第2イメージ ………………46
競争国家…ⅷ, 21, 151, 154, 168, 175, 178
競争／ネオリベラリズム ……………159
強大国家 ………………………188, 189, 207
協調組合主義 ………………………155
協力的アソシエーション ……………271
金融グローバリゼーション …76, 80, 114
グレート・ディヴァイド
　……ⅱ, ⅷ, 20, 25, 26, 27, 28, 30, 31, 33,
　　35, 37, 38, 40, 43, 44, 45, 46, 47, 48, 49,
　　50, 52, 53, 54, 66, 74, 86, 87, 89, 96, 114,
　　115, 116, 123, 124, 126, 130, 131, 143,
　　157, 158, 161, 171, 183, 188, 207, 211,
　　223, 227, 228, 229, 246, 249, 251, 277,
　　288, 290
グローカリゼーション …………………257
グローバリスト …………69, 86, 152, 280
グローバリズム …………………………62, 226
グローバリゼーション熱狂論者 ……152
グローバル・ガヴァナンス …………248
グローバル化した安全保障
　　………………181, 185, 208, 209, 210, 286
グローバル化した国家
　　……………………ⅷ, ⅸ, 12, 115, 175, 213
グローバル共同体 …………………237
グローバル経済 ………ⅳ, ⅴ, ⅷ, 72, 110,
　　113, 133, 141, 152, 155, 159, 164, 167,
　　168, 169, 172, 176, 177, 178, 199, 239,
　　254, 281
グローバル国家 ………………………70, 90
グローバル市場

　　…………63, 84, 152, 160, 178, 269, 281
グローバル資本主義 …………133, 178
グローバル資本主義システム ……133
グローバル市民 …………………216
グローバル社会 ………35, 45, 194, 289
グローバル政治 …………………138, 218
グローバル秩序 …………………45, 73, 76
グローバル・デモクラシー …………254
グローバルとナショナルの二重性 …157
グローバルな共同体 ………36, 223, 244
グローバルなコミュニケーションのシス
　テム …………………………196
グローバルな資本移動 ……………165
グローバルな市民社会 ……………216
グローバルな道徳的共同体 …36, 225, 235
グローバルな道徳的秩序 …………221
グローバルなネットワーク
　　…………………17, 84, 141, 192, 195, 281
軍産複合体 …………………………184
軍事革命（RMA）……………………204
軍事技術 …………184, 190, 196, 200, 204
軍事国家 ……………………………183
経済運営………10, 12, 117, 144, 152, 158,
　　164, 173, 213, 285
経済グローバリゼーション
　　……12, 59, 60, 62, 63, 76, 82, 114, 153,
　　156, 163, 165, 166, 168, 173, 175, 176,
　　178, 185, 186, 254, 256, 266
経済的アクター ………………152, 153
経済的「解放」………………………155
経済的・技術的決定論 ………………ⅰ
経済的グローバリゼーション …6, 18, 153
経済ナショナリズム ………………107
形式的主権 ………………………144
ケインズ主義 …………………156, 161, 169
ケインズ主義的福祉国家 ………161, 169
決定論
　………ⅰ, 5, 46, 58, 69, 70, 85, 86, 162, 167
決定論的アプローチ ………………85
権威主義体制 ……………………253
行為者－構造モチーフ ………………39
公共圏 ………………………………227
「硬質的」「軟質的」国家 ……………99
構成主義 ……………………36, 50, 51, 131

事項索引 319

構成主義的ルール …………………51
構成的アソシエーション …………270
構成ユニット ………………………40
構造 ………iv, v, 3, 4, 5, 6, 7, 8, 9, 11, 12,
　17, 18, 26, 28, 32, 33, 39, 40, 41, 42, 43,
　44, 48, 50, 51, 52, 56, 73, 76, 78, 79, 80,
　82, 86, 91, 93, 94, 95, 103, 105, 108, 109,
　110, 112, 114, 115, 116, 133, 135, 137,
　140, 141, 145, 147, 154, 158, 159, 160,
　161, 162, 165, 166, 167, 168, 170, 172,
　175, 176, 177, 178, 179, 181, 184, 187,
　188, 195, 197, 199, 203, 208, 210, 212,
　227, 230, 236, 247, 248, 250, 255, 263,
　267, 268, 270, 271, 274, 276, 283, 287,
　289, 290, 291
構造主義
　…51, 108, 109, 112, 158, 159, 166179, 248
構造的リアリスト ……………………250
構造的リアリズム ……………43, 93, 227
コーポラティズム ………ⅰ, 167, 238, 266
コーポラティズム的福祉国家 ………266
国際化………46, 64, 65, 66, 155, 173, 183,
　196, 262, 264
国際経済 ……4, 10, 69, 110, 111, 151, 155,
　160, 167, 168
国際構造の極性 ………………………8
国際システム ……9, 10, 20, 25, 39, 44, 48,
　56, 57, 84, 92, 93, 101, 105, 107, 108,
　125, 131, 142, 146, 147, 188, 191, 195,
　221, 238, 287, 289, 290
国際資本 …………113, 159, 160, 165, 166
国際資本移動 ………………160, 165, 166
国際資本主義経済 …………………160
国際社会 ………1, 3, 21, 32, 43, 46, 48, 49,
　50, 55, 56, 71, 75, 78, 102, 125, 126, 130,
　193, 217, 223, 236, 237, 242, 249, 254,
　289
国際社会論 ……………………46, 49
国際主義 ………………109, 184, 280
国際主義重視学派 ………………280
国際人権レジーム ……………………230
国際秩序 ……10, 16, 39, 52, 57, 71, 74, 83,
　97, 106, 107, 108, 113, 115, 125, 126,
　259, 264, 265, 266, 267, 269, 270, 271,

　277, 287
国際的ガヴァナンス …146, 258, 259, 260
国際的規範 ……………………109
国際的共同体 …………………184, 260
国際的経済制度 ………………153
国際的公共財 …………………230
国際的社会化 …………………254
国際的変容 ……………………45
国際分業体制 …………………158
国際レジーム …………105, 193, 259
国際連盟 ………………………245
国民皆兵制度 …………………205
国民経済 ……v, 17, 18, 46, 55, 64, 77, 80,
　86, 111, 133, 152, 157, 158, 159, 163,
　173, 176, 261
国民国家 ……72, 80, 86, 90, 156, 157, 159,
　169, 182, 183, 198, 220, 229, 230, 232,
　239, 242, 243, 246, 247, 257, 259, 262,
　287
コスモポリス ……………………26
コスモポリタニスト ……………225
コスモポリタニズム
　…………18, 31, 32, 210, 223, 228, 242
コスモポリタン ……21, 25, 31, 33, 37, 38,
　39, 53, 219, 221, 223, 225, 232, 247, 249,
　251, 260, 261, 264, 269, 271, 274
コスモポリタン的道徳性 ……………232
コスモポリタン・デモクラシー論 …39
コスモポリタン民主主義者
　…………………264, 269, 271
国家 …………………………39
国家アイデンティティ …………98, 182
国家概念 ……………………134
国家から成るシステム ……………50
国家機能 ……………………45
国家形態 …9, 85, 89, 92, 95, 161, 213, 265
国家権能 ……ⅳ, ⅴ, 77, 78, 86, 119, 136,
　141, 153, 161, 171
国家後退 …………………157, 161, 284
国家システム ………18, 42, 50, 80, 92, 93,
　98, 100, 101, 138, 141, 202, 237, 239, 290
国家－社会関係 ………………105, 271
国家終焉 ……………………208
国家衰退論者 …………………79

国家性 …………………………………30
国家政策のアイデンティティ ………166
国家退場
　……77, 139, 144, 171, 173, 200, 208, 212
国家退場論 …………………………144
国家中心主義者 ………………………86
国家と国際システム …………84, 92, 146
国家のアイデンティティ
　……20, 51, 100, 101, 105, 115, 117, 120,
　121, 122, 127, 131, 134, 136, 137, 138,
　141, 142, 148, 175, 276, 285, 286, 289,
　290, 291
国家の安全保障
　………184, 189, 190, 197, 200, 209, 286,
国家の力のジレンマ …………………99
国家の法体制 ………………………141
国家否定 ……………………………14
国家領域 ……………………………194
国境の無意味化 ……………………194
国境を越えた義務 …………………241
国境を越えた民主主義 ……………260
コミュニケーションの共同体 ………35
コミュニタリアニズム ……18, 31, 32, 33,
　37, 50, 223, 225, 228, 231, 232
コミュニタリアン ……20, 25, 33, 34, 36,
　37, 53, 214, 218, 224, 225, 249
コミュニティのアイデンティティ …249
コンストラクティヴィズム
　……46, 49, 50, 51, 82, 98, 114, 122, 138,
　173, 276, 288, 289, 290, 291
コンストラクティヴズム理論 …………50
コンディショナリティー ……………253

さ行

再国民化 …………………………110, 232
サブ・プライム・ローン ………………iv
自己充足的国家 ………………………1
自助システム ……………………92, 94
システミック理論 ………………249, 250
システムのアイデンティティ ………291
システム理論 ……4, 31, 40, 41, 42, 44, 46,
　47, 48, 112, 113, 161
システム・レヴェル …40, 74, 84, 152, 188

自然状態 ………………72, 94, 122, 126
実質的主権 …………………………140, 144
支配—従属理論 ………………………4
資本移動
　………160, 163, 165, 166, 170, 175, 195,
資本主義的グローバリゼーション …171
資本主義労働分業 …………………134
市民社会 ………v, 39, 99, 100, 101, 104,
　202, 203, 216, 222, 235, 255, 268, 275
市民のアソシエーション ……………236
社会学的現実主義学派 ………………202
社会契約 ……10, 110, 137, 182, 208, 211,
社会構成体 …………………………48
社会的アイデンティティ
　………………………100, 101, 144, 211
社会的安全保障 ……………………189
社会的変容 ……………………34, 45
社会の安全保障 ……………189, 190, 209
社会民主主義 ………………………70, 268
主意主義 ………………70, 85, 86, 95, 289
主意主義的アプローチ ………………85
自由市場リベラリズム ………………156
集団安全保障 ………………………184
集団安全保障構造 …………………184
集団的アイデンティティ ……………229
自由放任型資本主義 …………………iv
自由放任体制 ………………………69
主権 ………ix, 9, 11, 12, 13, 16, 17, 21, 22,
　32, 33, 43, 48, 53, 55, 57, 77, 94, 100,
　117, 119, 120, 121, 122, 123, 124, 125,
　126, 127, 128, 129, 130, 131, 132, 133,
　134, 135, 136, 137, 138, 139, 140, 141,
　142, 143, 144, 145, 146, 147, 148, 149,
　156, 169, 190, 193, 195, 200, 206, 213,
　215, 218, 224, 232, 238, 239, 258, 272,
　282, 283, 284, 285
主権概念
　…17, 121, 122, 123, 124, 126, 133, 134,
主権国家 ……viii, 21, 32, 33, 94, 119, 129,
　132, 139, 224, 238, 239
主権性 ………………ix, 48, 121, 122, 146
主権喪失 ……………………………195
主権体制 ……………………119, 135, 147
主権とアナーキー ………………145, 146

主権という三脚台 ……………285
主権の減退 ……………119, 144, 146
主権の終焉 …………123, 142, 156, 285
主権の「正式な承認」……………134
主権の変化 ………………133, 144, 148, 285
主権の領域 ……………………130
消費者主権 ……………………282
人権理論 ………………………217
新構造主義（的）……………109, 166
新興のグローバル国家 ……………70
新古典派経済学 …………………165
新自由主義 ………………………5, 6
新制度論 ………………………21
新世界秩序 ……………………72, 77
垂直的正統性 ……………………101
水平的正統性 ……………………101
正義の共同体 ……………………226
生産と交換のグローバル化 ………196
生産のグローバル化 …………196, 231
政治的エージェンシー ……………85
政治的グローバリゼーション
　…………………6, 59, 90, 102, 276
政治的ブローカー ………………113
政治的プロジェクト ……67, 68, 268
脆弱国家 …………………………188
正統性 …… v, vii, 101, 102, 140, 142, 145,
　148, 155, 164, 172, 173, 176, 177, 202,
　214, 228, 258
勢力均衡 ………………16, 28, 57, 197, 245
世界共同体 ……………………215, 233
世界経済
　………8, 12, 27, 46, 48, 72, 133, 167, 255
世界システム ………………4, 46, 47, 48
世界システム論 ………………4, 46, 47, 48
世界資本主義システム …………4, 151
世界秩序 ………9, 10, 70, 71, 72, 77, 108,
　201, 216, 221, 225
世界無秩序 ……………………72, 186
戦争の「ヴァーチャル」化 ………194
戦争の民営化 ……………………201
善の共同体 ……………………226
全面戦争 ………………………204
相互依存（関係） …… v, 3, 6, 21, 64, 65,
　66, 90, 127, 134, 135, 136, 140, 151, 173,
174, 175, 184, 185, 225, 226, 233, 262,
271, 292
相互依存共同体 …………………226
相互依存論者 ……………………151
相互構成 ………… viii, ix, 8, 50, 51, 52, 107,
　108, 131, 139, 237, 270, 288
相互承認 ………………………139
相互浸透 ………………9, 100, 252
操作的権力 ……………………159
想像の共同体 ……………233, 234
ソ連崩壊 ………………………200

た行

第3次産業革命 …………………154
第3世界 …………………134, 158, 195
第3の波 ………………………273
第三の道 ………………………32
第2イメージ …………………46, 287
多元主義者 ……………………40
多国間主義
　………39, 107, 109, 183, 184, 186, 206,
多国間主義的規範 ………………109
多国籍企業 ……………………4, 78
脱国家企業 ……………………63
脱領域的アクター ………………248
単独主義 ……………………183, 184, 206
治外法権 ……………………141, 193
地政学的システム ………………48
中間の道 ………………………32
中心と周辺 ……………………48
地理の終焉 ……………………62
帝国主義国家 …………………151
低レヴェルの民主主義 …………255
デモクラティック・ピース
　…39, 102, 247, 248, 249, 250, 252, 262,
　263, 264, 266, 267, 269, 273, 274, 275,
　276, 287
デモクラティック・ピース論
　…39, 102, 248, 249, 252, 262, 263, 264,
　267, 269, 275, 274, 275, 276
転換主義的 ……………………174
統合論者 ………………………151
道徳的アイデンティティ

……17, 37, 222, 286
道徳的共同体 ……35, 36, 225, 226, 230, 232, 235, 242
特殊主義 ……18, 19, 20, 38, 198
トランスナショナリズム ……61, 290

な行

ナショナリスト的規範 ……232
ナショナルなアイデンティティ …232, 233
ナショナルな共同体 ……223, 233, 270
ナショナルな民主主義
　　　　　　……259, 260, 262, 276
二極性と封じ込め ……191
二元外交 ……47
二項対立 ……iv, 17, 30, 31, 32, 39, 45, 53, 60, 77, 158, 171, 223, 224, 226, 228, 244, 250, 290
二項対立状態 ……31
二項対立的構図 ……30
二項対立的発想 ……158
二層ゲーム ……47
ネオ功利主義 ……51
ネオ・ネオ論争 ……6
ネオ・ユニタリアニズム ……98
ネオ・リアリスト ……43, 91, 92, 93, 108, 116, 121, 127, 140, 160, 208, 227, 250
ネオ・リアリズム ……i , 28, 42, 45, 51, 52, 93, 107, 112, 227, 238
ネオ・リベラリスト ……92, 93, 127, 174
ネオ・リベラリズム
　　　　　　……51, 155, 159, 264, 266
ネオ・リベラル ……109, 112, 156, 158, 254, 258, 261, 268, 269, 270
ネオリベラル国家 ……158
ネオリベラルなプロジェクト …254, 261
ネスティング（はめ込み）……106
濃密性 ……18, 31, 38, 226, 228
濃密な道徳コード ……226
能力としての主権 ……145

は行

ハイパー・グローバリスト ……280

ハイポリティックス ……21
破綻国家 ……215
はめ込み ……106, 108
パロキアリズムの帝国主義 ……198
パワー・ポリティックス ……283
犯罪的サンディカリズム ……103
ヒエラルキーとアナーキー ……227
非国家 ……78, 146, 184, 198
非国家アクター ……78
非国家主体 ……198
不干渉 ……9, 37, 100, 126
福祉国家 ……19, 108, 109, 159, 161, 164, 168, 169, 266
福祉重視主義 ……156, 238, 266
「2つの顔を持つ」国家 ……113
物理学の力の場 ……41
普遍主義
　　　　……18, 19, 21, 26, 38, 53, 215, 217, 219
普遍適用主義 ……35
ブローカー国家 ……91, 107
文化的アイデンティティ ……186, 281
文化的特殊主義 ……198
文化的・倫理的アイデンティティ …254
分極化 ……86, 281, 282, 291
分極性 ……281, 282
分析レヴェル ……39, 40
法的主権 ……136
ポスト国家 ……62
ポリス ……25, 26, 31

ま行

民間軍事会社 ……201
民主化 ……19, 20, 39, 190, 245, 246, 248, 249, 250, 252, 253, 254, 255, 256, 260, 265, 268, 271, 272, 273, 274
民主化の「波」……253
民主国家 ……viii, 45, 167, 168, 245, 246, 250, 251, 260, 264, 265, 266, 267, 270, 271, 272, 275, 276, 277, 287
民主国家の連合 ……245
民主主義 ……12, 19, 31, 38, 39, 44, 55, 68, 70, 102, 168, 191, 200, 204, 205, 220, 245, 246, 247, 248, 249, 250, 251, 252,

253, 254, 255, 256, 257, 258, 259, 260, 261, 262, 263, 264, 265, 266, 267, 268, 269, 270, 271, 272, 273, 274, 275, 276, 277, 287
民主主義的諸制度 ……………………252
民主主義の赤字 ………247, 258, 269, 277
民主主義のグローバル化 ………247, 275
民主主義の生産不足 …………………256
民主的ガヴァナンス …………………271
民主的規範 …263, 267, 268, 274, 275, 276
民主的共同体 …………………………264
民主的構造 …………11, 263, 267, 270, 274
民主的説明責任 …………………159, 277
民生用技術 ……………………………196
民族解放戦争 …………………………210
無秩序
　…72, 73, 74, 86, 125, 186, 187, 215, 283

や行

ユニット ……………40, 41, 42, 112, 113, 116
ユニットとシステム …………………112
ユニット・レヴェル …………40, 42, 112
善き生活
　…12, 29, 32, 35, 49, 52, 53, 227, 230, 235

ら行

リアリスト ……31, 43, 46, 79, 91, 92, 93, 108, 116, 121, 127, 140, 160, 208, 227, 242, 250
リアリズム ……ⅰ, 28, 42, 43, 45, 51, 52, 93, 107, 112, 224, 227, 232, 238, 240, 242, 291
リージョナル・パワー ………………197
リバタリアニズム ……………………85
リベラリスト …34, 35, 37, 92, 93, 127, 174

リベラリズム ………31, 33, 51, 105, 107, 110, 111, 130, 155, 156, 159, 167, 223, 255, 264, 266, 267
リベラル・デモクラシー
　………………………247, 250, 251, 255, 277
リベラルな政治 …………………245, 267
リベラルな平和
　…249, 263, 264, 265, 266, 267, 268, 272,
リベラルな民主国家 …………250, 251
リベラル・ピース ………………39, 247
リベラル・ピース論 …………………39
領域国家 ………17, 77, 133, 141, 146, 155, 190, 218, 271, 286
領域国家の終焉 ………………………286
領域の切り離し ………………………193
領土の切り離し ………………………206
倫理的国家 ……………………………235
冷戦 …8, 9, 16, 45, 71, 74, 83, 84, 108, 142, 158, 179, 182, 186, 187, 190, 191, 192, 196, 197, 203, 206, 210, 211, 218, 219, 232, 253, 272, 273, 274
冷戦期 ……74, 83, 84, 158, 186, 187, 191, 196, 203, 219, 274
冷戦後 ……9, 71, 142, 158, 179, 186, 191, 203, 253, 273
冷戦終結 ………8, 9, 45, 83, 182, 190, 191, 192, 197, 206, 210, 211, 232, 253, 272, 273
歴史的物質主義 …………………46, 47, 48
レジーム ……21, 105, 114, 122, 146, 159, 193, 230, 259
ローカリズム …………………………62
ローポリティックス …………………21

わ行

湾岸戦争 ………………………………205

人名索引

ア行

アイケンベリー
　………………46, 83, 99, 105, 112, 115, 191
アヴィネリ ……………………………………34
アクストマン ………………………59, 257, 288
アクスフォード ……………………………126
アシュレー …………………128, 129, 130, 208
アーチブギ ……………………………177, 253
アチャーソン ………………………………280
アドラー …………………………………194, 198
アミン …………………63, 66, 84, 113, 163, 172
アームストロング
　…………………………17, 48, 50, 54, 75, 82, 100
アルトヴェイター ……………………………161
アルブロー …58, 72, 73, 75, 100, 238, 257
アロット ……………………………………227
アンダーソン ………………………………233
アンダーヒル …………………………………6
アンドリュー ………44, 160, 169, 170, 235
イナヤトゥラー …130, 133, 134, 139, 140
ウィーヴァー ………………………………189, 190
ウィーラー ……………………ⅱ, 49, 236
ウィリアムズ ………ⅱ, 43, 64, 111, 124, 127, 134, 135, 136, 137, 156, 186, 228, 240
ウィリアムズ, H ……………………………111
ウィリアムズ, J …………………………43, 240
ウィリアムズ, M
　………………124, 127, 135, 136, 137, 156
ウィルキン …………………………154, 158, 165
ウィルソン, ウッドロー ……………………245
ウィルダフスキー ……………………………221
ヴィンセント ……………………………32, 126
ウェーバー ………………………43, 126, 139
ウェップ ………………………………160, 163
ウェブ …………………………………………166
ウェント ……50, 51, 93, 98, 131, 138, 144, 145, 146, 148, 236, 272, 289
ウォーカー ……26, 29, 131, 189, 197, 251

ウォーターズ ………………………58, 75, 82
ウォーラスティーン …………………………48
ウォルツ ……18, 37, 38, 40, 41, 42, 43, 44, 94, 112, 116, 159, 160, 166, 175, 226, 227
ウォルツァー, マイケル …18, 37, 38, 226
ウォルツ, ケネス ……………………………227
ウッズ ………………………………68, 75, 219
エヴァンス ……………………47, 112, 247, 259
エヴァンス, P ………………………………47
エヴァンス, T ……………………………247, 259
オーウェン …………………………………277
大前 ……………………………………59, 152
オークショット ……………………………236
オヌフ …………………122, 124, 138, 145, 222

カ行

カスティグリオン ……………………………249
カセッセ ……………………………………217
カッツェンスタイン …………………………27
ガットマン ……………………………………37
カッペン ……………………………………276
カプスタイン ……………………69, 75, 110, 167
カポラーソ ……………………………25, 46, 47
カミレリー …………129, 133, 137, 139, 141
カムラック ……………………………………255
カルドア ……………………………………184, 187
カント ………………………………26, 262, 272
ギデンス ……………………………16, 73, 181, 202
ギャンブル ……………………………256, 258
ギル ……58, 69, 79, 109, 110, 160, 255
ギルピン …………………………………79, 109
グエヘノ ……………………148, 182, 183, 188, 197
クオディール …………………………………111, 114
グッドイン …………………………………220
グットマン …………………………………228
クラウス ……………………………60, 186, 275
クラーク, イアン ……ⅰ, ⅲ, ⅵ, ⅶ, ⅸ, 15, 42, 65, 75, 112, 191
クラズナー …………………………135, 136, 140
クラトチウィル ……………………………50, 275

クリトゥシィオティス 201
クルーグマン 281
クレア 183, 212
グレイ，ジョン 63, 69, 70, 72, 79,
　103, 104, 155, 160, 177, 178, 281, 284
グレイダー 164, 281
グレイドナー 155
クローニン 9, 108, 140, 247
クロフォード 189, 196, 199, 200, 246
ゴア 274
コーエン 248, 250, 264
コクラン 33
コックス　63, 66, 68, 69, 151, 162, 195, 256
コックス，K 63
コックス，M 151
コックス，R 66, 68, 69, 162, 195, 256
コヘイン
　.........6, 29, 41, 46, 75, 94, 160, 165, 166
コーラー 177
ゴールドブラット 148

サ行

坂本 271, 275
サッセン 16, 19, 45, 106, 114, 141,
　142, 157, 230, 239
サーニー，フィル 18, 40, 72, 73, 75,
　76, 97, 109, 113, 114, 154, 159, 164, 165,
　167, 256, 259, 288
サンデル 34, 35, 36, 229, 237
シヴェルソン 275
ジェソップ 97
ジェームズ 76, 122, 124, 132
ジャーヴィス 273
ジャクソン 28, 29, 49, 100, 132, 134
ジャーメイン 76, 165, 170
シューマン 281
ショー，マーチン 45, 70, 89, 90, 102,
　111, 113, 114, 165, 191, 203, 204, 205
ショルテ 19, 39, 59, 61, 64, 66, 68,
　137, 142, 156, 157, 173, 219
ジョーンズ 41, 112, 164, 197, 292
ジョーンズ，ウィン 197
ジョーンズ，バリー 292

ジョンソン 52
シーラー 201
シンガー 221
スガナミ 28
スコックポル 100, 113
スコット 60, 68, 69
スジョランダー 59, 281
スタブス 6
ストーパー 164
ストレンジ，スーザン
　...6, 27, 58, 78, 110, 152, 161, 162, 166,
　254
スパイビー 205
スハルト 253
スミス ....ii, 3, 40, 224, 240
スミス，M 224
スミス，S 240
スリフト 63
ソーリン 29, 73, 282
ソレンセン 194, 262

タ行

ダイバーナウ 198
ダグラス 161
ダニエル 157
ダワー 215, 217, 218
ダン ....ii, 32, 48, 49, 236
チャウシェスク 253
チョーク 220, 224
デイヴィッド，ヘルド 250
ディケン 62, 64
ティープル 159, 163, 167
テイラー 30, 281
ティリー 192, 202
デヴェタック 42, 43, 94, 98
デサイ 281
デュードニー 201, 202, 203
テュルダー，フォン 64
デュルン 19, 257
ドイル 39, 262, 268
ドネリー 218, 219, 231
トーマス 17, 183, 212
トムソン 127, 135

トンプソン ……… 32, 59, 65, 70, 79, 122, 126, 145, 146, 159, 173, 177, 224, 225, 249

ナ行

ナヴァリー ……………………………113
ナーディン ………………222, 224, 236
ネトル ………………………………112
ノウターマンズ ……………………168

ハ行

ハウ …………………………………201
バウマン ………………281, 283, 285
パーカー …………………………75, 80
バーキン …………………138, 140, 142
ハークネット ……………193, 200, 203
ハースト ………59, 65, 66, 70, 76, 79, 81, 110, 145, 146, 159, 173, 177, 259
バーチ ………………………………251
ハチングス …………………………19
バーナード …………………………172
パニッチ ………114, 158, 171, 261, 262
バーバー ……………………254, 282
パラン ………………………………172
パーリー ………………39, 259, 260
ハリディー, フレッド
　…………………43, 48, 96, 113, 290
パレック ……………………………255
ハレル, アンドリュー …68, 75, 219, 235
バンクス ……………………………113
ハンチングス ………………………228
ハンチントン, サミュエル ……219, 252
ビエーステッカー …………………43
ヒゴット …………………………78, 157
ピニッチ ……………………………110
ヒンズレー …………………………124
ファーガソン …………………45, 106
ファーバー …………………………274
フェリーチェ ………………222, 239
フォーク, リチャード
　……71, 78, 129, 133, 137, 139, 141, 156, 166, 239

フォースグレン ……………………62
フーグヴェルト ……63, 77, 160, 167, 169
フクヤマ, フランシス ………………39
ブザン ………41, 112, 188, 190, 191, 221, 227, 237, 242
ブース ………………ii, 186, 187, 217
プゼワルスキー ……………………262
ブラウン ………25, 32, 34, 157, 209, 218, 221, 223, 233, 234, 235, 275
ブラウン, C
　………25, 32, 34, 218, 221, 223, 233, 234
ブラウン, R ………………………157
ブラウン, S ………………209, 233
ブラウン, クリス ……218, 233, 234, 275
ブラウン, セヨム ……………………233
ブラニー ………………130, 133, 134, 139
ブリーアリー ………………………125
フリードハイム ……………………131
フリードマン …………………190, 194
フリーマン ……………………80, 204
ブル ………57, 66, 71, 124, 236, 256, 258
ブレイス ……………………………122
ブレザートン …………186, 198, 199
ブロディー ……………………160, 166
ヘイ …6, 41, 46, 75, 94, 160, 164, 165, 166
ベイツ …………………………32, 34, 233
ヘーゲル ………………235, 272, 273
ペトゥレラ …………………………64
ヘライナー …………………………76, 80
ベラミー ……………………………249
ベル ……………………………186, 251
ヘルツ, ジョン ……………………193
ヘルド, デーヴィッド
　……ix, 39, 44, 45, 64, 73, 177, 183, 218, 221, 227, 242, 247, 248, 250, 251, 252, 258, 259, 260, 270, 271, 277
ヘレイナー ………………65, 159, 170
ボイヤー ……………………………171
ポギー ………………………15, 34, 224
ホッフ ……………121, 122, 138, 276
ホッブス ………72, 103, 104, 105, 232
ホブソン ………52, 97, 107, 111, 115
ホフマン ………122, 124, 137, 197, 241
ポランニー ………………6, 69, 189

ホリス …………………………………39
ホール ………39, 79, 113, 202, 246, 260
ホルスティ ………………99, 102, 182, 189
ホールデン ………………………39, 246, 260
ボールドウィン ……………21, 92, 125, 192
ホルトン
　…156, 168, 176, 216, 218, 230, 231, 234,

マ行

マークス ………………………………246
マグヌソン ……………………………30
マクミラン ……………………44, 215, 267, 268
マグルー ………ix, 60, 183, 221, 227, 242,
　247, 251, 257, 260
マーシャル ……………………………69
マシューズ ……………………………186
マジョネ ………………………………171
マスタンドゥノ ……………………46, 99
マーチン ………29, 129, 159, 203, 231, 200
マッカーサー …………………………164
マペル …………………………………222
マルコス ………………………………253
マルムバーグ …………………………62
マン ……19, 37, 45, 59, 80, 86, 90, 97, 106,
　122, 124, 137, 161, 168, 182, 190, 194,
　197, 202, 204, 228, 230, 238, 241, 253,
　257, 260, 281, 283, 285, 288
マンコッフ ……………………………161
マンズバッハ …………………………45, 106
マンニン ………………………………253
ミシュラ ………………………………169
ミッテルマン …………………19, 59, 80, 259
ミヤシャイマー ………………50, 273, 291
ミューラー ……………………………151
ミラー …………………29, 46, 60, 75, 124, 147
ミルズ …………………………………280
ミルナー ………………………93, 160, 165, 166
メイヤー ………………………………62
モラヴィシック ………………………40, 47
モラン …………………………………171

ヤ行

ヤフーブ ………………………………195
ヤング …………………………………128

ラ行

ライディ ………………………………60
ライト …………………………………151
ライヒ …………………………………77, 151
ラギー，ジョン ………10, 50, 51, 82, 107,
　108, 110, 193, 194, 206, 289
ラセット ……248, 262, 263, 264, 265, 268
ラピッド ………………………………275
リーヴァー ……………………………157
リヴァイアサン ………………………104
リセ ……………………………………276
リチャードソン ………………………156
リトル …………………3, 40, 41, 44, 48, 112
リプシュッツ …………………………185, 187
リンクレーター ………18, 25, 35, 44, 177,
　215, 219, 221, 230, 232, 234, 235, 238,
　241
リンチ …………………………………240
ルイグロク ……………………………64
ルシマイヤー …………………………113
レイ ……46, 63, 69, 70, 71, 72, 79, 99, 103,
　104, 115, 122, 134, 152, 155, 159, 160,
　164, 170, 177, 178, 182, 184, 201, 203,
　213, 215, 242, 250, 252, 262, 272, 273,
　274, 275, 281, 284, 287
レイク …………………………………46, 99
レイサム ………………………………71, 184
レイション ……………………………152
レイディ ………………………72, 182, 213, 242
レイン …………………………250, 274, 275
レズニック ……………………254, 257, 268
レンウィック …………………………60, 275
レンジャー，N. J ………………33, 49, 50
ロー ……………………………………246
ロカモラ ………………………………255
ローズノウ・ジェームズ
　………………………68, 71, 75, 76, 77, 248

ローゼンバーグ ……………………48, 291
ロバートソン ………………73, 75, 233
ローラー ……………………………186
ロールズ，ジョン ………………33, 34

ワ行

ワイス ………14, 58, 79, 99, 158, 161, 164, 166, 168, 285
ワイト，マーチン
………………… ii, 29, 52, 129, 231, 235

滝田賢治（たきた　けんじ）

1946年横浜に生まれる。
1970年東京外国語大学英米語学科卒。
1997年一橋大学大学院法学研究科博士課程修了。
1979年中央大学法学部専任講師。
1980年　　　同　　　助教授。
1987年　　　同　　　教授。

【著作・編著】
『太平洋国家アメリカへの道』（単著：有信堂，1996年）
『国際政治史』（単著：中央大学通信教育部，1997年）
『現代アメリカ外交キーワード』（共編：有斐閣，2003年）
『9：11テロ以後のアメリカと世界』（共編：南窓社，2004年）
『グローバル化とアジアの現実』（編著：中央大学出版部，2005年）
『東アジア共同体への道』（編著：中央大学出版部，2006年）
『国際政治：冷戦後世界とアメリカ外交』（責任編集：日本国際政治学会，2007年）
"Emerging Geopolitical Situations in the Asia-Pacific Region"（編著：中央大学出版部，2008年）
『国際政治経済―グローバルイシュの解説と資料』（共編：有信堂，2008年）など

【翻訳】
リチャード・スチーブンソン『デタントの成立と変容』（単訳：中央大学出版部，1989年）
R.E. ニュースタット，E.R. メイ『ハーバード流歴史利用法―政策決定の成功と失敗』（共訳：三嶺書房，1996年）
D. ヘルド，A. マグルー他『グローバル・トランスフォーメーションズ』（共訳：中央大学出版部，2006年）
J. ミッテルマン『オルター・グローバリゼーション』（共訳：新曜社，2008年）
G.A. クレイグ，A.L. ジョージ，P. ローレン『軍事力と現代外交』（共訳，有斐閣，2009年）など

グローバリゼーションと国際関係理論

2010年7月30日　初版第1刷発行

著　者　　イアン・クラーク
訳　者　　滝　田　賢　治
発行者　　玉　造　竹　彦

郵便番号192-0393
東京都八王子市東中野742-1
発行所　中央大学出版部
電話 042(674)2351　FAX 042(674)2354
http://www.2.chuo-u.ac.jp/up/

©2010　Kenji Takita　　　　　　　印刷　藤原印刷

ISBN 978-4-8057-6177-9